Matthias Zimmer

W0062772

Nachhaltigkeit!

Matthias Zimmer

Nachhaltigkeit!

Für eine Politik aus christlicher
Grundüberzeugung

Mit einem Vorwort von Volker Kauder

HERDER

FREIBURG · BASEL · WIEN

MIX
Papier aus verantwor-
tungsvollen Quellen
FSC® C083411

© Verlag Herder GmbH, Freiburg im Breisgau 2015
Alle Rechte vorbehalten
www.herder.de

Satz: de.te.pe, Aalen
Herstellung: CPI books GmbH, Leck

Printed in Germany

ISBN 978-3-451-30508-5

Inhalt

Vorwort

In der Jesaja-Apokalypse findet sich ein Wort, das für viele den Zustand unserer gegenwärtigen Welt bezeichnet: »Die Erde ist entweiht durch ihre Bewohner / denn sie haben die Weisungen übertreten, die Gesetze verletzt / den ewigen Bund gebrochen« (Jes 24,3). In der Bibel ist bei solchen Übertretungen der Schöpfungsordnung häufig die Mahnung mitgegeben, umzukehren, wieder zurückzufinden in den Bund und in die Grenzen, die Gott dem Handeln des Menschen auferlegt hat.

Nicht wenige sind der Meinung, dies sei auch heute der Fall. Sind wir nicht Zeugen einer einmaligen Zerstörung unserer natürlichen Lebensgrundlagen? Führt der Mensch nicht nur mit äußerster Brutalität Krieg gegen seinesgleichen, sondern auch gegen die Schöpfung? Der berühmte britische Wissenschaftler Stephen Hawking hat daraus schon vor einiger Zeit den Schluss gezogen: Die Menschheit wird nur dann überleben können, wenn sie sich auf einem anderen Planeten ansiedelt. Dabei hat Hawking seine düstere Vision in einen Zusammenhang mit der Erderwärmung gestellt. Durch diese oder einen Unfall würde das Leben auf der Erde ausgelöscht. In jedem Fall aber: durch die menschliche Aktivität. Wir sägen den Ast ab, auf dem wir sitzen. Wir zerstören den Planeten, auf dem wir leben – und dann eben nicht mehr leben können.

Nun haben sich Szenarien, in denen das Ende der Welt beschrieben wird, schon immer einer gewissen Faszination erfreut. Kulturpessimismus verkauft sich gut. Düstere Prognosen und Prophezeiungen haben die Menschen schon immer angezogen. Alles menschliche Tun ist letztlich müßig, wird dann suggeriert. Wir steuern, egal was wir tun, in die Katastrophe. Also richten wir uns behaglich ein, denn ändern werden wir an unserem Schicksal ohnehin nichts.

Für einen aktiven Politiker verbietet sich aber eine solche Haltung des zuschauenden, schicksalsergebenen Abwartens ebenso wie die schlichte Leugnung der Probleme, denen wir uns gegenübersehen. Die von Menschen gemachte Veränderung der Umwelt ist eine Realität, und sie ist eine Bedrohung für uns und unsere Kinder. Sie stellt ein drängendes Problem in der internationalen Politik dar. Der Klimawandel zeigt schon heute seine zerstörerische Potenz. Wenn wir nicht gegensteuern, wird das 21. Jahrhundert die Ära der ökologisch motivierten Flüchtlingsströme. Der von Menschen verursachte Klimawandel gefährdet auch die Lebenschancen unserer Nachkommen. Unsere Vorfahren haben sich gewünscht und dafür Sorge getragen, dass es uns einmal besser geht. Die heutigen Generationen können sich dessen nicht mehr sicher sein. Die Möglichkeit einer ökologischen Katastrophe ist real. Aber wir können und wir müssen etwas dagegen tun. Wir dürfen nicht zulassen, dass wir aus Dummheit oder aus Unvermögen unseren Planeten durch Plünderung vernichten. Wir dürfen aber auch nicht in Panik verfallen. Angst ist ein schlechter Ratgeber. Sie führt häufig dazu, dass wir in Extreme verfallen und die Probleme letztlich nicht lösen, sondern sie im Gegenteil verschärfen.

Es ist richtig: Wir müssen unsere Art zu wirtschaften und zu leben umstellen. Wir müssen mit den uns anvertrauten Ressourcen nachhaltig umgehen. Das ist mittlerweile unbestritten. Doch kann man bisweilen den Eindruck bekommen: Nachhaltigkeit ist wie eine Art Monstranz, die gezeigt wird, die allgemein akzeptiert ist, die aber seltsam konturenlos erscheint. Was genau meinen wir mit Nachhaltigkeit? Wie lässt sie sich begründen?

Das ist der Punkt, an dem das Buch von Matthias Zimmer

ansetzt. Es ergreift Partei für die Nachhaltigkeit aus einer politischen Grundüberzeugung heraus: der Tradition der Soziallehre. Dabei geht es um nicht weniger als die Frage: Was ist mit der Verantwortung für die Schöpfung gemeint? In der biblischen Tradition ist nämlich die Welt den Menschen anvertraut. Der Mensch ist nicht oberster Herr der Schöpfung, sondern ihr Verwalter im Auftrag Gottes. Eine solche Perspektive macht bescheiden, demütig: Sie rückt die bisweilen grassierenden Allmachtsfantasien der Machbarkeit zurecht. Sie weist dem Menschen seinen Platz zu: innerhalb der Schöpfung, nicht außerhalb. Die Ortsbestimmung ist die Voraussetzung für die Frage: Was müssen wir machen? Was dürfen wir hoffen?

Als Christen in der Politik und als Partei, die das »C« im Namen trägt, dürfen wir nämlich die Hoffnung nicht aufgeben. Nichts wäre verheerender als ein achselzuckendes Sich-Fügen in das scheinbar Unvermeidliche. Die Zukunft ist offen. Wir sind als aktive Politiker dazu aufgerufen, die Möglichkeiten unserer Kinder und Enkel zu bewahren. Ihre Lebenschancen, das ist unsere Hoffnung, werden ebenso gut sein oder besser wie unsere. Wir wollen die Möglichkeiten des guten Lebens bewahren und weitergeben. Das ist unsere Vision des Fortschritts. Dabei bedeutet gutes Leben, dass wir die Möglichkeit haben, unser Potenzial zu verwirklichen, unsere Chancen zu nutzen. Gutes Leben ist nicht das Schwelgen in materieller Fülle. Das allein macht ein erfülltes Leben nicht aus. Gutes Leben bezieht sich immer zurück auf das Bild vom Menschen. Ein Bild des Menschen aber, das diesen nur getrieben sieht vom Konsum, von seinem Vorteil und vom Schwelgen im Überfluss, greift aus christlicher Sicht deutlich zu kurz. Zu einem guten Leben gehören wesentlich die nichtmateriellen Dinge, die unser Leben bereichern: Solidarität, Freundschaft, Liebe, Familie, die Freude am Schönen, die Lust an der Erkenntnis, das Aufgehobensein im Glauben und vieles mehr.

Zur Nachhaltigkeit gehört dann eben auch eine Besinnung darauf, was uns als Menschen ausmacht. Immer mehr zu haben ist es sicherlich nicht.

Wir dürfen aber auch nicht moderne technologische Maschinenstürmer werden. Technik und Innovation lassen sich nicht verbieten, sie lassen sich aber für unsere Zwecke nutzen, wenn es um mehr Effizienz und Naturverträglichkeit geht. Auch das sind wichtige Bausteine der Nachhaltigkeit. Damit geht aber kein naiver Fortschrittsglaube einher. Zu einer schonungslosen Bilanz gehört nämlich auch die Feststellung, dass der Fortschrittsglaube der Aufklärung einer starken Relativierung bedarf: Materieller und technologischer Fortschritt alleine genügen nicht als Antwort auf die Frage nach einem guten und gelingenden Leben.

Die CDU hat diese Fragen schon seit vielen Jahrzehnten diskutiert. Wer sich heute beispielsweise das umweltpolitische Programm der CDU aus dem Jahr 1979 anschaut, der ist erstaunt von der Aktualität der dort diskutierten Problembereiche. Die geistigen Grundlagen unseres Bildes von Nachhaltigkeit sind darin konzise zusammengefasst, wenn es heißt: »Die Ehrfurcht vor der Schöpfung Gottes verpflichtet uns, der heutigen und den nachfolgenden Generationen die Schönheit, den Reichtum und die lebenswichtigen Funktionen der Natur zu erhalten und damit eine lebenswerte Zukunft zu sichern.«[1] Nachhaltigkeit hat aus unserer Sicht eben nicht nur funktionale Gründe, sondern es geht darum, Fülle und Schönheit der Schöpfung nicht zu verbrauchen. Die Natur hat in diesem Verständnis einen Eigenwert, der sich gegen den vollständigen menschlichen Zugriff sperrt. Ebenfalls wendet sich das Programm gegen das materialistische Fortschrittsdenken und

1 Umweltpolitisches Programm der CDU, beschlossen vom Bundesparteiausschuss der CDU am 10. Dezember 1979.

greift eine Idee von Ludwig Erhard auf: Die Soziale Markt-wirtschaft, so hat Erhard immer wieder betont, sieht im Wohl-stand einen Ausgangspunkt, aber kein Leitbild der Lebensge-staltung. Erhard war der Ansicht, dass erst dann, wenn die materielle Basis der Menschen geordnet sei, diese frei und reif für ein höheres Tun seien – und er ließ keinen Zweifel daran, dass dies für ihn die eigentliche Wesensbestimmung des Men-schen darstellte.[2]

Das Buch von Matthias Zimmer knüpft daran an. Der Begriff der Nachhaltigkeit wird in einen Zusammenhang mit der Idee des guten Lebens gestellt. Ein solches ist nach wie vor möglich, mehr noch: Die Besinnung darauf ist Voraussetzung dafür, sich von vermeintlichen Zwängen befreien zu können. Dabei vermeidet es endzeitliche Zungenschläge; es ist viel-mehr getragen von einem, wenn auch vorsichtigen, Optimis-mus. Dass unsere Zukunft gelingen kann, ist aber nicht selbst-verständlich. Es braucht eine kluge Politik der Begrenzungen, der Anreize, der Kooperation auch über den Nationalstaat hinaus. Es bedarf aber auch der mahnenden und drängenden Begleitung der Religionsgemeinschaften; es bedarf der klaren Werteorientierung, wie sie Papst Franziskus erst kürzlich in seiner Enzyklika *Laudato si'* zum Ausdruck gebracht hat. Es bedarf aber auch, angesichts der Größe der Herausforderung, einer Transformation unseres Denkens und Handelns. Das ist vielleicht der provozierendste Punkt des Buches – aber sicher-lich einer, der die Debatte um der Zukunft unserer Kinder und Enkel willen lohnt.

Berlin, im September 2015   Volker Kauder

---

2 Ludwig Erhard, *Wohlstand für alle*. Köln 2009, vor allem Kapitel 10.

Einleitung

Das Thema Nachhaltigkeit hat in den letzten Jahren breite Aufmerksamkeit bekommen. Nachhaltigkeit ist positiv besetzt, es klingt »richtig«; es gibt kaum jemanden, der sich dagegenstellt und die Forderung, es solle doch nachhaltig zugehen, nicht unterstützt. In keiner Rede darf der Begriff mehr fehlen. Nachhaltigkeit ist ein Wohlfühlbegriff, der durch seinen inflationären Gebrauch zunehmend entleert wird. Nachhaltigkeit ist ein Verkaufsargument. So verspricht ein Bildungsanbieter eine »nachhaltige Karriere«, wo eine erfolgreiche Karriere gemeint ist; Finanzdienstleister sprechen von »nachhaltigen Vermögensanlagen«, wenn sie sichere oder ertragreiche Anlageformen meinen. Nachhaltig sind heute Unternehmen, Städte, Straßen, Geldanlagen, Beziehungen, Arbeitsplätze, Autos, Tourismus, Landwirtschaft – die Reihe ließe sich problemlos fortsetzen. Fast hat man den Eindruck: Wenn einem nichts Kreatives einfällt, nennt man es nachhaltig. Damit droht die Substanz des ernsthaften Anliegens der Nachhaltigkeit verloren zu gehen.

Was aber ist das Anliegen der Nachhaltigkeit? Wie kann es eingegrenzt werden? Welches Menschenbild liegt der Nachhaltigkeit zugrunde? Darüber soll die vorliegende Schrift Auskunft geben. Sie tut dies nicht als wissenschaftliche Abhandlung, sie tut dies auch nicht umfassend und unter Einbeziehung eines jeden Aspekts. Dazu gibt es bereits eine Unmenge an klugen Büchern und Aufsätzen.[3] Sie tut dies viel-

---

3 Für den hier thematisierten Zusammenhang von Nachhaltigkeit und christlicher Soziallehre sei verwiesen auf die umfangreiche Studie von Markus Vogt, *Prinzip Nachhaltigkeit. Ein Entwurf aus theologisch-ethischer Perspektive.* München 2009. Zur Geschichte des ökologischen Denkens Joachim Rad-

mehr als eine politische Schrift, die von einem bestimmten Menschen- und Weltbild getragen ist und daraus argumentiert, nämlich der christlichen Tradition und dem, was diese Tradition zu den Themen Umgang mit der Schöpfung, gutes Leben und Nachhaltigkeit beitragen kann.

Dabei habe ich mich von zwei Annahmen leiten lassen. Die erste lautet: Nachhaltigkeit ist nicht irgendeine Verzierung von Politik, sondern ein grundlegendes Prinzip. Das bedeutet: Nachhaltigkeit muss allen politischen und ökonomischen Entscheidungen zugrunde liegen. Das ist eine Grundbedingung unseres gemeinsamen Überlebens auf dieser Welt. Ich teile nicht die Untergangsszenarien mancher Apokalyptiker, die meinen, wir wirtschafteten uns geradewegs in den Abgrund. Ich glaube jedoch, dass es Wege gibt, mit der uns anvertrauten Schöpfung achtsam und behutsam umzugehen und damit langfristig auch unser Leben und Überleben auf diesem Planeten zu sichern. Insofern ist dies ein Buch, das einen vorsichtigen Optimismus ausdrückt.

Die zweite Annahme lautet: Die Probleme, denen wir heute gegenüberstehen, sind global. Die Christen sind mit zwei Milliarden Gläubigen auf der Welt einer der größten globalen »player«. Wenn es eine Kraft gibt, die der atemberaubenden Plünderung und Zerstörung unseres Planeten durch Gewinnsucht, Habgier, Profitstreben, Verschwendung und Gleichgültigkeit Einhalt gebieten kann, dann die, die aus dem Glauben kommt. Hier steht das Christentum sicherlich nicht alleine, sondern kann Verbündete in anderen Weltreligionen finden. Insofern ist dies auch ein kämpferisches Buch, denn das Überleben der Menschheit lohnt den Kampf.

---

kau, *Die Ära der Ökologie. Eine Weltgeschichte.* München 2011. Einführend zum Thema Nachhaltigkeit vgl. Iris Pufé, *Nachhaltigkeit.* Stuttgart 2014; Armin Grundwald/Jürgen Kopfmüller, *Nachhaltigkeit.* Frankfurt am Main 2006.

Für die Soziallehre ist Nachhaltigkeit ein Sozialprinzip wie Personalität, Solidarität und Subsidiarität. Nachhaltigkeit ist Solidarität in der Zeit. Sie ist die notwendige Ergänzung des Handelns in einer Welt, in der Sozial- und Schadensbeziehungen räumlich und zeitlich auseinanderklaffen. Nicht mehr der Nächste ist der Bezugspunkt des Handelns, sondern der Fernste: Hans Jonas hat diese Erkenntnis zu einer ethischen Maxime verdichtet, in der die Verantwortung für die Permanenz echten menschlichen Lebens im Mittelpunkt steht.[4] Nachhaltigkeit heißt mithin: Solidarität durch verantwortliches Handeln.

Damit geht eine Handlungsaufforderung einher, die sich an den Einzelnen richtet. Er soll sich der Konsequenzen seiner Handlungen bewusst sein und sein Handeln in den Horizont der Erhaltung menschlichen Lebens stellen. Er soll also sein Handeln vereinbar machen mit dem Gemeinwohl. Daher der Titel mit dem Ausrufungszeichen: Nachhaltigkeit ist eine gemeinsame Aufgabe, ein Handlungsimperativ, sich für das Gemeinwohl einzusetzen. Dabei entsteht das Gemeinwohl nicht aus der Summe der Einzelinteressen. Das ist der Irrtum des Liberalismus. Gemeinwohl entsteht auch nicht als staatliche Definitionsleistung. Das ist der Irrtum des Sozialismus. Gemeinwohl ist vielmehr eine regulative Idee, die es dem Menschen und den gesellschaftlichen Gruppen wie beispielsweise Familien ermöglichen soll, ihre eigenen Werte und Ziele erreichen zu können. Das Gemeinwohl als Prinzip der Soziallehre ist Ausfluss der Personalität des Menschen und damit seines sozialen Charakters. Es verwirklicht die Erkenntnis, dass der Mensch »Träger, Schöpfer und Ziel aller gesellschaftlichen Einrichtungen« ist.[5]

---

4 Hans Jonas, *Das Prinzip Verantwortung*. Frankfurt am Main 1979.
5 So die Definition in der Enzyklika *Mater et magistra*, Nr. 219.

Es gibt keine christliche Politik, sondern nur christliche Politiker. Insofern spiegelt sich in diesem Buch auch etwas von den Überzeugungen des Verfassers, der als Politiker in der und für die CDU Verantwortung für die Politikgestaltung trägt. Es ist in gewisser Weise parteiisch, denn es gibt auch Christen in anderen Parteien, die nicht unbedingt das teilen, was hier als Argument entwickelt wird. Ich bin noch nicht einmal sicher, dass die hier vorgetragene Argumentation innerhalb der Union selbst nur ungeteilte Befürwortung findet. Aber ich bin davon überzeugt, dass eine Partei, die das Christliche als Selbstverständnis und Identitätsmerkmal im Namen trägt, in besonderer Weise dazu aufgerufen ist, das argumentativ aufzunehmen, was in den Kirchen und ihren Vorfeldorganisationen diskutiert wird. Daran hat es in den letzten Jahren gemangelt. Mehr noch, man hat den Eindruck: Die Union und die Kirchen fremdeln an der einen oder anderen Stelle miteinander. Vieles von dem, was in den Kirchen an sozialen und globalen Fragen debattiert wird, findet seinen Weg nicht mehr in die programmatischen Debatten innerhalb der Union. Deswegen geht es mir darum, aus dem christlich-demokratischen Selbstverständnis und der Tradition der Soziallehre heraus einen klaren und profilierten Standpunkt zum Thema Nachhaltigkeit zu entwickeln. Für eine gute Sachdiskussion ist dies vermutlich keine schlechte Voraussetzung.

Zu diesem Standpunkt gehören drei Thesen, die näher diskutiert werden sollen. Die erste These besagt, dass die Diskussion über Nachhaltigkeit nur zu verstehen ist vor dem Hintergrund einer auf Expansion, auf Wachstum ausgelegten Grundphilosophie der Wirtschaft. Eine Gesellschaft, die alles im Überfluss hat wie das legendäre Schlaraffenland, kennt keine Probleme mit der Nachhaltigkeit. Dort aber, wo mit knappen Ressourcen gewirtschaftet wird, kommt die Frage nach der Nachhaltigkeit des Wirtschaftens schnell auf die

Tagesordnung: dann nämlich, wenn die Wirtschaft wächst. In einer begrenzten Welt, so heißt es, kann es kein unbegrenztes Wachstum geben. Dass unsere Erde begrenzt ist, bedarf keiner weiteren Erörterung. Gesellschaften streben nach wirtschaftlichem Wachstum, aus verschiedenen Gründen. Sie können durch Wachstum mögliche Verteilungskonflikte besser lösen, oder sie brauchen Wachstum, weil die Bevölkerung zunimmt. Wenn sich die Gesellschaften weltweit auf einen Wachstumskurs begeben, welche Folgen hat dies für unsere Ressourcen? Vor allem aber: Leben wir dann nicht heute auf Kosten der nächsten Generationen und schränken ihre Möglichkeiten ein? Das sind ernste Fragen, die die Zukunftsfähigkeit unserer Gesellschaften ebenso betreffen wie die Rechte künftiger Generationen.

Eine zweite These besagt, dass sich aus der jüdisch-christlichen Tradition heraus Leitplanken für ein verantwortliches, für ein nachhaltiges Wirtschaften formulieren lassen. Dies gilt vermutlich auch für andere Weltreligionen; diese sind aber nicht Thema des Buches. Die jüdisch-christliche Tradition ist deshalb besonders interessant, weil sich aus ihr heraus eine Wirtschaftsordnung eigenständig entwickelt hat, die auf Wachstum ausgerichtet ist. Die Idee des Fortschritts, die Idee des Wachstums: Sie entstanden im europäischen Kulturraum unter bestimmten Bedingungen und haben seither einen Siegeszug rund um die Welt angetreten. Man könnte also auch argumentieren: Es ist gerade das jüdisch-christliche Menschenbild, das zu den Problemen geführt hat, für die wir heute Nachhaltigkeit als Lösungsansatz diskutieren. Wir werden im Verlauf der Argumentation sehen, dass dies nur die halbe Wahrheit ist, weil sich aus dem jüdisch-christlichen Menschenbild auch Regeln für die Bewahrung der Schöpfung ableiten lassen.

Die dritte These des Buches lautet: Nachhaltigkeit lässt sich nicht hinreichend begründen ohne einen Bezug zur Idee des guten Lebens. Damit soll zweierlei gesagt sein: Zum einen ist Nachhaltigkeit nicht ein rein technisches Problem, das durch verbesserte Technologien oder Innovationen schon in den Griff zu bekommen ist. Das ist der Irrtum eines technologiegläubigen Denkens, das den Menschen selbst nicht ernst nimmt. Darüber hinaus bedarf es vielmehr einer Grundphilosophie, die die Frage nach dem guten Leben beantwortet. Gutes Leben heißt eben nicht nur, konsumieren zu können oder einen immer höheren Lebensstandard zu erreichen. Gutes Leben hat einen Bezug zur Sinnfrage. Es fragt nach den höheren Werten, denen sich Menschen verpflichtet fühlen und die dem Begriff der Würde des Menschen überhaupt erst seine Bedeutung verleihen.

Das Buch ist wie folgt aufgebaut. Im ersten Kapitel wird es um die Frage gehen, wie das Thema Nachhaltigkeit eine so herausragende Bedeutung erlangen konnte. Hier gibt es einen sehr engen Zusammenhang zu den Ideen von Fortschritt und Wachstum, auf die ich näher eingehen werde. Fortschritt ist eine der großen Leitideen des Abendlands. Dabei geht es nicht nur um den Fortschritt in den Wissenschaften oder um die Verbesserung der materiellen Lebensbedingungen; mit der Idee des Fortschritts war auch eine geschichtsphilosophische Vision verbunden, eine Hoffnung für die Menschheit als Ganzes. Diese Hoffnung wurde durch die entsetzlichen Verbrechen des 20. Jahrhunderts gründlich demontiert. Von der Idee des Fortschritts als einer säkularen Ersatzreligion übrig geblieben ist die Idee des Wachstums, die aber kaum noch einen Bezug zur Idee des guten Lebens hat.

Im zweiten Kapitel geht es deshalb um den Zusammenhang von Wachstum, Wohlstand und Lebensqualität. Führt ein zusätzliches wirtschaftliches Wachstum zu mehr Wohlstand und Lebensqualität? Zumindest die beinahe unkritische Fixierung auf das wirtschaftliche Wachstum in Politik und Medienberichterstattung ließe dies erwarten – und doch bleibt intuitiv ein Unbehagen, ein Verdacht, dass mehr nicht immer besser ist. Dieses Unbehagen findet heute seinen Ausdruck in der Debatte um erweiterte Wohlstandsindikatoren, von denen »Nachhaltigkeit« im weiten Sinn ein zentraler Bestandteil ist.

Im dritten Kapitel werden zunächst die zentralen Meilensteine der Nachhaltigkeitsdebatte vorgestellt. Nachhaltigkeit ist ein Begriff, der in Deutschland im 18. Jahrhundert als Prinzip der Waldbewirtschaftung geprägt worden ist. Im 20. Jahrhundert hat er eine schnelle Karriere gemacht, nachdem der Bericht des Club of Rome 1972 erstmals auf die globalen Grenzen des Wachstums hingewiesen hat. Seither wird die Debatte auch global geführt. Die sogenannte Brundtland-Kommission hat daraufhin in ihrem Abschlussbericht 1987 eine wirkmächtige Definition geliefert. Nachhaltig sei eine Entwicklung dann, wenn sie die Bedürfnisse der Gegenwart befriedigt, ohne zu riskieren, dass künftige Generationen ihre eigenen Bedürfnisse nicht befriedigen können. Diese Definition wird heute in jeder Debatte über Nachhaltigkeit zitiert, weil sie eingängig ist und unmittelbar einleuchtet. Der Erdgipfel in Rio de Janeiro 1992 hat dem Begriff der Nachhaltigkeit dann endgültig zum Durchbruch verholfen.

In einem zweiten, mehr systematischen Schritt werden anschließend die wichtigsten Konzepte der Nachhaltigkeitsdebatte erläutert und in einen systematischen Zusammenhang zueinander gestellt. Dabei handelt es sich vor allem um die Prinzipien von Effizienz, Konsistenz und Suffizienz. Effizienz bedeutet, dass wir Ressourcen möglichst gut nutzen und nichts verschwenden. Dies gilt für Materialien, aber auch für Energie. Konsistenz heißt, dass die Rohstoffe und Ressourcen möglichst in einem Kreislauf genutzt werden sollten. Die Natur kennt keine Abfälle. Wirtschaften wäre dann konsistent, wenn wir Nutzungskreisläufe einführen und Abfälle vermeiden.

Schließlich die Suffizienz: Sie zielt auf eine Begrenzung menschlichen Konsumverhaltens mit der Frage: Brauche ich das wirklich? Suffizienz ist also keine technische Leistung wie eine höhere Effizienz oder die Einführung von Wirtschaftskreisläufen, sondern zielt auf eine gesellschaftliche Verständigung über menschliche Bedürfnisse.

Im vierten Kapitel werden zunächst die biblischen Perspektiven vorgestellt und daraus erste Leitlinien zu einem verantwortlichen Umgang mit der Schöpfung abgeleitet. Sowohl im Alten wie auch im Neuen Testament finden sich Aussagen, die für die Diskussion über Nachhaltigkeit nützlich sein können. In einem zweiten Schritt werden die Sozialprinzipien der katholischen Soziallehre systematisch erläutert und in einen Zusammenhang mit dem Thema Nachhaltigkeit gestellt. Was haben Personalität, Subsidiarität und Solidarität mit Nachhaltigkeit zu tun? Ist Nachhaltigkeit eine Forderung, die sich aus dem Gemeinwohl ergibt? Oder gibt es Argumente dafür, Nachhaltigkeit als eigenes Sozialprinzip zu etablieren? Darüber hinaus werden Fragen erörtert, die das Verhältnis von Mensch und Natur betreffen. Ist die Natur nur deshalb wertvoll, weil sie auf den Menschen hingeordnet ist, oder hat die Natur einen Eigenwert?

Das sind auch Anfragen, die im fünften Kapitel an drei Denker gestellt werden, die aus jeweils unterschiedlicher Perspektive das Thema angegangen sind und aus dem christlichen Glaubenshorizont zu unterschiedlichen Antworten kommen: der Theologe und Arzt Albert Schweitzer mit seinem Grundgedanken der Ehrfurcht vor dem Leben, der Philosoph Vittorio Hösle mit seiner Position eines objektiven Idealismus und der südamerikanische Befreiungstheologe Leonardo Boff mit seiner Konzeption der Erde als Schöpfungszusammenhang.

Im sechsten Kapitel wird der Blick geweitet: Zweifellos ist ja richtig, dass die ökologische Frage vor Nationalstaaten nicht

Halt macht, auch nicht die soziale Frage. Doch ist Gerechtigkeit zunächst einmal auf den einzelnen Staat bezogen. Was meinen wir also, wenn wir von internationaler und globaler Gerechtigkeit sprechen? Worin liegt der Unterschied? Brauchen wir eine Weltregierung, um das Erforderliche durchzusetzen? Oder genügen internationale Vereinbarungen? Ich werde zunächst im Anschluss an John Rawls und David Miller einige Argumente liefern für eine starke Version internationaler Gerechtigkeit. Die Frage internationaler Gerechtigkeit ist eng verbunden mit der Frage der Verpflichtungen, die sich daraus ergeben. Wie können diese begründet werden? Welche Rolle können Kirchen und Religionen hier spielen? Und: Welche Folgerungen ergeben sich für die deutsche und/oder europäische Politik? Müssen wir von Deutschland und Europa aus mehr leisten, gar eine Vorreiterrolle einnehmen? Dazu werden einige Überlegungen präsentiert.

Ein abschließendes Kapitel entführt den Leser in die Welt von Star Trek. Mutig dorthin zu gehen, wo noch niemals jemand zuvor gewesen ist – dieses berühmte Motto aus der Science-Fiction-Serie lädt dazu ein zu spekulieren: über die Zukunft und die Möglichkeiten unserer Enkel und Urenkel, über die vermutlich auch dann noch aktuelle Idee eines guten Lebens und darüber, was dies mit dem Thema Nachhaltigkeit zu tun hat. Dazu bedarf es einer erneuten Vergewisserung der Prinzipien der Moderne ebenso wie einer Diskussion darüber, welche Rollen dem Staat, dem Markt und dem Einzelnen jeweils zukommen können – oder sollen.

1. Fortschritt und Wachstum

Nehmen wir an, es wären vor knapp 150 Jahren Außerirdische auf der Erde gelandet. Sie wären in friedlicher Absicht gekommen und hätten uns folgendes Angebot gemacht: Wir bieten euch eine Technologie an, die wird euer Leben um vieles angenehmer machen, euren Lebensstandard deutlich erhöhen; sie wird euer Leben verbessern. Als Gegenleistung fordern wir lediglich pro Jahr einige tausend Menschenleben. Hätten wir empört abgelehnt? Vermutlich. Wir sind schließlich keine Götzendiener wie die alten heidnischen Religionen, von denen es heißt, sie hätten Menschenopfer dargebracht, um das Wohlgefallen der Götter zu »erkaufen«. Wir haben Ehrfurcht vor dem Leben, wir achten und schützen es. Keine Technologie ist es uns wert, Menschen dafür zu opfern. – Dann kam das Auto, das noch heute jährlich für weit über 10 000 Tote alleine in Europa verantwortlich ist. So sicher, wie wir im Wissen um die Konsequenzen das oben beschriebene Geschäft abgelehnt hätten, stecken wir heute mitten in dem teuflischen Pakt drin. Wie konnte das passieren? Wie konnten wir eine Welt erschaffen, die so keiner gewollt haben konnte, die wir gleichwohl aber nicht mehr als Skandal wahrnehmen?

Ein zweites Beispiel: Nehmen wir an, die Außerirdischen hätten uns eine Wette angeboten. Sie hätten uns eine Technologie angeboten und gesagt: Diese Technologie macht euer Leben um vieles einfacher. Sie löst viele der Probleme, die ihr jetzt habt. Es besteht aber eine gewisse, gleichwohl vernachlässigbare Wahrscheinlichkeit, dass diese Technologie euren Kindern erheblichen Schaden zufügen kann. Diese Wahrscheinlichkeit liegt bei weniger als eins zu einer Million. Nun würde vermutlich niemand auf die Idee kommen, die Zukunft seiner Kinder zu verwetten, auch wenn das Risiko noch geringer als eins zu einer Million läge. Wir wollen in aller Regel, dass es unseren Kindern besser geht als uns und nicht heute ein gutes Leben führen mit dem Wissen, dass wir dies mit einem erheblichen Risiko für unsere Kinder erkaufen. Darüber hinaus würden wir es als unanständig ablehnen, die Lebenschancen unserer Kinder zum Gegenstand einer Wette zu machen. Und doch passiert genau dies: Unsere Wirtschaftsweise heute hat dazu geführt, dass wir die Zukunft unserer Kinder gefährden. Auch hier lag keine Planung zugrunde, sondern ein langsames Hineinschlittern in Verhältnisse, die wir so nie gewollt haben. Schlimmer noch: Wir wissen mittlerweile um die Gefährdung, sind aber zutiefst davon überzeugt, diese rechtzeitig in den Griff zu bekommen. Wo die Gefahr ist, wächst das Rettende auch – diese Gedichtzeile von Friedrich Hölderlin ist uns weniger Trost, sondern wir wetten darauf. Auf das Leben und die Lebenschancen unserer Nachkommen.

Fragt man nach dem Grund für diese eigentümliche Haltung, so liegt die Antwort darin, dass sich in der Neuzeit eine Idee des Fortschritts durchgesetzt hat, die heute unser Leben bis in die tiefsten Poren unseres Bewusstseins bestimmt. Wir sind beseelt von einem geschichtsphilosophischen Optimismus: Es wird uns immer besser gehen, wir werden alle Probleme in den Griff bekommen. Wir sind schließlich die Herren der Schöpfung, unseres eigenen Glückes Schmied. Wir sind eingesponnen in ein Glaubenssystem, das im kontinuierlichen Fortschritt (und seinem Zwilling, dem wirtschaftlichen Wachstum) auch eine Verbesserung des Menschengeschlechts insgesamt sieht: Wer nicht mehr hungert und leidet, ist offen für die höheren Bestimmungen des Menschseins. Das war einmal die große Hoffnung, das große Versprechen der Idee des Fortschritts. Deswegen lohnt es sich, einen etwas genaueren

Blick auf diese Idee des Fortschritts zu werfen und darauf, wie sie unser neuzeitliches Denken prägt.

Fortschritt und Geschichte

Fortschritt bedeutet, dass es uns heute besser geht als früher. Wir haben den Vergleich, die Erfahrung. Das war nicht immer so. Dass sich aus der Fortschrittserfahrung heraus eine Fortschrittserwartung zu einem Fortschrittsglauben oder einer Fortschrittsideologie verfestigt, ist eine spezifisch europäische Erfahrung des 18. und 19. Jahrhunderts.[6] Sie besagt: Es gibt eine historische Entwicklung, die wir in die Zukunft hinein verlängern können. Den Menschen wird es immer besser gehen, sie werden die großen Plagen der Menschheit wie Seuchen, Hungersnöte, Krankheiten und Kriege in den Griff bekommen. Dies wird dazu führen, dass die Menschen nicht mehr im unbarmherzigen Kampf ums Dasein ihr eigenes Überleben mit allen Mitteln organisieren müssen. Dadurch kann sich der Mensch den höheren Bestimmungen widmen, er kann sich entfalten und vervollkommnen. Eine wahrhaft noble, eine faszinierende und im Wortsinn vielversprechende Vision. Sie bildet den Wurzelgrund unserer modernen Welt.

Die Antike kannte zwar eine Fortschrittserfahrung, setzte sie jedoch selten in eine Fortschrittserwartung um. Antikes Denken war von ordnungspolitischen Kategorien der Stabilität bestimmt, nicht von der Idee einer dauerhaften und permanenten gesellschaftlichen Dynamik. Das schlug sich auch in

---

6 Zur Terminologie von Fortschrittsdimensionen vgl. Erwin Faul, »Ursprünge, Ausprägungen und Krise der Fortschrittsidee«, *Zeitschrift für Politik* 1984, 241–290; 250f. Vgl. darüber hinaus John Baillie, *The Belief in Progress*. New York 1951; Robert Nisbet, *History of the Idea of Progress*. New York 1980; Bedrich Loewenstein, *Der Fortschrittsglaube. Europäisches Geschichtsdenken zwischen Utopie und Ideologie*. Darmstadt 2015.

den Geschichtsbildern nieder, also der Art und Weise, wie Geschichte gedeutet und interpretiert wurde. Die Antike kannte sowohl zyklische Geschichtsauffassungen, in denen sich Perioden des Auf- und Abschwungs abwechseln, als auch Ideen eines goldenen Zeitalters, von dem sich die Menschen entfernt haben.

In der jüdisch-christlichen Tradition überwog die geschichtliche Vorstellung von der Vertreibung aus dem Paradies (als Beginn der Zeitrechnung) und eines späteren Einbruchs des Göttlichen in die Geschichte.[7] Die Menschheitsgeschichte ist die Geschichte seit dem Ausgang aus dem Paradies. Das Paradies kannte keine Zeit, kein Vergehen. Erst seitdem die Pforten des Paradieses geschlossen sind, ist der Mensch der Zeit, dem Leiden unterworfen. Ihm ist aber auch die Hoffnung mitgegeben worden auf die Erlösung, auf das Kommen des Messias. Damit würde auch das Böse besiegt, das an die Zeit gebunden ist: Die Enge der Zeit sei die Wurzel des Bösen, so der Philosoph Hans Blumenberg.[8] So ist die Hoffnung nach Erlösung immer auch die Hoffnung auf ein Ende der Zeit. Paulus universalisierte diese ursprünglich nur an das jüdische Volk adressierte Endzeithoffnung. Sie galt nun für alle Menschen. Der bedrückenden Gegenwart wurde die Hoffnung auf die Wiederkunft Christi entgegengestellt. Sie galt zwar als sicher, doch keiner kenne den Tag oder die Stunde. Die Wiederkunft Christi blieb das Unerwartete, später das noch Ungeschehene. Sie wurde zum außerweltlichen Fluchtpunkt von Hoffnungen, der in einer Welt voller Leid, Schmerz und Vergänglichkeit eine noch so beschädigte Gegenwart zu legitimieren in der Lage ist.

---

7 Die Idee einer Apokalypse oder einer Endzeit ist in den frühen Religionen noch nicht präsent, entwickelt sich dann aber in Rezeption und Auseinandersetzung mit der Lehre des Zoroaster (Zarathustra), die auch im Judentum aufgegriffen wurde; vgl. Norman Cohn, *Die Erwartung der Endzeit – Vom Ursprung der Apokalypse*. Frankfurt am Main 1997.
8 Hans Blumenberg, *Lebenszeit und Weltzeit*. Frankfurt am Main 1986, 71.

Je länger sich die Wiederkunft Christi verzögerte, desto drängender wurde aber auch die Frage: Was soll der Christ in dieser Welt tun? In welchem Zusammenhang stehen die erhoffte Welt der Erlösung und die diesseitige Welt? Augustinus hat dem Dualismus zwischen weltlichem und himmlischem Reich mit der Formulierung der *civitas Dei* und der *civitas terrena* eine durch das Mittelalter hindurch gültige Formulierung gegeben. Innerhalb der Welt sei das Heil oder eine neue Epoche der Menschheitsgeschichte nicht zu erwarten. Die Sinngebung des Menschen könne nicht auf dem Flüchtigen des irdischen Daseins aufbauen. So sei irdisches Trachten trügerisch, es habe mit der eigentlichen Zweckbestimmung des Menschen nichts zu tun, so Augustinus. Im Gegenteil, die zeitgenössischen Erfahrungen, die den Hintergrund der Philosophie des Augustinus bildeten, waren eher von Unsicherheit und Zerfallserscheinungen geprägt. Das Ordnungsgefüge des Römischen Reiches zerfiel. Für eine optimistische Sicht auf die Zukunft sprach wenig. Die Stimmen, die ein unmittelbares Ende durch eine göttliche Apokalypse erwarteten, waren zahlreich. Augustinus löste den Glauben an die göttliche Herrschaft vom Menschenwerk ab: Staaten mochten vergehen, die Aussicht auf die Herrschaft Gottes hatte aber weiterhin Gültigkeit.

Der Verfall des Römischen Reiches (und damit der Verlust an Zivilisation und Kultur) bestimmte über viele Jahrhunderte das mittelalterliche Geschichtsbild. Leuchtende Vorbilder waren Griechenland und Rom; die nachkommenden und nacheifernden Generationen konnten nach eigener Sicht nicht hoffen, jemals zu ähnlicher Kulturblüte kommen zu können. Die großen alten Meister blieben unerreicht und unerreichbar. Darüber hinaus war die allgemeine Unsicherheit groß. Der Untergang Roms, die Völkerwanderungen, die großen Pestwellen im 6. und im 14. Jahrhundert, die periodischen Hungersnöte oder die Bedrohung des Abendlands durch die Mongolen im 13. Jahrhundert ließen eine optimistische Sicht auf die Zukunft kaum zu. Die Welt schien aus den Fugen geraten, die Endzeit immer nah. Die großen Gründerväter des Mittelalters in Europa suchten denn auch eher überkommenes Wissen zu sammeln, zu sichern und für die Nachwelt zu erhalten.

Erst seit der Renaissance kam es zu einer schrittweisen Neubestimmung der historischen Verortung. Neue Erkenntnisse wurden gewonnen, die Wissenschaft kam wieder zu eigener Blüte. Hatten die Alten, die Vorfahren je über solche Möglichkeiten verfügt? Das mittelalterliche Weltbild wurde durch die Erkenntnisse der Wissenschaft, die Erkundungen der Welt und die Entdeckungen immer neuer Zusammenhänge in der Welt in seinen Grundfesten erschüttert. Es entstand eine eigentümliche Aufbruchsstimmung, in der ein geschichtsphilosophischer Optimismus um sich griff. Wenn die Alten nun auf ihren Platz verwiesen wurden, weil sie viele Möglichkeiten der Gegenwart noch nicht hatten, was mochte dann erst die Zukunft bringen?

Fortschritt, Wissenschaft und Arbeit

Die Wissenschaften wurden zum Schlüssel für die neue Zeit. Das moderne Fortschrittsdenken ist ein durch Wissenschaft gesättigtes Denken. Es ist ein Denken im Glauben an die Wissenschaft, die Machbarkeit und die Beherrschbarkeit der Natur. Eine der frühen Voraussetzungen modernen Denkens war die Abkehr von der aristotelischen Kausalitätslehre, die in der Spätscholastik vorbereitet wurde und sich seit der italienischen Renaissance breit durchsetzte. Wichtig war vor allem die Abkehr von der Zweckursache, die der Wissenschaft den Weg zu einer quantitativen Beschäftigung mit der Natur bahnte.[9] Zweckursache hieß: Ursache eines Ereignisses ist ein zugrunde liegender Zweck, vielleicht ein göttlicher Heilsplan, der alles vom Ende her ordnet. Wäre der Natur aber eine Zweckursache eingeschrieben, dann stünde dahinter eine Absicht, ein Plan, eine Bestimmung, und der Mensch würde gut daran tun, diesem Plan nicht in die Quere zu kommen. Ist der Natur hingegen kein Zweck mehr eingeschrieben, kann sie dem Menschen vollkommen zu Diensten sein. Er tritt aus der Natur heraus und gibt ihr Sinn in Bezug auf seine eigene Existenz.

Die dadurch eröffnete neue Sicht auf die Natur ermöglichte neue Fortschrittserfahrungen gegenüber der Umwelt (mit der Entdeckung neuer Kontinente als dem dramatischsten Beispiel), aber auch gegenüber der Vorwelt. Durch die Erkenntnisse der Naturwissenschaften wurde das seit der Scholastik gängige Bild von den Zwergen, die auf Schultern von Riesen stehen, obsolet.[10] Nicht mehr die »Alten« waren das große Vorbild, zumal sie weder über den Kompass, noch das Schießpulver, noch den Magneten oder den Buchdruck verfügten. Die geschichtsphilosophische Perspektive drehte sich um. Die »Alten« wurden in der historischen Neuinterpretation in den Status wissenschaftlicher Kindheit versetzt, während die Gegenwart nunmehr als durch größere Reife, durch einen höheren Erkenntnisstand geprägt galt. Getreu der These von Francis Bacon, dass Wissen Macht sei, wurde die Organisation des Wissens nicht mehr dem Zufall überlassen, sondern Gegenstand methodischer Planung und Steuerung.

Möglich wurde diese planende und organisierende Beherrschung der Natur durch zwei Grundannahmen: zum einen durch die Aufspaltung von Subjekt und Objekt als erkenntnis-

---

9 Hierzu Robert Spaemann/Reinhard Löw, *Natürliche Ziele. Geschichte und Wiederentdeckung des teleologischen Denkens*. Stuttgart 2005, 82–92.
10 Robert Merton, *Auf den Schultern von Riesen*. Frankfurt am Main 1983.

theoretische Leistung der Neuzeit. Dies war eine Haupter-
kenntnis des französischen Philosophen René Descartes, der
auf der Suche nach dem archimedischen Punkt der Welterkenntnis zu dieser Trennung von Sachen des Geistes und
räumlich ausgedehnten Dingen gelangte: zu einer Trennung
von erkennendem Subjekt und zu erkennender Sache, also
Objekt. Logisch war das Subjekt dem Objekt vorgeordnet,
denn streng genommen konnte es ohne den erkennenden
Geist keine Gewissheit über eine unabhängig davon existie-
rende Welt der Dinge geben. Zumindest aber erlangte die
Welt der Dinge ihre Wertigkeit erst dadurch, dass sie durch
einen erkennenden Geist, den Menschen, wahrgenommen
wurde.

Die andere Grundannahme war, dass der erkennende Geist
die Dinge vollständig studieren und für sich nutzen könne.
Dieser wissenschaftliche Zugriff auf die Natur, die Absicht, der
Natur ihre Geheimnisse zu entreißen, stand im Mittelpunkt
des Hauptwerkes von Francis Bacon, des *Novum Organum*.
Bacon zeigte sich überzeugt, dass die Enthüllung der Kräfte
der Natur durch die wissenschaftliche Methode »mit eherner
Notwendigkeit« eine Verbesserung der menschlichen Verhältnisse und eine Erweiterung der Macht des Menschen über die
Natur begründe.[11] Unversehens wird die Mitwelt zu einem
Objekt zur Befriedigung menschlicher Bedürfnisse, und zwar
scheinbar ohne dass dem Grenzen gesetzt wären. Die Natur
wird zur Ressource für menschliche Zwecke. Die Aussage
Bacons, man müsse die Natur foltern, damit sie ihre Geheimnisse preisgebe, war der Auftakt zu einem Naturverständnis,
bei dem die Erkenntnis, dass der Mensch eben selbst auch Teil
der Natur ist, in den Hintergrund trat. Mehr noch: Die Natur
wurde als weiblich angesehen; die Beherrschung der Natur

---

11 Francis Bacon, *Neues Organon*. Hamburg 1990, 611.

und die Beherrschung der Frau verschwammen in einen Diskurs.[12]

Eines der wirkmächtigsten Bilder dieses neuen Selbstbewusstseins war das der Maschine. Wie eine Maschine wurde das Funktionieren der Natur beschrieben. Descartes sah selbst in Tieren bewegte Maschinen, die wie ein Uhrwerk funktionierten; auch die Menschen waren solche Maschinen, ergänzt allerdings um eine Seele. Die Möglichkeit, die bewegte Natur als Maschine nachzubauen, war im 18. Jahrhundert populär. Der Mensch zeigte sich im Kleinen als Schöpfer. Er konnte die Schöpfung nachahmen. Und er tat dabei Gottes Werk, denn hatte nicht Gott alles nach Maß, Zahl und Gewicht geordnet, sodass es dem erkennenden Geist zugänglich war? In jedem Fall war die Natureroberung durch Technik ein gottgefälliges Werk – so jedenfalls der Tenor der vielen »Maschinenbücher« vom 16. bis 18. Jahrhundert, die das moderne Ingenieurswesen anstießen.[13]

Wie eine Maschine sollte auch der Staat aufgebaut sein, der von Menschen geschaffene Leviathan.[14] Folglich stand auch

---

12 Hierzu die faszinierende Studie von Carolyn Merchant, *The Death of Nature. Women, Ecology and the Scientific Revolution.* New York 1980. Anhand dieses engen Zusammenhangs wird schon deutlich, dass die Frage eines anderen Umgangs mit der Natur und der Feminismus eng miteinander verbunden sind.

13 Ansgar Stöcklein, *Leitbilder der Technik. Biblische Tradition und technischer Fortschritt.* München 1969. Auch propagandistisch wurden Maschinen zur Beförderung der Akzeptanz technischer Mittel eingesetzt, so etwa die beweglichen Androiden, vor allem aber die künstliche Ente des Jacques de Vaucanson, die Aufsehen in ganz Europa erregte. Ein Jahrhundert später, im Jahr 1805, besichtigte Johann Wolfgang von Goethe das berühmte Kuriositätenkabinett des Helmstedter Professors Beireis. Die einstmals spektakulären Vaucansonischen Automaten waren in jämmerlichem Zustande. Gleichwohl, urteilt Hans Blumenberg, habe »Goethe die quasiorganische Hinfälligkeit der Maschinen mit einiger Befriedigung« genossen. Sowohl die Maschinen als auch die dahinterstehende Idee waren dem Zeitgeist fremd geworden. Hans Blumenberg, *Geistesgeschichte der Technik.* Frankfurt am Main 2009, 22f.

14 Barbara Stollberg-Rilinger, *Der Staat als Maschine. Zur politischen Metaphorik des absoluten Fürstenstaats.* Berlin 1986.

in diesem Bereich rationale Planung im Vordergrund. Der Gedanke einer Politik, die nach dem Vorbild der Geometrie funktionieren könne, war in der frühen Aufklärung von Samuel Pufendorf bis Christian Thomasius staatsphilosophisches Leitbild. Die Entstehung des souveränen Staates, der das alte System überlappender Loyalitäten spätestens nach dem Dreißigjährigen Krieg ablöste, schuf die Voraussetzung für einen einheitlichen Wirtschaftsraum ebenso wie für die planmäßige Förderung der Wissenschaften. Die Vorstellung, der Staat müsse den Fortschritt planen, bestimmte noch das Denken des Aufklärungsphilosophen Immanuel Kant, der die Fortschrittsgewissheit zum Postulat der praktischen Vernunft verklärte.

Vehikel der planmäßigen Umgestaltung der Natur wurde ein neuer Begriff der Arbeit und die daraus abgeleiteten Folgen für die Wirtschafts- und Sozialordnung. Arbeit wurde zu einem Zentralbegriff der Moderne. Es lohnt sich deshalb, die Neubestimmung der Arbeit vor dem Hintergrund der bis dahin dominierenden Denktraditionen etwas genauer anzusehen.

Die Vertreibung aus dem Paradies (dem Naturzustand des Menschen nach der Schöpfung) war mit dem Fluch besiegelt, dass der Mensch nun im Schweiße seines Angesichts sein Brot essen musste. Im Paradies war dem Menschen die Bearbeitung und Bewahrung der Schöpfung anvertraut worden (Genesis 2,15). Die Arbeit war also schon vor dem Sündenfall präsent, und sie stand von Anbeginn unter dem Segen Gottes; dies unterscheidet die alttestamentarische Vorstellung des Gartens Eden von den anstrengungslosen Visionen eines Schlaraffenlandes. Die Vertreibung aus dem Paradies änderte lediglich die Form der Arbeit. Sie wurde nun Mühsal (Genesis 3,19). Nicht die Arbeit war verflucht, aber sie wurde unter die Notwendigkeit der Selbsterhaltung und in die Gefahr des Scheiterns gestellt. Am göttlichen Auftrag änderte sich dadurch nichts.

Diese grundsätzlich positive Einstellung zur Arbeit findet sich auch im Neuen Testament. Sowohl Jesus als auch die Apostel gingen einer Arbeit nach. Die Anhänger Jesu in Galiläa waren Angehörige einfacher Berufe auf dem Land oder gehörten zu den Menschen mit prekärem Lebensunterhalt, den Gelegenheitsarbeitern, Tagelöhnern und Armen.

Die griechisch-römische Aufteilung in höhere und niedrige Tätigkeiten blieb der jüdisch-christlichen Tradition weitgehend fremd, mehr noch: Die Zugehörigkeit zur Gemeinde Christi hob den Unterschied zwischen Freien und Sklaven potenziell auf. In der Verkündigung Jesu findet sich gemäß der jüdischen Tradition eine positive Bewertung der körperlich-manuellen Arbeit. In den Gleichnissen spielt die alltägliche Arbeit der Männer und Frauen eine anschauliche Rolle – neben der Hausarbeit die Arbeit im Weinberg während der Ernte, die ihren Lohn wert ist.

Ein zweiter Gesichtspunkt erscheint wichtig. Die jüdisch-christliche Tradition hat immer auch darauf gepocht, dass die Arbeit kein Selbstzweck wird. Das Gebot der Ruhe am siebenten Tag, also am Sabbat (bzw. Sonntag) bezweckte ja weniger ein Ausruhen von der Arbeit als die Möglichkeit, sich zu Gott hinzuwenden. Der Arbeitsalltag wurde durch die Möglichkeit zur Mitruhe und zur Kontemplation unterbrochen. Ein wenig von diesem Grundverständnis ist auch heute noch in der aus der Weimarer Reichsverfassung ins Grundgesetz eingegangenen Vorschrift erkennbar, dass der Sonntag und die staatlich anerkannten Feiertage als Tage der Arbeitsruhe und der seelischen Erhebung geschützt bleiben (Art. 139). Arbeit sollte den Menschen nicht bestimmen, sie sollte begrenzt bleiben, im Übrigen auch mit Blick auf die möglichen Früchte der Arbeit: Das Anhäufen von Reichtum wird in der jüdisch-christlichen Tradition kritisch gesehen (z. B. Lukas 12,16–21). Die Arbeit ist auf den Menschen bezogen, auf seine Lebensumstände, und soll sich nicht in rastloser Tätigkeit und als Zweck in sich manifestieren.

Die griechisch-römische Welt hatte dies anders gesehen. Schon ein Blick auf die Sprache macht dies deutlich. Das lateinische *labor* ist die mühselige, die anstrengende Arbeit. Daraus wurde das englische Wort »labor«; die Assoziation mit Schmerzen ist im Begriff »to be in labor« (also »in den Wehen liegen«) im Englischen noch lebendig. Der spanische und französische Begriff »trabajo« bzw. »travail« leitet sich vom römischen *tripalium* ab, einem Joch, mit dem Sklaven bestraft wurden. In Griechenland war die menschliche Tätigkeit der sogenannten *vita activa* in Arbeiten, Herstellen und Handeln unterteilt. Die Arbeit gehörte, ebenso wie in Rom, in die Domäne der Unfreien. Höchste Anerkennung genoss hingegen die *vita contemplativa*, die theoretische Reflexion, also der philosophische Lebensstil. Die aristotelische Definition des Menschen als eines politischen Wesens schloss all jene definitorisch aus, die ihr Leben in Unfreiheit führten und sich der täglichen Notwendigkeit der Arbeit hingeben mussten. Der Mensch kommt erst als politisch Handelnder und in den damit gegebenen Bezügen zum Vollzug seines Menschseins.

Somit ist zunächst festzuhalten: Die jüdisch-christliche Tradition und die griechisch-römische waren mit Blick auf die Wertschätzung von Arbeit von sehr unterschiedlichen Positionen aus gestartet. Während in Griechenland und Rom die einfachen Tätigkeiten des Arbeitens und Herstellens eines Bürgers nicht würdig waren – mit allen Konsequenzen für die gesellschaftliche Teilung zwischen Freien und Unfreien, auch zwischen Männern und Frauen –, hat die jüdisch-christliche Perspektive die Arbeit in den Vollzug der göttlichen Heilsordnung gestellt. Indem im frühen Christentum die Heilsbotschaft universalisiert wurde, entfaltete sie eine potenziell emanzipatorische Botschaft: Die Wertschätzung der Arbeit und die Botschaft der Brüderlichkeit richtete sich an Freie und Unfreie, an Männer und Frauen. Allerdings wird auch die Kontemplation hoch geschätzt, die intuitive Schau der obersten Wahrheiten, also auch Gottes. Diese Spannung von körperlicher Arbeit und Erkennen Gottes wird beispielhaft in der vom gesellschaftlichen Alltag abgeschiedenen Arbeitspraxis der Mönche und deren Regeln erkennbar.

Mit Luther und der Reformation kommt die *vita activa* wieder zu neuem Ansehen. Berufspflicht, innerweltliche Askese, Heilsbewährung und Gnadenwahl: Mit diesem Stichworten sind die Zutaten benannt, die Max Weber für die Entstehung einer spezifisch protestantischen Arbeitsethik identifiziert hat, die wiederum den »Geist des Kapitalismus« beförderte.[15] Das konnte sie vor allem auch deshalb, weil Arbeit nun Eigentum begründete. Dies war eine der wirkmächtigsten Ideen von John Locke: Wenn die menschliche Arbeit mit den Objekten der Natur gemischt werde, entstehe Eigentum – eine völlig andere Auffassung als die tradierte christliche, die ja immer vom Eigentum Gottes an der Schöpfung ausgegangen war und dem Menschen lediglich ein bleibendes Nutzungsrecht an ihr einräumte. Gerade diese Figur der Schaffung von Eigentum durch Arbeit erwies sich als eine revolutionäre Neuerung. Mit einem Mal entstand Eigentum quasi natürlich, durch menschliche Arbeit oder durch die Aneignung menschlicher Arbeit. Darüber hinaus wurde es legitim, dieses Eigentum auch anzuhäufen.[16] Die Begierde des

---

15 Max Weber, »Asketischer Protestantismus und kapitalistischer Geist«, in: Ders., *Soziologie, universalgeschichtliche Analysen, Politik*. Hrsg. von Johannes Winckelmann. Stuttgart 1973, 357–381.
16 Hierzu Manfred Brocker, *Arbeit und Eigentum. Der Paradigmenwechsel in der neuzeitlichen Eigentumstheorie*. Darmstadt 1992. Ein zweiter Aspekt wurde ebenfalls wichtig: Das Eigentum an der *Idee* einer Sache, also das Urheberrecht, sofern diese Sache keine natürliche Form hatte, also nicht auf der Imitation der Natur, sondern Resultat einer Neuschöpfung aus dem Geiste heraus war.

Menschen nach Mehr war nun nicht mehr Sünde, sondern akzeptierte Triebfeder der ökonomischen Entwicklung. Sie blieb indes nicht auf die agrarische Gesellschaft beschränkt, sondern diente auch und gerade der Industrialisierung als willkommener Legitimationsgrund. Hier, in der Industrialisierung, wurden die wissenschaftlichen Erkenntnisse praktisch und gewinnbringend methodisch umgesetzt. Sie entstand aus drei wesentlichen Faktoren: Der Nutzung neuer Energien (Dampf, Kohle), der Neuorganisation von Arbeit in Fabriken und der maschinellen Verarbeitung von Rohstoffen in einer Massenproduktion. Dadurch wurde eine deutliche Steigerung der Produktivität möglich. Industrialisierung beruhte auf einem instrumentellen Verhältnis zu Natur und Arbeit unter Anwendung wissenschaftlicher Erkenntnisse. Begleitet wurde die Industrialisierung von einer Erschließung der Räume (Wasserstraßen- und Wegebau, Eisenbahn), einer zunehmenden sozialen Mobilität, Urbanisierung, Alphabetisierung, aber auch neuen Formen sozialer Disziplinierung und dem Aufkommen der nationalen Idee als Form der Vergemeinschaftung und des Nationalismus als Ideologie nationaler Selbstständigkeit und Größe.[17]

Fortschritt, Wissen und Macht

Wenn die Welt rational erklärbar ist, dann muss sie auch rational gestaltbar sein. Dies war die Grundidee der politischen Utopien der Neuzeit. Die großen Gesellschaftsutopien von Thomas Morus, Tommaso Campanella und Francis Bacon beschrieben perfekte und eben vollkommen rationale Alternativentwürfe zu einer vorgefundenen Wirklichkeit, die vor dem

---

17 Ernest Gellner, *Nations and Nationalism*. Ithaca 1983.

Bild dieser vernünftig aufgebauten Gegenwelt umso defizitärer erscheinen musste.[18] Freilich blieben diese Gegenwelten, in denen sich Kritik am Bestehenden mit der Sehnsucht nach dem Vernünftigen (und Gerechten) verbanden, jenseits der Geschichte angesiedelt. Von der Gegenwart führte kein Weg in die perfekte Gegenwelt. Sie war ein Traum der Philosophen. Das galt auch noch für die Utopien der frühen Aufklärung. Die Fortschrittsideologie der Philosophen des 18. Jahrhunderts hingegen holte diese Sterne gewissermaßen vom Himmel auf die Erde und erklärte die innerweltliche und historische Möglichkeit der Realisierung des utopischen Geistes.

Fortschritt verhieß Macht und Freiheit: Macht über die Natur und die Wechselfälle des Lebens, Freiheit von den Notwendigkeiten, auch den Strukturen, die zuvor als gottgegeben fraglos akzeptiert waren: Der Mensch, und dies ist der Kern der neuzeitlichen Idee des Fortschritts, nimmt sein Schicksal in seine Hand, und zwar ohne sich auf Gott zu beziehen. Der Begriff des Fortschritts in der Aufklärung ist ein säkularer, in dem zunächst aber durchaus noch die theologische Weltsicht nachhallt: Gott wurde durch die Menschheit ersetzt, das Jüngste Gericht (und die Unsterblichkeit in der *civitas Dei*) durch das Urteil der Geschichte und das Erinnern künftiger Generationen.[19]

Die Apologeten des Fortschritts haben diesen auf verschiedenen Ebenen konstatiert und eine zusammenhängende Fortschrittsideologie entworfen. Fortschritt war zunächst einmal festzustellen (und das auch empirisch durchaus plausibel) im Bereich der Naturwissenschaften, also der Beherrschung der Natur. Dies bedeutete zum zweiten, dass die Möglichkeiten der Verbesserung des menschlichen Lebens, die Chance, die-

---

18 Richard Saage, *Politische Utopien der Neuzeit*. Darmstadt 1991, 77ff.
19 Carl L. Becker, *The Heavenly City of the Eighteenth-Century Philosophers*. New Haven und London 1932.

ses von Krankheiten, von Mühe und Armut zu befreien, ebenfalls deutlich zugenommen hatten; der Lebensstandard stieg. Schließlich trug all dies dazu bei, dass der Mensch seine Möglichkeiten besser entfalten konnte, er im umfassenden Sinn seine Humanität verwirklichen und damit sich auch zivilisatorisch über die Natur und ihre Begrenzungen erheben konnte.

Vor allem in Frankreich verbanden sich der Glaube an die wissenschaftliche Methode und das Bewusstsein, an einer Epochenwende zu leben, in empirisch gebundenen geschichtsphilosophischen Gesamtentwürfen. Die großen Systematisierer einer so durch die Geschichte erkennbaren Ordnung waren Anne Robert Turgot, Marie Jean Antoine Nicolas Caritat, Marquis de Condorcet, und Auguste Comte. Turgot konstatierte in seiner Rede 1750 an der Pariser Sorbonne ein allgemeines, universales Gesetz des Fortschritts, dem alle Kulturen, freilich in unterschiedlichem Tempo, unterworfen seien. Die unterschiedlichen Stadien der Entwicklung seien zunächst ein animistisch-religiöses Zeitalter, auf das ein Zeitalter der Philosophie und der abstrakt-metaphysischen Welterklärungen folge. Den Endpunkt von Fortschritt und historischer Entwicklung bilde ein Zeitalter, das geprägt sei von der Physik und den empirischen Wissenschaften.[20] Aus der Geschichte heraus war auch für Condorcet der Vervollkommnungsfähigkeit des Menschen keine Grenze gesetzt, wenngleich er auch die gegenwärtige Zeit erst in der neunten von zehn möglichen Entwicklungsstufen sah.[21] Condorcet bejahte die Anwendung mathematischer Methoden in der Kultur- und Gesellschaftswissenschaft, vor allem in Form der Statistik und Wahrscheinlichkeitsrechnung. Er stand mit an der Wiege moderner Sozialwissenschaft. Wissenschaftlich ge-

---

20 Anne Robert Turgot, *Über die Fortschritte des menschlichen Geistes.* Frankfurt am Main 1990.
21 Jean Antoine Nicolas de Condorcet, *Entwurf einer historischen Darstellung der Fortschritte des menschlichen Geistes.* Frankfurt am Main 1963.

prägt, frei von den menschlichen Unberechenbarkeiten und einer Zufälligkeit des Schicksals sollte denn auch die abschließende zehnte Epoche der Menschheitsgeschichte sein: Eine Epoche unter dem Glanz der Voraussicht und der wissenschaftlich berechneten Genauigkeit.

Für Auguste Comte war es dann das erreichte Niveau von Industrie und Technik, die das Niveau einer Kultur ausmachte und damit auch die soziale und politische Verfassung bestimmte – ein deutlicher Vorgriff auf die einige Jahre später formulierten Thesen von Karl Marx. Seine Abfolge der Gesellschaftsformationen sind den Entwicklungsformen des Geistes nachempfunden: theologisch (fiktiv), metaphysisch (abstrakt) und wissenschaftlich (positiv). Mit dem Aufkommen des positiven Zeitalters wird für Comte auch die im metaphysischen Zeitalter verloren gegangene Ordnung im Geistigen und Sozialen wiedergewonnen, allerdings unter dem Signum des Fortschritts.[22]

Fortschritt ist also – und hier wurden die französischen Systematisierer durch die empirisch gesättigten Untersuchungen der schottischen Moralphilosophen ergänzt – nicht nur Prinzip des geschichtlichen Erkennens, sondern auch Gegenstand gesellschaftlicher Planung. Diese aus dem sektoralen Fortschrittserkennen in das Universalgeschichtliche ausgreifende Ideologie des Fortschritts durchbricht die Idee eines Endes der Weltzeit zugunsten einer offenen, von Menschen planbar gestalteten Zukunft. Die Entwicklung der Menschheit mochte dabei linear oder dialektisch verlaufen, sie konnte sich als prinzipiell unabgeschlossen oder, wie in den geschichtsphilosophischen Spekulationen Condorcets und Hegels, als begrenzte Stufenfolge erweisen: Entscheidend war die Aufzeigbarkeit

---

22 Die Losung »Ordnung und Fortschritt«, die auf dem Titelblatt von Comtes *Système de politique positive (1851–1854)* abgedruckt war, findet sich auch auf der brasilianischen Nationalflagge.

und Unvermeidbarkeit des Fortschritts, sein umfassender Anspruch auf die Umgestaltung aller Lebensbeziehungen und die positive Grundeinstellung zu diesem Prozess, der als Selbstveredelung des Menschen beschrieben werden konnte.

Für das Bürgertum, das sich des Fortschrittsgedankens bemächtigte, kam im Zuge der politischen Emanzipation ein wichtiger Gedanke hinzu: Dass der Fortschritt nämlich weniger der staatlichen Planung und Intervention bedürfe, sondern aus sich heraus wirken könne. In vielen Bereichen (Zunftwesen, Zollbestimmungen) war der Staat doch eher einer ungehinderten Entfaltung der wirtschaftlichen Potenzen hinderlich. Die Begründung dazu hatte Adam Smith geliefert, der davon ausging, dass die wirtschaftlich freie Betätigung, die Verfolgung individueller Interessen, durch das Wirken einer unsichtbaren Hand der gesamten Gesellschaft zugutekommen könne. Die Eigengesetzlichkeit historischer Kräfte und Entwicklungen war ein aus Sicht des Bürgertums grundsätzlich positives Faktum. Es bedurfte nur wenig staatlicher Intervention, um diesen Prozess zu verstetigen und die nachteiligen Wirkungen auszugleichen. In den neuen Erkenntnissen der Wissenschaft und der Steigerung der industriellen Produktion zeigte sich ein Fortschritt, der der Gesellschaft als Ganzes zugutekam. In dieser Grundüberzeugung liegt die Schlüsselideologie des Bürgertums.

Die bürgerliche Fortschrittsideologie beruhte auf einer Anerkennung und Freisetzung des Individuellen, zugespitzt: auf einer Veredelung der in der Antike und im christlichen Denken verpönten Leidenschaften zu Interessen, deren gemeinwohlförderliche Wirkung durch die Idee der unsichtbaren Hand von Adam Smith auf den Begriff gebracht worden war.[23] Folge-

---

23 Albert O. Hirschmann, *Leidenschaften und Interessen. Politische Begründungen des Kapitalismus vor seinem Sieg*. Frankfurt am Main 1987.

richtig wurden auch diejenigen philosophischen Leitideen zur Grundlage bürgerlichen Selbstverständnisses, die das Individuum und seine Rechte schützten. Die Vertragstheorien von Thomas Hobbes und John Locke leisteten wertvolle Schützenhilfe, weil hier die Idee vorstaatlicher Rechte des Menschen und ihre Rolle bei der Gründung von Gesellschaft und Staat thematisiert wurden. Die Idee, dass der Staat primär zum Schutz der Rechte des Einzelnen errichtet worden war, entfaltete seine Wirkung gegen den absolutistischen Staat und wurde zum Begründungskontext der bürgerlichen Freiheiten.

Die Erhaltung der natürlichen und unvergänglichen Menschenrechte bildete in der berühmten Formulierung der Erklärung der Menschen- und Bürgerrechte der Französischen Revolution den Endzweck jeder politischen Vereinigung. Was diese seien, darüber herrschte diesseits wie jenseits des Atlantiks weitgehende Übereinstimmung: Die französische Aufzählung von Freiheit, Eigentum, Sicherheit und Widerstand gegen Unterdrückung wurde in der amerikanischen Unabhängigkeitserklärung durch die stärker von der Anerkennung individualistischen Glücksstrebens geprägte Trias von »life, liberty and the pursuit of happiness« ergänzt. Freilich blieb es nicht bei dem konstitutionellen Projekt, sondern das bürgerliche Selbstverständnis wurde geschichtsphilosophisch grundiert. Freiheit, Gleichheit, Brüderlichkeit: Diese Grundforderungen bürgerlicher Emanzipation seit der Französischen Revolution waren vom Begriff des Fortschritts durchtränkt.

Hegel brachte dies auf den Begriff, indem er die Weltgeschichte als Fortschritt im Bewusstsein der Freiheit postulierte. Das Bürgertum konnte sich mit seinen politischen Forderungen als Avantgarde des Fortschritts verstehen. Der Anspruch, nicht nur welthistorisch, sondern tatsächlich durch die wissenschaftlichen Fortschritte und die Umgestaltung der Gesellschaft die Lage der Menschen zu verbessern, kam hinzu.

Zu besichtigen waren diese Fortschritte in den seit 1851 periodisch stattfindenden Weltausstellungen als Leistungsschauen bürgerlicher Potenz. Die dahinterstehende Ideologie brachte der britische Prinz Albert treffend zum Ausdruck, als er die industrielle Technik und ihren Fortschritt eben auch als Quelle moralischen Fortschritts bezeichnete.[24] Die Freisetzung des Einzelnen und seiner kreativen Energien, das Projekt des bürgerlichen Verfassungsstaates und die Aneignung der Natur durch die Entwicklung der Wissenschaften, all dies diente somit auch der Hebung des allgemeinen materiellen Wohlstands und der moralischen Entwicklung des Menschengeschlechts und blieb potenziell unbegrenzt, solange es eben im Rahmen der bürgerlichen Ordnung stattfand.

An dieser Stelle meldete die marxistische Sicht Widerspruch an – weniger an dem zugrunde liegenden Fortschrittsbegriff als vielmehr an der Gleichsetzung desselben mit der bürgerlichen Ordnung. Hegels Idee eines Gangs des Geistes durch die Weltgeschichte vom Kopf auf die Füße stellend präsentierte Karl Marx eine Geschichtsphilosophie, in der aus der Dialektik von Produktivkräften und Produktionsverhältnissen heraus die Geschichte nicht mit der bürgerlichen Gesellschaft, sondern erst mit der darauffolgenden kommunistischen Gesellschaft ein Ende haben sollte, genauer: Die Vorgeschichte der Menschheit würde mit dem Heraufkommen der kommunistischen Gesellschaft beendet.

Bürgerliche Produktionsweise und Handel schufen für Marx lediglich die materiellen Bedingungen der nachbürgerlichen Gesellschaft. Unklar blieb, ob sich diese Umwälzung zwangsläufig aus der Entwicklung der Produktivkräfte ergab oder doch des Tätigwerdens eines wie auch immer definierten revolutionären (oder später: evolutionären) Subjekts bedurfte.

---

24 Zitiert nach Loewenstein, *Der Fortschrittsglaube*, 300.

Entscheidend blieb die Möglichkeit der Aneignung der Produktivkräfte, wodurch nicht nur eine historische Entwicklung von Klassenkämpfen ihr Ende finden, sondern auch der Sprung vom Reich der Notwendigkeit in das der Freiheit gelingen sollte. Damit ist auch die Aufhebung der mehrfachen Entfremdung des Menschen vollzogen.

Stärker noch als in der bürgerlichen Leitideologie war der Marxismus durch die umfassend fundierte geschichtsphilosophische Fortschrittsgewissheit gegen empirisch fundierte Einwände immun; die Leitvorstellung industrialisiert-induzierten Fortschritts trübte sich im real existierenden Sozialismus auch zu dem Zeitpunkt nicht ein, als in westlichen Ländern schon längst über Grenzen des Fortschritts laut nachgedacht wurde. So blieben Kritiker des Fortschrittsgedankens im real existierenden Sozialismus randständig,[25] schon allein deshalb, weil mit Engels in der geschichtsphilosophischen Gesamtschau argumentiert werden konnte, dass es in der Geschichte nichts gebe, was nicht, wenn auch oft auf einem ungeheuren Umwege, letztlich in der einen oder anderen Weise dem menschlichen Fortschritt diene.[26]

Die Eindunklung des Fortschritts

Schon Turgot hatte den hoch entwickelten Nationen die Rolle zugesprochen, Menschheitserzieher zu werden, und im Europa des frühen 19. Jahrhunderts galt es als ausgemacht, dass sich das zivilisatorische Niveau der europäischen Staaten deut-

---

25 Unter den Ausnahmen: Wolfgang Harich, *Kommunismus ohne Wachstum? Babeuf und der Club of Rome*. Hamburg 1975, aber auch die frühen, beinahe ökologischen Anklänge bei Karl Liebknecht; hierzu Ossip K. Flechtheim, *Von Marx bis Kolakowski. Sozialismus oder Untergang in der Barbarei?* Köln und Frankfurt am Main 1978, 133ff.
26 Karl Marx/Friedrich Engels, *Werke*. Band 38. Berlin 1968, 363.

lich von dem in der arabischen oder afrikanischen Welt unterschied. Die Welt wurde mit der europäischen Elle vermessen.

Mit der Übernahme biologischer Kategorien in die Sozialwissenschaft – der These, dass sowohl die Natur als auch die menschliche Gesellschaft ähnlichen Gesetzen unterworfen seien – war vor allem mit den Schriften von Herbert Spencer ein neues Kapitel aufgeschlagen. Spencer prägte die später als sozialdarwinistisch diskreditierten Termini des »survival of the fittest« und des »struggle for existence«. Bei Spencer waren diese Prozesse eingebettet in ein allgemeines Fortschrittsgesetz, das sich prinzipiell in allen Lebensbereichen gleich vollzog. Wegen der Naturwüchsigkeit des Prozesses wollte Spencer dem Staat nur eine passive Rolle zuteilen; weil sich die Gesellschaft als System selbst reguliere, könne der Staat nur störend sein. Dieser in Fortschrittsgewissheit eingetauchte staatsferne Liberalismus diente als politische Legitimationsideologie, aber Versatzstücke dieser Theorie konnten dunkleren Zwecken zugeführt werden. So wurde die Biologisierung der sozialen Beziehungen zum Einfallstor rassistischer Ideen, die entweder kollektiv auf die unterschiedlichen Entwicklungsstufen menschlicher Rassen bezogen wurden oder sich individuell mit eugenischen Lehren verbanden.

Aus Spencers Theorien konnte man auch die Gleichzeitigkeit ungleichzeitiger Entwicklung ableiten. Anders als im 18. Jahrhundert, als die Zuordnungen von frühen und späten Kulturen noch wesentlich in der Geschichtsphilosophie selbst stattfand, vollzog sie sich nun kulturvergleichend, und hier hatten die europäischen Staaten durch die Praxis ihrer kolonialen und imperialen Politik reichhaltiges empirisches Anschauungsmaterial. Was aber war die Verpflichtung der »höher entwickelten«, also westlichen Kultur gegenüber den »niedriger« entwickelten? Was war »the white man's burden«

(Rudyard Kipling)? Hatte man gegenüber weniger entwickelten Völkern eine Art Treuhandschaft, eine Verpflichtung wie ein Erwachsener einem Kind gegenüber? Der Imperialismus war zwar zunächst ein Mittel der Selbstbehauptung, er ließ aber auch Raum für ethisch fundierte Missionsideen, die dazu führten, dass beinahe ein Jahrhundert hindurch im Namen des Fortschritts kulturelle Horizonte einer Zwangsmodernisierung unterzogen wurden.

Aber auch das sozialistische Pendant zur bürgerlichen Fortschrittsideologie betrieb Zwangsmodernisierungen auf der antizipierten imaginierten Entwicklungslinie, seien es die Methoden der Zwangsindustrialisierung in der Sowjetunion oder der »Große Sprung nach vorne« in China. Immer aber konnten die Opfer in historischer Gesamtschau gerechtfertigt werden, weil das Heilsversprechen am Ende der Geschichte alles menschliche Leiden als geschichtliche Notwendigkeit aufheben würde. Der ökonomische Sündenfall, die sogenannte ursprüngliche Akkumulation, mit der die strukturelle Gewalt ökonomischer Abhängigkeiten in die Welt gekommen sei,[27] könne nur historisch, unter Führung einer aufgeklärten Elite, überwunden werden, sofern die materiellen Bedingungen vorlagen. Eben hier lag für Marx und Engels der geschichtliche Auftrag der großen historischen Völker gegenüber den weniger entwickelten, und deshalb war es in der Zukunftsperspektive der Befreiung auch richtig, dass Mexiko von den USA erobert oder Algerien von Frankreich kolonisiert wurde: Nur so wurden die objektiven Voraussetzungen für eine (beschleunigte) Entwicklung geschaffen.

In Deutschland entstand schon im 19. Jahrhundert durch den Historismus eine Gegenbewegung zur Ideologie eines universalgeschichtlich wirksamen Fortschritts. Im Diktum

---

27 Karl Marx/Friedrich Engels, *Werke*. Band 23. Berlin 1970, 741–791.

Leopold Rankes, alle Epochen seien unmittelbar zu Gott, spiegelte sich auch eine Skepsis gegenüber dem Universalismus eines aufklärerischen Denkens, der die unterschiedlichen kulturellen Horizonte der Identitätsbildung außer Acht ließ. In der Tradition von Rousseau konnte die Frage gestellt werden, ob sich der Mensch durch die immer stärkere Entfernung von der Natur durch den Versuch ihrer Beherrschung nicht von seinem eigenen Wesen entferne. Schließlich griffen konservative Denker des 19. Jahrhunderts die Frage auf, ob eine vernünftige Ordnung angesichts der Dynamik der Veränderung noch möglich sei. In diesen fortschrittskritischen Affekten spielten sicherlich die Ressentiments gegen die Stadt, gegen die Auflösung der überkommenen Ordnung, die Lockerung der Sitten und Traditionen eine Rolle, aber auch das Unbehagen angesichts einer sozialen Frage, die sich nicht mehr durch bloße Mildtätigkeit oder Philanthropie lösen ließ. Auch die Entwicklung der Soziallehre der katholischen Kirche mit ihrem Gründungsdokument *Rerum novarum* 1891 ist in diesem Zusammenhang zu sehen. So lagen schon Ende des 19. Jahrhunderts all jene Versatzstücke der Technik- und Fortschrittskritik vor, derer sich die Alternativbewegungen ab den siebziger Jahren des 20. Jahrhunderts zunehmend bedienten.

Zeitweise war mit dem technischen Fortschritt (der sich ja auch in der militärischen Technik niederschlug) die Hoffnung verbunden, dass der friedliche Austausch der Staaten untereinander dem Frieden in den internationalen Beziehungen dienen würde. Die Urkatastrophe des Ersten Weltkriegs hat diesen Hoffnungen eine deutliche Abfuhr erteilt. Mit dem Zivilisationsbruch des Holocaust im Zweiten Weltkrieg wurden zentrale Annahmen der Moderne und der Fortschrittsideologie fragwürdig. In der Kritik an der unvollkommenen, an der halbierten Vernunft trafen sich die Zeitkritik der Frankfurter Schule und konservative Denkströmungen.[28] Der geschichtsphilosophische Optimismus, auch durch die Katastrophen hindurch noch einen Fortschritt erkennen zu können, wurde durch das wirkmächtige Gegenbild des *Angelus Novus* abgelöst, der, rückwärts aus dem Paradies geblasen und mit Blick auf die Vergangenheit, auf seinem Weg durch die Geschichte nur die Folgekosten dessen zu sehen bekommt, was sich als Fortschritt geriert: Die Anhäufung von Katastrophen und die Aufhäufung von Trümmern auf Trümmer.[29]

Das 20. Jahrhundert ist gegenüber den großen Narrativen skeptisch geworden, weil ein Grundwiderspruch erkennbar wurde. Der bürgerliche Staat zog seine Legitimation aus dem Versprechen, umfassende Sicherheit zu garantieren: Leben und Freiheit der Einzelnen zu schützen und auch die materielle Besserung der Lebensumstände herbeizuführen durch die Entfesselung der innovativen Kräfte. Am Ende des 20. Jahrhunderts stand die Erkenntnis, dass gerade dieser Prozess Sicherheit umfassend gefährden konnte. Mehr noch: Die Entwicklung der Technik, häufig auch aus der Notwendigkeit entstanden, Risiken zu minimieren, schuf neue und größere Risiken, auf die wiederum technische Antworten gesucht wurden. Hieraus konnten zwei beinahe entgegengesetzte Folgerungen gezogen werden: Entweder war die Krisenhaftigkeit der Technik eigen, ein unabwendbares Schicksal, das fortzusetzen wir aus der Eigendynamik der technischen Entwicklung heraus gezwungen sein werden, weil neue Technik Folgetechnik für Technikfolgen ist;[30] oder wir hatten die Mahnung

---

28 Paradigmatisch Theodor W. Adorno und Max Horkheimer, *Dialektik der Aufklärung*. Frankfurt am Main 1969 (erstmals 1947); Hans Freyer, *Theorie des gegenwärtigen Zeitalters*. Stuttgart 1955.
29 Walter Benjamin, »Über den Begriff der Geschichte«, in: Ders., *Abhandlungen. Gesammelte Schriften* Band I, 2. Frankfurt am Main 1991, 691–704; 697f.
30 Ulrich Teusch, *Die Katastrophengesellschaft*. Zürich 2008, 210.

Bacons noch nicht genügend beherzigt, dass nur der die Natur beherrschen könne, der sie verstehe. Damit wären Technikfolgen ein vorübergehendes Problem, dem mit zunehmendem Verständnis der Natur beizukommen wäre. Die ökologische Krise wäre kein Argument gegen den technischen Fortschritt, sondern lediglich gegen Formen der Technisierung, denen das notwendige ökologische Wissen fehlt.[31]

Die Krise des Fortschritts

Gerade zu einem Zeitpunkt, an dem nach der Überwindung des Ost-West-Konflikts das »Ende der Geschichte« (Francis Fukuyama) ausgerufen wurde und durch die Globalisierung und die Verflechtung aller Nationen sich eine eigentliche Weltgeschichte manifestiert, verliert die dahinterstehende bürgerliche Leitvorstellung des Fortschritts zumindest in Teilen Europas an Kohäsionskraft.

Diese Erschöpfung der utopischen Energie hatte sich schon im Absterben der säkularen Begründung des Fortschritts gezeigt; Technik erscheint als Möglichkeit der Zerstörung, der Manipulation, der Herrschaftsausübung, als Instrument des Eindringens in Freiheitsräume; nicht umsonst sind die großen negativen Utopien des 20. Jahrhunderts in diesem Themenbereich angesiedelt (J. Samjatin, A. Huxley, G. Orwell). Aber nicht nur die säkulare Begründung des Fortschritts ist zerbrochen, es findet sich darüber hinaus in einer nun säkularisierten Welt keine verbindliche Antwort auf das »Warum« menschlichen Tuns, weil ja die moderne Fortschrittsidee schon auf einer Absage an jeglichen Endzweck begründet war. Die Sinngebung menschlichen Tuns vollzieht sich unter einem leeren

---

31 Günter Ropohl, *Technologische Aufklärung*. Frankfurt am Main 1991, 251.

Himmel, in einem Erwartungsraum ohne verbindliche normative Leitplanken.

Aber auch die Frage nach dem »Wohin« des Fortschritts ist kaum zu beantworten, setzt sie doch nicht nur eine Verständigung über Ziele, sondern auch einen Konsens über Steuerungsmöglichkeiten voraus. Gerade die Frage der Steuerungsmöglichkeiten ist jedoch umstritten. Die Technisierung der Welt bis hinein in die sozialen Zusammenhänge hatte schon in der Sicht von Max Weber ein »ehernes Gehäuse der Hörigkeit« geschaffen. Die Voraussage des Francis Bacon, dass sich der technische Fortschritt durch Erfindungen beschleunigen werde, ist längst zu einem exponentiellen Wachstum des Wissens geworden. Gleichzeitig hat man sich von der noch in der Logik Bacons liegenden Argumentation verabschiedet, dass die Annäherung an die ja gleichbleibende Natur eine Zielbestimmung beinhaltet, die den Fortschritt begrenzt. Technischer Fortschritt gebiert sich selbst, ohne Bezug auf einen Entwurf des guten Lebens. Freilich bleibt der Bezug zu Wachstum, der Steigerung wirtschaftlicher Leistungsfähigkeit und letztlich der Verteilung von Gütern, Ressourcen und Teilhabechancen erhalten.

Diese Form des Wachstums ist aber normativ blind; die Verteilung von Zuwächsen allein ist als normatives Ziel nicht ausreichend. Zu drängend sind die Fragen nach den Folgekosten: für die Natur, für die kulturelle Identität, für die politische Ordnung. Wachstum erscheint heute als bloße Restgröße eines einstmals positiv besetzten Fortschrittsbegriffes, der auf den ganzen Menschen zielte und in ihm mehr sah als nur einen Kunden oder Konsumenten.

Nach dem Ende der Ideologien und der Historisierung des bürgerlichen Fortschrittsoptimismus kann Fortschritt nicht mehr auf die im 18./19. Jahrhundert entwickelten Sinnhorizonte als Generallegitimation von Wachstum, technischer Innovation und gesellschaftlicher Veränderung zurückgreifen.

Der Hinweis auf die Risiken technologischer Entwicklung ist dabei so richtig wie der Befund, dass sich auch die Folgewirkungen von Technologien globalisieren und die natürlichen Ressourcen sich erschöpfen. Gleichzeitig gilt es festzuhalten, dass die tatsächlichen Freiheits- wie Lebensmöglichkeiten sich den Erfolgen von Naturwissenschaft und Technik in den letzten beiden Jahrhunderten verdanken. Deswegen wären ein Ausstieg aus Naturwissenschaft und Technik und eine generelle Absage an die Idee des Fortschritts ebenso unrealistisch wie inhuman.

Kommen wir zurück auf die beiden eingangs erwähnten Gedankenexperimente mit den Außerirdischen. Wir haben ein technologisches System geschaffen, das wir nicht mehr vollständig kontrollieren können. Wir haben dies mit besten Absichten getan, freilich auch unter Entfesselung des menschlichen Egoismus als Triebfeder für Innovation und Veränderung. Nun können wir aus dem selbst geschaffenen technischen System nicht ohne Weiteres ausbrechen, und schon gar nicht werden wir in der Lage sein, einzelne Technologien zu verhindern oder nicht einzuführen. Wenn etwas machbar ist, wird es gemacht: Von irgendjemandem, irgendwo. Das ist die Folge davon, dass wir die Büchse der Pandora geöffnet und uns selbst zu Herren der Schöpfung gemacht haben. Alle Religionen haben im Umgang mit der Natur Beißhemmungen entwickelt. Die haben wir in unserer säkularen Zeit verloren.

Nur ein allwissendes Wesen kann alle Nebenwirkungen seines Tuns berechnen. Wir sind nicht allwissend. Aber wir müssen feststellen, dass wir durch unsere technischen Möglichkeiten die Bühne dafür bereitet haben, dass Sozialbeziehungen und Schadensbeziehungen räumlich und zeitlich stark auseinanderfallen können. Es hat früher schon Gesellschaften gegeben, die durch Raubbau an der Natur ihre natürlichen

Existenzgrundlagen vernichtet haben, aber das waren zumeist räumlich abgeschlossene Gesellschaften. Heute übergreifen die Schadensbeziehungen die Grenzen unserer Gesellschaft und unserer Generation. Unser Lebenswandel in Deutschland hat Auswirkungen auf das Leben anderswo in der Welt. Mittlerweile wissen wir auch darüber Bescheid. Nicht wenige halten dies für einen unvermeidbaren Kollateralschaden auf dem Weg des Fortschritts. Sie sind deswegen auch bereit, existenzielle Wetten einzugehen: mit dem Leben unserer Nächsten und dem unserer Nachkommen. Eine Wette bleibt aber immer ein Risiko und birgt die Gefahr des Scheiterns. Es bleibt eine ethische Frage, ob wir im Namen des Fortschritts gegenwärtiges oder zukünftiges Leid rechtfertigen können oder ob es richtig ist, dass erfülltes menschliches Leben sich niemals auf dem Leid anderer aufbauen kann.

Was also tun? Der Begriff des Fortschritts lässt sich heute nur mit Bezug auf Nachhaltigkeit und Gerechtigkeit denken. Ohne diese beiden Dimensionen wird er nur zu einer technischen Möglichkeit, zynisch und kalt gegenüber den Menschen. In der Ökonomie hat sich dies schon bemerkbar gemacht. Fortschritt schrumpft auf die Dimension des Wachstums zusammen, einer rechnerischen Größe, die die Veränderungen des Bruttoinlandsproduktes innerhalb eines Zeitraums berechnet. Diese rechnerische Größe sagt aber nichts über das aus, was den Einzelnen wichtig ist; sie reduziert den Menschen auf einen Produzenten und Konsumenten. Deswegen wird zu Recht darüber nachgedacht, ob »Wachstum« als Indikator für Wohlstand und Lebensqualität taugt. Die überwiegende Antwort darauf ist: Nein, denn wirtschaftliches Wachstum ist nur ein Indikator für Wohlstand und Lebensqualität, und es kann durchaus Situationen geben, in denen ein Mehr an Wachstum ein Weniger an Wohlstand und Lebensqualität mit sich bringt. Der ökonomische Wachstumsbegriff ist ohne die Dimensionen der Nachhaltigkeit und der Gerechtigkeit normativ leer. Deswegen ist die Frage nicht banal: Wie hängen Wachstum, Wohlstand und Lebensqualität eigentlich zusammen?

2. Wachstum, Wohlstand und Lebensqualität

Wir haben im vorherigen Kapitel gesehen, dass Wachstum eng mit dem stärker geschichtsphilosophisch aufgeladenen Begriff des Fortschritts zusammenhängt. Wachstum ist eine ökonomische Größe, Fortschritt eine umfassendere Kategorie, die vieles gleichzeitig meinen kann: Wachstum, Entwicklung, Reifung, Verbesserung der Lebensumstände und vieles mehr. Schauen wir uns den Begriff des Wachstums einmal genauer an: Was genau ist damit gemeint, und in welchem Zusammenhang steht Wachstum zu Wohlstand und Lebensqualität?

Wachstum

Wachstum bezeichnet zunächst nur die Veränderung der Summe von Gütern und Dienstleistungen in einer Volkswirtschaft. Dies kann man als ein Produkt unterschiedlicher Komponenten berechnen. Das Ergebnis ist entweder das Bruttoinlandsprodukt (BIP) oder das Bruttosozialprodukt (BSP). Bis 1997 wurde in Deutschland das Bruttosozialprodukt als Wachstumsindikator gemessen, seither das Bruttoinlandsprodukt. Beide unterscheiden sich dadurch voneinander, dass das BIP nur die im Inland produzierten Güter und Dienstleistungen beinhaltet. Das BSP entsteht, wenn man davon die Erwerbs- und Vermögenseinkommen abzieht, die vom Inland ins Ausland transferiert werden, und die hinzufügt, die von Inländern aus dem Ausland bezogen werden. Das BIP schaut also eher auf die Produktionsseite, das BSP auf die Einkommensseite. »Brutto« heißt, dass die Abschreibungen nicht in die Berechnung mit einfließen.

53

Das BIP gehört zum Bereich der volkswirtschaftlichen Gesamtrechnungen und hat sich in Deutschland nach dem Zweiten Weltkrieg als Messzahl für das gesamtwirtschaftliche Wachstum durchgesetzt.[32] Wir sehen es häufig in den Zeitungen oder hören davon in den Nachrichten: Wachstum spielt eine sehr große Rolle und ist als politische Zielgröße überall präsent. Wenn die Wirtschaft einmal nicht wächst, wird über Wachstumsprogramme debattiert. Beinahe könnte man den Eindruck haben: Der Politik wird alles verziehen, nur kein Wachstumseinbruch. Keiner hat das dramatischer erfahren müssen als der Vater der Sozialen Marktwirtschaft, Ludwig Erhard. Als 1966 die Wachstumsrate einbrach, geriet der Bundeskanzler in Turbulenzen und verlor schließlich sein Amt. Oder schauen wir auf die Länder in der Eurozone, die von der Finanzkrise besonders betroffen waren. Egal, welche Strategie verfolgt wird: Wachstum spielt immer eine zentrale Rolle. Es ist das Zauberwort, das die Welt zum Klingen bringt. Es ist ein Selbstzweck, eine Ideologie. Sie beruht, wie es Meinhard Miegel einmal spitz ausgedrückt hat, auf der Idee, »dass drei nicht nur mehr ist als zwei, sondern besser.«[33]

Miegels Bemerkung bringt aber auch das Problem des Wachstums auf den Punkt. Eine Zahl ist eine Zahl. Sie ist nicht besser oder schlechter als eine andere. Und Wachstum ist ebenfalls eine Zahl. Ob damit etwas besser oder nicht besser wird, muss man sich genau anschauen. Man muss also verstehen, was dieses Produkt enthält, denn das BIP ist ein Produkt, etwas Zusammengefügtes, und es kommt darauf an, was drin ist. Fangen wir zunächst damit an: Was ist eigentlich nicht im BIP enthalten?

---

32 Vgl. die instruktive Studie von Philipp Lepenies, *Die Macht der einen Zahl. Eine politische Geschichte des Bruttosozialprodukts*. Frankfurt am Main 2013.
33 Meinhard Miegel, *Exit. Wohlstand ohne Wachstum*. Berlin 2010, 56.

Die Güter und Dienstleistungen, um die es geht, müssen auf dem Markt gehandelt werden, denn sonst können sie nicht in eine offizielle Berechnung einfließen. Das BIP hat also nichts zu tun mit Schwarzarbeit, eben weil diese im Verborgenen passiert. Es gibt über Art und Umfang der Schwarzarbeit Schätzungen, sicherlich. Sie fließen mit einem Aufschlag in die Berechnung des BIP ein, geben aber kaum den realen Gegenwert wieder: In Deutschland schätzt man das Volumen der Schwarzarbeit auf etwa 300 Milliarden Euro jährlich, eine nicht unerhebliche Summe, die vor allem jedem Finanzminister die Tränen in die Augen treibt wegen der dadurch entgangenen Steuereinnahmen. Würde das Volumen der Schwarzarbeit vollständig zum BIP dazugezählt werden, ergäbe dies einen erheblichen Wachstumszuwachs – aber eben nur für ein Jahr, weil im nächsten Jahr ja die Vorjahressumme Basis der Berechnungen ist.

Ebenfalls nicht im BIP enthalten sind alle häuslichen Arbeiten. Wenn also in einer Familie der Mann oder die Frau sich dafür entscheiden, zu Hause zu bleiben, ist die Arbeit, die dann dort verrichtet wird, für das BIP nicht relevant. Ebenso wenig fließt in die Rechnung die elterliche Mühe und Anstrengung der Erziehung der Kinder oder die häusliche Pflege von Familienangehörigen ein. Ebenso ausgenommen ist der gesamte ehrenamtliche Bereich. Die Arbeit, die ich in die Vorbereitung von Vereinsfesten stecke oder in das Training der Karnevalsminigarde, ist, sofern ehrenamtlich, nicht wachstumsfördernd. Nicht jede Form der Arbeit hat also etwas mit dem BIP zu tun, sondern tatsächlich nur diejenige, die auf dem Markt »getauscht« wird.

Das BIP erfasst uns nur als Marktteilnehmer. Damit sind viele Bereiche des Lebens, die unser Leben wichtig und gehaltvoll machen, nicht im BIP abgebildet. Es handelt sich aber gerade um die Bereiche, die häufig genannt werden, wenn man Menschen fragt, was sie glücklich macht. Es wird wenige Menschen geben, deren Glück ausschließlich darin besteht, mit vollen Händen Geld auszugeben. Ein derartiges Verhalten wird häufig als vulgär empfunden, als ein Ersatz für etwas anderes. Freundschaft, Liebe, die Freude an Kindern und Enkelkindern, das Vergnügen beim Anblick der Natur, beim Lese- oder Musikgenuss, die Erfüllung, die Menschen verspüren, wenn sie sich im Glauben aufgehoben fühlen: All das hat keinen Preis. Zum Glück, möchte man hinzufügen. Denn Glück ist keine marktgängige Ware. Es entzieht sich den Kräften von Angebot und Nachfrage. Es ist für uns von Wert, hat aber keinen Preis. Umgekehrt gilt aber auch: Die Formen menschlichen Glücks sind nicht ganz unabhängig vom Markt. Mangel macht nicht zwangsläufig unglücklich, aber häufig bedarf es eben auch einer materiellen Basis, auf der sich das Glück entfalten kann.

Enthalten im BIP sind aber alle Güter und Dienstleistungen, die in einem Jahr anfallen. Dies sind die produzierten Neuwagen, die Leistungen der Handwerker, der Unterricht der Lehrer, die Entwicklung neuer Computerprogramme, die Arbeit der Polizei, der Verkauf von Schuhen, ein Rockkonzert einer angesagten Band. Die Liste ließe sich beliebig fortsetzen. Es sind also ganz unterschiedliche ökonomische Tätigkeiten, die in das BIP einfließen. Und das macht die Frage, wie denn Wachstum gesteuert werden kann, zunächst einmal schwierig. Zweifellos sind ja nicht die Leistungen des Frisörs oder des Lehrers letztlich ausschlaggebend für eine Steigerung des BIP und damit für Wachstum, denn in aller Regel bleibt dieser Beitrag zum BIP stabil. Entscheidend sind vielmehr die dynamischen Segmente der Wirtschaft, in denen durch Innovation neue Produkte entstehen, neue Arbeitsplätze geschaffen werden, also »Mehr«-Arbeit entsteht – oder eben auch mehr Konsum.

So fließen in das BIP auch Faktoren ein, die die enge Gleichsetzung von Wachstum und Wohlstand sofort infrage stellen. Das BIP steigt nämlich auch dann, wenn es beispielsweise in der Nordsee eine Ölpest gibt. Die danach notwendigen Aufräumarbeiten steigern das BIP. Es steigt, wenn es mehr Kriminalität in einem Land gibt: Dann werden mehr Sicherungssysteme gebraucht und mehr Polizisten eingestellt. Es steigt nach einer Massenkarambolage auf einer Straße: Neue Autos werden benötigt oder alte repariert, Versicherungen gehen an die Arbeit, es gibt eine juristische Aufarbeitung, vielleicht sind langwierige medizinische Behandlungen erforderlich. Ein letztes Beispiel: Seit Kurzem werden auch Umsätze aus dem Drogenhandel und dem Zigarettenschmuggel in die Berechnungen des BIP mit einbezogen – als Schätzwert. Wer also mehr kifft, steigert dadurch das Wachstum. Eine verrückte Logik, aber durchaus eine Logik mit System.

Schon diese wenigen Beispiele machen deutlich, dass Wachstum eine Größe ist, die normativ neutral ist. Um den oben zitierten Satz von Meinhard Miegel aufzugreifen: Mehr ist nicht unbedingt besser. Oder, formulieren wir es mit Blick auf Wohlstand und Lebensqualität: Es gibt zwar einen Zusammenhang von Wachstum, Wohlstand und Lebensqualität, aber dieser Zusammenhang ist keine strenge Regelfunktion, nach der ein Mehr an Wachstum automatisch zu mehr Wohlstand und Lebensqualität führt.

Es lohnt sich, diesen Zusammenhang einmal etwas genauer anzuschauen. In Gesellschaften, die sehr arm sind, gibt es eine positive Wechselwirkung von Wachstum und Wohlstand. Wachstum führt dazu, dass Menschen sich aus der absoluten Armut befreien können, dass die medizinische Versorgung besser wird, ebenso die Versorgung mit Waren und Dienstleistungen, kurz also: dass dem existenziellen Mangel ein Ende bereitet wird. Nach und nach steigt der Wohlstand und steigt sicherlich auch die Lebensqualität. Entscheidend ist eine dauerhafte und sich selbst tragende Wachstumsentwicklung, nicht ein Strohfeuer kurzfristiger Wachstumsimpulse. Zunächst aber kommt es bei vielen Gesellschaften in den frühen Wachstumsphasen zu einem Phänomen, das der in Russland geborene amerikanische Nobelpreisträger für Wirtschaftswissenschaften, Simon Kuznets, beschrieben hat: Wachstum aus einer armen Gesellschaft heraus führt danach zunächst zu großen Spreizungen in der Einkommens- und Vermögensverteilung.[34] Und eine zweite Folge ergibt sich ebenfalls: Stark ansteigende ökologische Schäden.

Nun ist die strenge wissenschaftliche Haltbarkeit der Kuznets-These angezweifelt worden. Aber sie kann als ein Modell dienen, mit dessen Hilfe Entwicklungen deutlich gemacht werden können. Sicherlich spielen in einer ersten Wachstumsphase die Frage der sozialen Verteilung und ökologischer Schäden dann keine zentrale Rolle, wenn es im Schnitt allen besser geht und die Alternative zu den ökologischen Schäden ein erheblicher Mangel an existenziell wichtigen Gütern ist. Aber es gibt einen Punkt in der Wohlstandsentwicklung, an dem die Haltung zu sozialen und ökologischen Folgewirkungen umschlägt. Dann wird es zunehmend wichtiger, nicht nur eine wohlhabende Gesellschaft zu sein, sondern auch eine sozial gerechte und ökologisch verantwortliche, eben weil soziale Gerechtigkeit und ökologische Verantwortung Teil des Wohlstandsbilds werden. Der Wohlstand wird dann also nicht nur materiell definiert, sondern auch als soziale und ökologische Lebensqualität. Die Folge sind dann häufig Gesetze zur besseren sozialen Verteilung und zur Eindämmung ökologischer Schäden.

In Deutschland ist diese Debatte häufig unter dem Stichwort »Postmaterialismus« geführt worden. Dieses Konzept

---

34 Vgl. Lepenies, *Die Macht der einen Zahl*, 78ff.

geht zurück auf Arbeiten des amerikanischen Soziologen Ronald Inglehart, der in den siebziger Jahren einen »Wertewandel« in industrialisierten Staaten ausgemacht hat.[35] Kern dieses Wertewandels sei die Abkehr von basalen (materiellen) Werten wie der Absicherung der Grundversorgung und der Steigerung des Einkommensniveaus hin zu Fragen der Lebensqualität im nicht materiellen Sinn. Inglehart entwickelte seine Theorie zu einer Stufentheorie menschlicher Gesellschaften, aufbauend auf der Theorie der Bedürfnispyramide von Abraham Maslow. Demnach sind vormoderne Gesellschaften davon geprägt, das tägliche Überleben zu sichern, die grundlegenden Bedürfnisse wie Sicherheit, Kleidung, Ernährung. In modernen, industriell geprägten Gesellschaften steht die dauerhafte Überwindung der Armut im Mittelpunkt, aber auch Wohlstand, Sicherheit und dauerhafte Berechenbarkeit des Lebens. Ordnung und Leistung spielen hierbei eine wichtige Rolle. In postmateriell geprägten Gesellschaften schließlich geht es um Lebensqualität, um Selbstverwirklichung, um kulturelle und ästhetische Werte. Schon aufgrund dieser etwas groben Beschreibung wird deutlich, dass es sich bei der postmateriellen Welt nicht um eine völlig andere Welt handelt, sondern um eine organische Weiterentwicklung von Gesellschaften auf der Basis eines gesicherten Wohlstandsniveaus. Fällt dieses Wohlstandsniveau in sich zusammen, zerfällt auch die darauf aufbauende postmaterielle Orientierung.

Das Stufenmodell der gesellschaftlichen Abfolgen ist ein verführerisches Bild aus zwei Gründen. Zum einen beinhaltet es eine säkulare Fortschrittsidee, in der sich Beschreiben und Werten mischen. Die Abfolge gesellschaftlicher Entwicklungen ist empirisch nachweisbar, aber sie ist auch normativ

---

35 Ronald Inglehart, *The Silent Revolution: Changing Values and Political Styles among Western Publics.* Princeton, N.J. 1977.

gehaltvoll. Der Mensch, der sich um seine grundlegendsten Bedürfnisse kümmern muss, findet keine Zeit, sich mit den höheren Dingen des Lebens zu befassen. Damit liegt auch der normative Kern deutlich zutage: Es ist gut, wenn der Mensch über die Daseinsvorsorge und über das Wachstum hinaus zu sich selbst findet und sich an dem orientieren kann, was jenseits des Wachstums stattfindet. Ludwig Erhard, der als Vater der Sozialen Marktwirtschaft gilt, hat dies schon in den fünfziger Jahren formuliert. In seinem immer wieder aufgelegten und häufig zitierten Buch »Wohlstand für alle« hatte sich Erhard auch Gedanken gemacht über den Zusammenhang von Wachstum und Wohlstand.

> *»Ich glaube, dass sowohl für das Individuum wie auch für ein Volk als Ganzes eine funktionsfähige Wirtschaft sichergestellt werden muss, um die Grundlage für jedes höhere Streben und die Erfüllung geistig-seelischer Anliegen zu gewinnen. Erst wenn die materielle Basis der Menschen geordnet ist, werden diese selbst frei und reif für ein höheres Tun.«*[36]

Deswegen sei die wirtschaftspolitische Zielsetzung mit der Orientierung an Wachstum kein ewiges Gesetz. Man werde sicherlich zu einem Wohlstandsniveau gelangen, bei dem zu Recht die Frage gestellt werde,

> *»ob es noch immer richtig und nützlich ist, mehr Güter, mehr materiellen Wohlstand zu erzeugen, oder ob es nicht sinnvoller ist, unter Verzichtleistung auf diesen ›Fortschritt‹ mehr Freizeit, mehr Besinnung, mehr Muße und mehr Erholung zu gewinnen.«*[37]

Für Erhard war Wachstum kein Selbstzweck, sondern auf die Verwirklichung des Menschen hin ausgerichtet. Sein Bild des

---

36 Ludwig Erhard, *Wohlstand für Alle.* Düsseldorf 1997, 228.
37 Ebd., 233.

Ordoliberalismus war unterlegt mit einem Menschenbild, das sich von dem heute in der Wirtschaftslehre präsenten *homo oeconomicus* deutlich unterscheidet. Erhard ist moderner als viele seiner heutigen Verteidiger, die in ihm einen klassischen Wirtschaftsliberalen sehen – der er nie war. Für ihn war, wie er des Öfteren wiederholte, Wohlstand die Grundlage, aber nicht das Leitbild der Lebensgestaltung. Deshalb hat er Wachstum auch nicht als eigenständiges wirtschaftspolitisches Ziel angesehen, sondern als Ergebnis einer vernünftigen marktwirtschaftlichen Ordnung, deren Eckpfeiler Preisstabilität, eine hohe Beschäftigungsquote und außenwirtschaftliches Gleichgewicht waren. »Wohlstand für alle« war deshalb zweierlei: Zielgröße im Sinne einer fairen und ausgewogenen Verteilung von Einkommen und Vermögen, aber eben auch Voraussetzung zum wahren Mensch-Sein.

Für Erhard lag eine natürliche Grenze von Wachstum und Wohlstand darin, dass sie nicht den eigentlichen Zweck menschlicher Existenz ausmachten und schon gar nicht Selbstzweck waren. Das Maß der Dinge war für Erhard der Mensch, nicht der Markt. Der Mensch ist in die Freiheit gestellt, die aber keine bindungslose Freiheit ist. Freiheit ist ohne Verantwortung und Grenzen nicht zu denken. Das gilt auch für die wirtschaftliche Freiheit; sie droht ohne Ordnung in das Chaotische abzugleiten. Walter Eucken stellte die Ordnung in einen Zusammenhang mit Maß und Gleichgewicht und spricht von der »sinnvollen Zusammenfügung des Mannigfaltigen zu einem Ganzen«[38]; die Wirtschaft hat damit eine dienende Aufgabe, dem Überhandnehmen ökonomischer Kategorien in den sozialen Beziehungen wird damit ebenso eine Absage erteilt wie der Wirtschaft als Selbstzweck. Die Wirtschaft, so beton-

---

38 Walter Eucken, *Die Grundlagen der Nationalökonomie*, Heidelberg 1965, 239.

ten die Begründer der Sozialen Marktwirtschaft immer wieder, bedürfe der tieferen Begründung durch sittliche Ideale, da sie selbst nur ein Organisationsmittel sei und aus sich heraus keine soziale Ordnung hervorzubringen vermöge. Was aber, wenn diese Einbindung in den normativen Horizont verloren gegangen ist durch die zersetzende Kraft eines Liberalismus, der den Menschen letztendlich zum Schöpfer seines eigenen Universums macht, ohne Rücksicht auf Herkommen, auf Tradition, auf Institutionen, auf Werte?

In der Tat weist der berühmte Ausspruch von Ernst-Wolfgang Böckenförde, dass der moderne säkulare Staat von Voraussetzungen lebe, die er nicht garantieren könne, genau auf dieses Dilemma hin.[39] Damit ist gemeint, dass in einem demokratischen Staat jeder das Maß seiner Freiheit in sich selbst finden muss, in seinem Wertehorizont. Dieser kann aber umgekehrt vom Staat nicht festgelegt oder verordnet werden. In der Wirtschaft ist das ähnlich. Wirtschaftliche Freiheit als Produzent oder Konsument muss durch ein ethisches Wertgerüst des Einzelnen temperiert werden. Der Staat kann zwar einen Ordnungsrahmen abstecken, aber innerhalb dieses Ordnungsrahmens ist der Mensch in seiner wirtschaftlichen Betätigung frei. Dort, wo ihn ethische Regeln einbetten, wird diese Freiheit verantwortlich gebraucht. Der Einzelne wird durch diese Regeln mit der Gemeinschaft verbunden. Innerhalb der Wirtschaftsordnung der Sozialen Marktwirtschaft ist dies allerdings keine notwendige Bedingung. Dort muss man sich lediglich an die Regeln halten; weitergehende Erwägungen etwa hinsichtlich des Gemeinwohls werden vom *homo oeconomicus* nicht erwartet. Sie sind bei den frühen Theoretikern des Marktes und des Kapitalismus wie Adam Smith vorausgesetzt

---

39 Ernst-Wolfgang Böckenförde, *Staat, Gesellschaft, Freiheit.* Frankfurt am Main 1976, 60.

worden; auch bei Ludwig Erhard finden wir noch deutliche Spuren dieses zugrunde liegenden Menschenbildes. Was aber, wenn der Mensch sich einfach nur als Individuum versteht, das sein eigenes Wohlbefinden zu maximieren sucht – innerhalb der vorgegebenen Regeln, aber ohne Orientierung am Gemeinwohl und ohne Rücksicht auf die herkömmlichen Institutionen, auf die Tradition, auf die Zukunft?

Dies ist das Bild des Menschen, das die Französische Revolution entworfen hat. Der Mensch ist sein eigener Souverän. Er hat kein Gesetz und keinen Gott über sich.[40] Hiergegen hat unmittelbar Edmund Burke, der große Konservative, seinen Widerspruch angemeldet. In seinen Betrachtungen über die Französische Revolution[41] entwarf er als Gegenbild zum Gesellschaftsbild der französischen Revolutionäre ein Gesellschaftsbild, das stark organisch orientiert ist. Eine Gesellschaft ist für Burke eine Gemeinschaft der Lebenden, der Gestorbenen und der Noch-nicht-Lebenden. Wir fangen unser Leben nicht voraussetzungslos an, denn wir sind dem Erbe unserer Vorfahren und den Traditionen verpflichtet. Und wir führen unser Leben nicht folgenlos, weil wir dem Lebensrecht der nächsten Generationen verpflichtet sind. Der Mensch, eingebunden in die Abfolge der Generationen – oder der Mensch als Herr und Meister über seine eigene Biografie? Dieser Grundkonflikt schwelt in der Frage von Wirtschaft und Nachhaltigkeit bis heute fort.

Der französische Philosoph Jean Baudrillard hat das einmal auf die provokative Frage zugespitzt: Was tun nach der Orgie?[42] Dabei ist die Orgie für ihn eine Chiffre für den »explosiven

---

40 Jean Bethke Elshtain, *Sovereignty. God, State, and Self.* New York 2008, 137ff.
41 Edmund Burke, *Reflections on the Revolution in France.* London 1790.
42 Jean Baudrillard, *Transparenz des Bösen. Ein Essay über extreme Phänomene.* Berlin 1992, 9.

Augenblick der Moderne, der Befreiung in allen Bereichen.« Was aber, wenn alle Exzesse gelebt sind, alle Freiheiten ausgekostet? Was bleibt übrig außer einem großen Katzenjammer? Was bringt dem Menschen der Wegfall der Grenzen, der Begrenzungen? Ist es die wahre Freiheit oder ein Trugbild davon? Karl Marx hat einmal davon gesprochen, dass der Kapitalismus alles Ständische und Stehende verdampft, alles Heilige entweiht. Er meinte damit, dass die Märkte unsere Traditionen, unsere Werte, unseren Glauben auflösen. Am Ende bleibt nichts als der nackte Mensch mit seinen Leidenschaften, Trieben, Begehrlichkeiten. »Es ist gut, dass du begehrst«, ruft uns der Markt beinahe verführerisch zu, »denn alles kannst du haben.« – »Du musst dich auf dich besinnen und dein Maß finden«, ruft uns unsere Vernunft zu, und unser Glaube mahnt uns: »Du darfst nicht um das goldene Kalb herumtanzen. Du darfst nicht den Konsum und deine Triebe an Gottes Stelle setzen.«

Was wird die Oberhand behalten? Ist es der Materialismus der Gier und der Trieberfüllung? Dann hätten wir ein Wachstum, das keine Grenzen mehr kennt, eine Übernahme der Gesellschaft durch den Markt. Jede Nachfrage schafft ein Angebot, skrupellos, gewissenlos, wertfrei. Wir entfesseln die Marktkräfte. Alles hat einen Markt. Alles geht. Die ultimative Befreiung: von allen Skrupeln, Vorbehalten, Rücksichtnahmen, moralischen Erwägungen. Das ist die Verlockung der Französischen Revolution und ihrer Botschaft, dass sich der Mensch neu erfinden kann. Der Gegenpol wäre die Knebelung durch das Herkömmliche, die Überlieferung, die unbedingte Verpflichtung für alles Nachkommende? Dann wären wir gelähmt, unbeweglich, rituell. Wir wären Epigonen ohne die Kraft zur Veränderung und ohne den Mut zur Innovation. Unsere Zukunft würde im Eisblock der Bedenken erstarren.

Freilich, das sind Extrempositionen, aber sie markieren den Korridor der Möglichkeiten. Die Wirklichkeit ist komplexer, schwieriger. Wir wissen um unsere Begrenztheit und unsere Grenzen. Gerade dann, wenn eine Verwurzelung im Glauben uns leitet. Wolfgang Schäuble hat dies in einem eindrucksvollen Text dargelegt. An Gott zu glauben heißt, Grenzen anzuerkennen. Und Schäuble fügt hinzu: Es solle auch (in den westlichen Ländern) eine Begrenzung des Wachstums geben.[43] Schäubles Text entstand nach der Finanzkrise, die Deutschland und Europa in schwere ökonomische Verwerfungen gestürzt hatte. Mit ein Grund für die Finanzkrise waren weitgehend unregulierte Märkte, die der menschlichen Gier Tür und Tor öffneten. Diese »ins Maßlose sich auswachsende Gier« hatte der Nestor der katholischen Soziallehre, Oswald von Nell-Breuning, schon in seiner 1928 erschienenen Dissertation über die »Grundzüge der Börsenmoral« beschrieben.[44] Es gebe, so Nell-Breuning, ja keinen rationalen Grund, nicht 100, ja 1000 Prozent Gewinn erzielen zu wollen – ein wenig erinnert das an die Maßlosigkeit der Renditeziele, die einige Unternehmen vor der Krise an den Tag gelegt haben. Wolfgang Schäuble hat Recht: Ohne Maß wirkt die Freiheit zerstörerisch.[45] Dies gilt im politischen Raum ebenso wie in der Wirtschaft. Liest man heute über die Wurzeln der Krise 2008/2009 etwa bei wissenschaftlichen Autoren oder Zeitzeugen, wird immer wieder eines deutlich: die völlige Korrumpiertheit zentraler Akteure, die kein Maß und keine Moral mehr kannten und am Ende für den Schaden, den sie verursacht hatten, auch noch Dritte zahlen ließen. Ermöglicht wurde ihnen dies aber durch eine Ideologie, die in der Befreiung der Märkte von Regeln und Leitplanken sich positive

---

43 Wolfgang Schäuble, »Sind wir zu satt für Gott?«, *Christ und Welt* 15. Dezember 2012.
44 Oswald von Nell-Breuning, *Grundzüge der Börsenmoral.* Freiburg im Breisgau 1928, 133.
45 Wolfgang Schäuble, »Ohne Maß ist die Freiheit der Ruin«, *FAZ* 28. August 2009.

Wachstumseffekte versprochen hatte. Das Gegenteil war am Ende der Fall.

Demokratien und Marktwirtschaften benötigen also Tugenden, sie können sie aber nicht mehr als selbstverständlich voraussetzen. Und es scheint, dass der Liberalismus des »anything goes« nicht unwesentlich zur Zersetzung solcher Tugenden mit beiträgt. Dort, wo aber die Hemmungen, seine Leidenschaften ungehindert auszuleben, nicht mehr über Vernunft, Einsicht und Wertebindung organisiert werden können, bedarf es eines starken Staates, um gemeinwohlkonforme Verhaltensweisen zu erzwingen. Die Ideologie des Liberalismus erzwingt also geradezu das Gegenteil dessen, was sie politisch will: einen starken Staat als Hüter des Gemeinwohls. Wer den inneren Schweinehund von der Kette lässt, sollte hohe Zäune bauen, um sich und die Allgemeinheit zu schützen.

Wachstum hat also mit der Freiheit des Menschen zu tun, mit seinem Wunsch, die Welt zu erkunden, zu beherrschen, mit seinen Leidenschaften, seinen Begierden. Der Mensch lebt aber nicht alleine, sondern ist in einen gesellschaftlichen Zusammenhang eingebunden. Seine Freiheit wird begrenzt durch die Ansprüche Anderer. Die Zerstörung der Umwelt kann nicht mit dem Argument der Freiheit gerechtfertigt werden. Dort, wo der natürliche Mechanismus des Gewissens und des Verantwortungsgefühls als Regulativ des eigenen Handelns entfällt, muss die Gesellschaft Zäune zum Schutz des Gemeinwohls errichten. Und das ist leider allzu oft nötig, zumal uns die Medien ein vulgäres Leitbild von Freiheit suggerieren, gemäß dem alles erlaubt scheint.

Werbung weckt Bedürfnisse und darüber hinaus ein Weiteres: Sie schafft Vergleiche. Das ist in einer Gesellschaft, in der sozialer Status häufig mit ökonomischen Möglichkeiten verbunden ist, nicht folgenlos. Ein Beispiel mag das verdeutlichen. Eine Familie mit einem Eigenheim im Grünen, einem sechsstelligen Einkommen, die zweimal im Jahr in Urlaub fährt und zwei PKW zu ihrer Verfügung hat, besitzt ohne Zweifel ein hohes Maß an Wohlstand und Lebensqualität, hier einmal vorausgesetzt, dass alle gesund sind, die Kinder halbwegs gut geraten und die Ehe auch sonst ohne Probleme verläuft. Das Bild ändert sich allerdings, wenn diese Familie von Nachbarn umgeben ist, deren Familieneinkommen doppelt so hoch ist, die viermal im Jahr in Urlaub fahren und neben dem selbstverständlichen Fuhrpark auch noch eine Yacht und ein Pferd ihr Eigen nennen. Nehmen wir als anderes Beispiel eine Familie, die zwar ihre Grundbedürfnisse durchaus befriedigen kann (also auskömmlich Nahrung, Kleidung und Wohnung hat), die sich aber ansonsten wenig leisten kann: keine Urlaubsreisen, wenig Luxus, die Beförderung vollzieht sich mit öffentlichen Verkehrsmitteln oder Fahrrädern, im Wohnzimmer steht als Stolz der Familie ein Fernsehgerät. Wenn nun alle Nachbarn genauso leben, stellt sich die Situation anders dar. Mehr noch: Wenn man heute bisweilen in den neuen Bundesländern eine Neigung zur (N)Ostalgie findet, dann macht sie sich daran fest, dass man in der DDR zwar wenig hatte, dies jedoch allen so ging und dadurch der Zusammenhalt ein anderer war. Wohlstand und Lebensqualität sind, sobald die Grundbedürfnisse gesichert sind, relative und positionale Begriffe. Sie hängen immer von den Bezügen ab. In einem stark egalitären Umfeld kann ich hohe Lebenszufriedenheit entwickeln, auch wenn ich mir vieles nicht leisten kann. In einem stark ungleichen sozialen System kann ich in hohem Maß unzufrieden sein, auch wenn mein Lebensstandard objektiv gesehen sehr hoch ist. Das hat einige Autoren dahin geführt zu argumentieren, dass das Glück in der Gleichheit liege.[46] Ich halte diese Folgerung für überzogen, denn Un-

---

46 Richard Wilkinson/Kate Pickett, *Gleichheit ist Glück. Warum gerechte Gesellschaften für alle besser sind.* Berlin 2010.

gleichheit kann etwa aus Erwägungen der Leistungsgerechtigkeit sinnvoll und auch normativ geboten sein. Unsere Gesellschaft lebt auch davon, den Leistungsträgern Anreize zu setzen und Leistung durch höhere Entlohnung oder sonstige Formen der Anerkennung hervorzuheben. Richtig ist aber auch, dass eine Gesellschaft, die von starker Ungleichheit geprägt ist, weniger stabil ist. Deswegen kommt es in einer Sozialen Marktwirtschaft auch immer darauf an, die richtige Balance zu finden zwischen Leistungs- und Verteilungsgerechtigkeit.

Wir haben gesehen, dass Freiheit nicht nur Wachstum generiert, sondern ab einem bestimmten Niveau auch eine Verschiebung der Wertepräferenzen hin zu nicht materiellen Werten, also solchen, die sich nicht durch mehr Konsum und mehr Produktion abbilden lassen. Freilich, das ist heute weitgehend ein Elitenprojekt: Man muss sich postmaterielle Orientierungen »leisten« können. Und doch scheint es, dass etwas in Bewegung gekommen ist. Während in den achtziger Jahren die postmaterielle Orientierung noch als eher monolithisch wahrgenommen wurde, sprechen wir heute von einer Vielzahl an Lebensstilen. Eine rein materielle Orientierung ist zwar nach wie vor vorhanden, wird aber durch einen sich ausdifferenzierenden Anteil an Menschen ergänzt, die sehr unterschiedliche Präferenzen haben.[47] Eine strenge Verknüpfung von Wachstum und Lebensqualität sowie von Wachstum und Wohlstand, wie sie in den fünfziger und sechziger Jahren durchaus noch präsent war, scheint es kaum noch zu geben. Die verfügbaren Zahlen deuten eher darauf hin, dass zusätzliches Wachstum kaum noch Einfluss auf ein Mehr an Lebensqualität hat.[48] Das könnte sich

---

47 Vor allem die sogenannten Sinus-Studien, die aber wesentlich der Marktforschung dienen; vgl. http://www.sinus-institut.de/loesungen/sinus-milieus.html.

48 Vgl. Robert und Edward Skidelsky, *Wie viel ist genug? Vom Wachstumswahn zu einer Ökonomie des guten Lebens.* München 2013, 144ff.

ändern, wenn Wachstum als Bedrohung für Wohlstand und Lebensqualität wahrgenommen wird. Was ist, wenn Wachstum zur Bedrohung nicht nur unseres Lebensstandards, sondern unserer Sicherheit wird? Dann würden sich in der Tat die Koordinaten der Debatte verschieben, denn Sicherheit (auch ökonomische Sicherheit) ist eines der Grundanliegen der Moderne. Sich durch Planung, durch Technik, durch Naturbeherrschung, durch verbesserte Gesundheitsbedingungen, durch Sparen und viele andere Dinge besser gegen die Widrigkeiten des Lebens gewissermaßen versichern zu können – dieser Grundgedanke spielt in unserer heutigen Gesellschaft eine ganz zentrale Rolle.[49] Gleichzeitig aber leben wir in einer Welt, die durch ein hohes Maß an Komplexität immer unüberschaubarer geworden ist; Ulrich Beck hat dafür einmal den Begriff der »Risikogesellschaft« geprägt.[50] Diese Unübersichtlichkeit von Lebensplanung und Lebensführung wird durch die Globalisierung noch verstärkt, durch Prozesse, die gleichsam fern und nah sind und das Gefühl des Kontrollverlusts bestärken.

Hinzu kommen die Bedrohungen, von denen wir zwar abstrakt wissen, die aber wenig konkret in unser Leben treten und sich nur schleichend, nur langsam bemerkbar machen. Die Zerstörung der natürlichen Umwelt, die globale Erwärmung, die unfairen Wirtschaftsbeziehungen zwischen Industrie- und Entwicklungsländern sind wie eine Explosion, die nur langsam, beinahe in Zeitlupe vor sich geht. Es ist wie das berühmte Experiment mit einem Frosch: Wird er in heißes Wasser geworfen, springt er erschreckt wieder hinaus. Wird hingegen das Wasser, in dem er sitzt, nur langsam erwärmt, ist es für ein Entkommen irgendwann zu spät. In einer solchen Situation befinden wir uns heute. Die Hitze des Wachstums nimmt wei-

---

49 Vgl. Johano Strasser, *Gesellschaft in Angst. Zwischen Sicherheitswahn und Freiheit.* Gütersloh 2013.
50 Ulrich Beck, *Risikogesellschaft.* Frankfurt am Main 1986.

ter zu. Langsam fangen wir an, uns in dem warmen Wasser unbehaglich zu fühlen. Dabei hatte man uns doch über viele Jahre gesagt, dass es das Wachstum sei, das uns glücklich macht. Und es war ja auch so verführerisch, jedes Jahr anhand dieser einen Zahl des BIP ablesen zu können, dass es uns besser geht. Vielleicht sollten wir einmal den Blick weiten und versuchen, nicht nur das Wachstum, sondern auch Wohlstand und Lebensqualität statistisch zu erfassen.

Wohlstand und Lebensqualität messen

Es war auch die Unzufriedenheit mit dem BIP als Maß für Wohlstand und Lebensqualität, die seit einigen Jahren die Debatte um alternative Wohlstandsindikatoren angefeuert hat. Dabei hat die Debatte längst die Zirkel der Ökonomen verlassen und eine breite öffentliche Resonanz gefunden. Einige Länder haben bereits alternative Wohlstandsmessungen eingeführt. Der schlagzeilenträchtigste ist der Index des »Bruttonationalglücks«, aus dem Königreich Bhutan – schlagzeilenträchtig deshalb, weil unser Verständnis von Glück doch stark davon geprägt ist, dass es sich hierbei um eine sehr individuelle Kategorie handelt, die sich der Messung entzieht.[51] Tatsächlich ist der Index aus Bhutan insofern außergewöhnlich, weil er auf den traditionellen Indikator des BIP ganz verzichtet. Insgesamt neun Indikatoren werden abgebildet: psychologisches Wohlbefinden, Gesundheit, Bildung und Erziehung, Kultur, Zeitverbrauch, gute Regierung, Gemeinschaftsleben, ökologische Diversität und Widerstandsfähigkeit sowie Lebensstandard. Dem klassischen BIP am nächsten kommt der Indikator des Lebens-

---

51 Mehr zum Bruttonationalglück-Indikator in Bhutan unter
   http://www.grossnationalhappiness.com/.

standards, der über das Haushaltseinkommen, die vorhandenen Vermögenswerte und die Wohnqualität abgebildet wird. Auch der Indikator »gutes Regieren« klingt in unseren Ohren ein wenig befremdlich, wird aber über die Kategorien politische Teilhabe, politische Freiheit, Dienstleistung und Regierungsleistung abgefragt. Auffällig ist die starke Rolle, die das Gemeinschaftsleben spielt; hier zeigt sich eine andere kulturelle Tradition als in den europäischen Gesellschaften, die stärker individualistisch orientiert sind. In Bhutan spielt die harmonische Integration des Einzelnen in die Gemeinschaft auch für das kollektive Wohlbefinden eine erheblich stärkere Rolle.

Aber auch in anderen Ländern ist die Debatte längst angekommen. Kanada etwa hat einen »Canadian Index of Wellbeing« eingeführt, in Australien geben die »Measures of Australia's Progress« Auskunft darüber, ob das Leben besser wird.[52] Darüber hinaus gibt es eine breite internationale Debatte über alternative Wohlstandsmessungen, die sich in unterschiedlichen Modellen niedergeschlagen haben.[53]

---

52 Zum kanadischen Index http://www.ciw.ca/en/, für die Wohlstandsmessung in Australien http://www.abs.gov.au/ausstats/abs@.nsf/mf/1370.0.

53 Die bekanntesten sind: Der Index of Sustainable Development ISEW und seine Weiterentwicklung zum Genuine Progress Indicator GPI; der im Auftrag des Umweltbundesamtes entwickelte Neue Wohlfahrtsindex NWI; der Index of Economic Well-being (IEW-B). Darüber hinaus hat die französische Stiglitz/Sen/Fitoussi-Kommission einen umfangreichen Index vorgeschlagen. Darauf aufbauend hat der deutsch-französische Ministerrat den Sachverständigenrat zur Begutachtung der gesamtwirtschaftlichen Entwicklung und den Conseil d'Analyse economique beauftragt, eine Expertise zur Messung von nachhaltigem Wachstum und gesellschaftlichem Fortschritt zu erstellen, die Ende 2010 vorgelegt wurde. Der Bericht schlug in drei Oberkategorien (Wirtschaftsleistung, Lebensqualität, Nachhaltigkeit) insgesamt 25 Indikatoren vor. Vgl. Hans Diefenbacher/Roland Zieschank, *Woran sich Wohlstand wirklich messen lässt. Alternativen zum Bruttoinlandsprodukt*. München 2011; Sachverständigenrat zur Begutachtung der gesamtwirtschaftlichen Entwicklung/Conseil d Analyse economique, *Wirtschaftsleistung, Lebensqualität und Nachhaltigkeit: Ein umfassendes Indikatorensystem*. Paderborn 2011; Überblick bei Marc Fleurbaey/Didier Blanchet, *Beyond GDP: Measuring Welfare and Assessing Sustainability*. Oxford und New York 2013.

Hinzu kommen die in den letzten Jahren zunehmenden Arbeiten der »Happiness«-Forschung, die in Deutschland zu dem Versuch einer Operationalisierung mit Hilfe eines »Glücksatlas« geführt haben.[54] Die Palette der »alternativen« Wohlstandsmessungen ist also breit und die Debatte darüber in vollem Gang. Auch der Deutsche Bundestag hat sich mit einem eigenen Modell, das in der Enquete-Kommission »Wachstum, Wohlstand, Lebensqualität« zwischen 2010 und 2013 erarbeitet worden ist, an dieser Debatte beteiligt. Dieses Modell sei hier etwas ausführlicher vorgestellt.[55]

Der von der Enquete-Kommission vorgeschlagene Index besteht aus drei übergeordneten Bereichen, nämlich »materieller Wohlstand«, »Soziales und Teilhabe« sowie »Ökologie«. Darunter werden insgesamt 10 Leitindikatoren zusammengefasst. Zum Bereich »materieller Wohlstand« gehören die Indikatoren BIP, Einkommensverteilung und Staatsschulden. Das BIP wird hier pro Kopf gemessen, gerade auch, um internationale Vergleiche zu erleichtern. Die Einkommensverteilung wird mit der sogenannten 80:20 Relation gemessen. Mit diesem Faktor soll eine einfache Kennziffer dafür ermittelt werden, wie stark sich die Einkommensverteilung spreizt. Die einfache Ausgangsfrage ist: Wie viel mehr verdient jemand, der mehr als die unteren 79 %, aber weniger als die oberen 20 % der Bevölkerung verdient, im Vergleich zu jemandem, der mehr als die unteren 19 %, aber weniger als die oberen 80 % verdient? Das Resultat hat sich in den vergangenen Jah-

---

54 Bruno S. Frey, *Happiness: A Revolution in Economics*. Cambridge, Mass. 2008; Renate Köcher/Bernd Raffelhüschen, *Glücksatlas Deutschland 2011*. Bonn und München 2011.

55 Schlussbericht der Enquete-Kommission des Deutschen Bundestages »Wachstum, Wohlstand, Lebensqualität – Wege zu nachhaltigem Wirtschaften und gesellschaftlichem Fortschritt in der Sozialen Marktwirtschaft«, Drs. 17/13300 vom 3. Mai 2013 (http://webarchiv.bundestag.de/cgi/show.php?fileToLoad=2921&id=1223).

ren zwischen dem Faktor 2,01 und 2,17 bewegt. Schließlich wird in den Bereich des materiellen Wohlstands die Schuldenstandsquote einberechnet. Diese gibt den prozentualen Anteil der Staatsschulden am BIP an.

Der zweite Bereich, »Soziales und Teilhabe«, enthält insgesamt vier Indikatoren. Die Beschäftigungsquote gibt den prozentualen Anteil der Erwerbstätigen an der Bevölkerung zwischen 15 und 64 Jahren an, der Bildungsindikator wird über die Sekundarabschlussquote abgebildet. Die »Gesundheit« wird anhand der Lebenserwartung gefasst. Ein vierter Indikator zielt auf die »Freiheit«. Diese ist als Möglichkeit zur Teilhabe am öffentlichen Leben nicht unerheblich für die Lebensqualität. Verwendet wird ein integrierter Index, den die Weltbank erhebt, um Mitsprache und Verantwortlichkeit messen zu können.

Der dritte Bereich, die »Ökologie«, enthält drei Indikatoren. Der erste betrifft die Treibhausgase, also vor allem CO_2. Der zweite den Überschuss an Stickstoffeintrag vor allem durch landwirtschaftliche Produktion – dies ist ein besonderes Problem auch bei den globalen Tragfähigkeitsgrenzen. Ein dritter Indikator ist der Verlust an Biodiversität, der durch den nationalen Vogelindex näherungsweise abgebildet werden soll.

Klar ist, dass eine solche Ansammlung von Indikatoren zum ersten nicht in eine Zahl aggregiert werden kann, und zweitens sehr viel schwerer zu kommunizieren ist als eine Zahl wie etwa das BIP. Wichtig ist aber, dass die Begrenzung auf diese eine Zahl verabschiedet wird, denn sie gibt lediglich eine Momentaufnahme wieder, einen Augenblick der statistischen Erfassung wirtschaftlicher Kennzahlen mit all den darin enthaltenen Mängeln. Die Erweiterung der Betrachtung ruft in Erinnerung, dass es (1) ein Auseinanderfallen von Sozial- und Schadensbeziehungen gibt, und zwar sowohl räumlich wie zeitlich; dass es (2) jenseits von Angebot und Nachfrage

Dimensionen menschlichen Lebens gibt, die für die Menschen wichtig sind und an denen sich wirtschaftliches Wachstum messen lassen muss, und (3) die inhaltliche Bestimmung politischen Handelns weit über das BIP hinausgeht. Wachstum nützt nichts, wenn dadurch die Gesellschaft aufgesprengt wird und in Arm und Reich zerfällt. Wachstum ist schädlich, wenn wir unsere Umwelt zerstören und die Lebenschancen unserer Nachkommen beschneiden, ökonomisch wie ökologisch. Und Wachstum ist schädlich, wenn es die Chancen der Menschen auf Teilhabe, auf Bildung und auf Selbstverwirklichung untergräbt. Deswegen sprechen wir im Zusammenhang mit Wachstum darüber, dass es Nachhaltigkeit braucht, aber auch Gerechtigkeit. Da Wachstum kein Ziel für sich ist – eine der einmütig verabschiedeten Erkenntnisse in der Enquete-Kommission –, muss sich Wachstum mit der Elle der Nachhaltigkeit und der Gerechtigkeit messen lassen.

3. Was ist Nachhaltigkeit?

Grundlagen

Die griechische Mythologie erzählt die Geschichte der Ziege Amalthea, die Zeus, der sich als Baby vor seinem Vater Kronos verstecken musste, mit Milch nährte. Im Spiel brach er der Ziege versehentlich ein Horn ab. Dieses Horn, Cornucopia, wurde zum Ausgleich mit magischen Kräften versehen: Als Füllhorn wurde es ein Symbol für Wohlstand und Glück, Reichtum und Überfluss. Das ist ein schönes, ein treffendes Bild: Dort, wo das magische Füllhorn die Wünsche der Menschen erfüllt, braucht es kein Wirtschaften. Wirtschaften hat immer mit Mangel zu tun; in einem Schlaraffenland muss nicht gewirtschaftet werden. Wirtschaft ist die Verwaltung knapper Güter.

Nachhaltigkeit ist eine Form des Umgangs mit knappen Gütern. Dabei hat Nachhaltigkeit zwei Dimensionen: eine rationale und eine ethische. Die rationale Dimension der Nachhaltigkeit besagt: Wenn ich selbst auch in Zukunft noch mit knappen Gütern versorgt sein will, darf ich diese zum gegenwärtigen Zeitpunkt nicht aufbrauchen. Ich muss als rationale Handlungsstrategie darüber hinaus verhindern, dass andere dies tun. Dies ist unmittelbar einleuchtend. Ich kann knappe Güter umfassend verbrauchen, kann sie dann aber künftig nicht mehr nutzen. Wenn ich sie verbraucht habe, kann sie auch kein anderer nutzen. Also darf ich, wenn ich knappe Güter weiter nutzen will, zunächst einmal diese nicht vollständig aufbrauchen und muss auch dafür sorgen, dass andere dies nicht tun.

Die ethische Kehrseite lautet: Ich darf nicht so leben, dass ich anderen in der Gegenwart oder der Zukunft die Möglichkeit entziehe, sich mit knappen Gütern zu versorgen. Damit wird das rationale Kalkül erweitert zu einem Sollenssatz. Man kann ihn auch umkehren und sagen: Wenn ich selbst weiterhin knappe Güter nutzen will, dann müssen andere so leben, dass ich auch weiterhin die Möglichkeit habe, dies zu tun. Daraus folgt auch die Erwartung anderer, dass ich selbst genauso lebe. Das muss ich mir zu einer Handlungsrichtlinie machen, wenn ich will, dass dies auch andere tun. Nachhaltigkeit ist also zunächst rein individuell eine vernünftige Überlebensstrategie für mich und meine Mitmenschen. Kann man sich auf diese Strategie einigen, steht einem friedlichen Zusammenleben und einer gemeinsamen Bewältigung des Problems knapper Güter nichts im Wege. Kann man dies nicht, sind in der Regel Verteilungskämpfe die Folge.

Damit ist freilich noch nichts über künftige Generationen gesagt, denn das ist ein etwas komplizierteres Argument. Es könnte ja ein rationales Vorgehen sein, kollektiv auf Kosten der nachfolgenden Generation die Ressourcen zu plündern, um es sich hier und jetzt gutgehen zu lassen. Nachhaltigkeit, die sich auf die kommenden Generationen bezieht, braucht deshalb zusätzliche Argumente, etwa in der Form, dass die Menschheit es insgesamt wert ist, fortzubestehen, oder dass nachfolgende Generationen Rechte haben, die sie aber gegenüber uns nicht geltend machen können. Am selbstverständlichsten erscheint uns dies im direkten Verhältnis zu unseren Kindern und Enkelkindern. Wir wollen nicht, dass sie elendig leben oder an der Knappheit zugrunde gehen. Wir wollen vielmehr für unsere eigenen Nachkommen ein gutes, ein erfülltes Leben, das ihnen Chancen bietet, sich zu entfalten. Wenn wir dergestalt die Zukunft unserer eigenen Nachkommen sicherstellen wollen, müssen wir wieder ähnliche rationale und moralische Betrachtungen anstellen wie für unsere eigene

Lebensführung, nur dieses Mal über unseren eigenen Lebenshorizont hinaus. Dies kann sich dann auf unsere Familie beziehen, auf unsere Gesellschaft oder die Menschheit insgesamt. Entscheidend ist, dass es historisch eben durchaus Fälle gegeben hat, in denen Gesellschaften daran zugrunde gegangen sind, dass sie das Problem der Knappheit von Ressourcen nicht vernünftig haben lösen können.[56] Heute bezieht sich die Frage des Überlebens künftiger Generationen nicht mehr auf einzelne Gesellschaften, sondern auf die Menschheit als Ganzes.

Knappheit kann sich auf drei Klassen von Gütern beziehen: Als erstes auf erneuerbare Güter, also solche, die nachwachsen. Holz ist hierfür ein gutes Beispiel. Holz ist ein Rohstoff, der sich erschöpfen kann, wenn zu viel davon gebraucht wird. Nachhaltig wirtschaften heißt hier, nicht mehr davon zu gebrauchen, als im gleichen Zeitraum wieder nachwächst.

Eine zweite Klasse sind nicht erneuerbare Güter. Diese wachsen nicht nach, sondern sind einmalig. Ihr Vorkommen ist begrenzt. Erdöl etwa wächst nicht nach (wenn, dann in einem Zeitraum der außerhalb jeglicher Wirtschaftszyklen liegt), und deshalb kann es nur einmal verbraucht werden. Nachhaltig wirtschaften hat für solche nicht erneuerbaren Güter eine andere Bedeutung. Es kann heißen, für einen gleichwertigen Ersatz zu sorgen, bevor das Gut Erdöl aufgebraucht ist. Weil Erdöl häufig der Energiegewinnung dient, könnte ich andere Energiequellen entwickeln. Dort, wo Erdöl in der Chemie als Grundstoff in die Produktion eingeht, muss ich andere Stoffe finden, mit denen ich die Produktion ähnlich gut bewerkstelligen kann. In anderen Fällen kann Nachhaltigkeit heißen: Nicht erneuerbare Güter nach Möglichkeit zu recyclen, also nach dem Gebrauch wieder zu nutzen. Ein gutes

---

56 Ausführlich hierzu: Jared Diamond, *Kollaps. Warum Gesellschaften überleben oder untergehen.* Frankfurt am Main 2005.

Beispiel dafür sind Handys. In ihnen sind sogenannte seltene Erden verbaut, Minerale, die nicht häufig in der Natur vorkommen. Hier ist es sinnvoll, die Altgeräte nicht einfach wegzuwerfen, sondern die Grundbausteine – und eben auch die seltenen Erden – wiederzuverwenden.

Eine dritte Klasse sind Senken oder Verschmutzungen. Wir sprechen bisweilen von der Deponiefunktion der Erde und meinen damit: Wir entlassen die Abfallprodukte unseres Konsums und unserer Produktion in den Erdraum. Wir verschmutzen unsere Umwelt. Das bekannteste Beispiel ist CO_2, das häufig bei der Produktion anfällt und klimaverändernde Wirkung hat. Nachhaltig wirtschaften mit den Senken heißt, nicht mehr Abfallprodukte in den Umweltraum zu entlassen, als das Biosystem absorbieren oder aufbereiten kann.

Darüber hinaus gibt es einen vierten Bereich, der sich nicht den knappen Gütern zuordnen lässt, aber trotzdem einen Bezug zur Nachhaltigkeit hat: die Biodiversität. Der Hinweis von Paul Crutzen ist richtig. Wir leben mittlerweile im Zeitalter des Anthropozän, in dem der Mensch der entscheidende Faktor in der Umgestaltung der natürlichen Umwelt ist. Diese Umgestaltungen sind teilweise gewollt, etwa in der Kultivierung von Land, teilweise aber unbeabsichtigte Folgen unserer wirtschaftlichen Tätigkeit. Das betrifft vor allem die Aussterberate von Tier- und Pflanzenarten. Eine solche Rate hat es schon immer gegeben, sie hat aber in den letzten Jahrzehnten erheblich zugenommen. Für den Erhalt der Biodiversität gibt es eine Reihe von guten Gründen: den Eigenwert der Natur, den Erhalt des Naturschönen, das Zusammenbrechen von ökologischen Kreisläufen durch das Wegfallen einzelner Komponenten. Ein überragendes Argument aber ist: Wir wissen nicht, welche Konsequenzen dies für uns langfristig hat. Dazu ist unser Wissen über die ökologischen Kreisläufe in dieser Welt und die Art und Weise, wie wir darin eingebunden sind, noch zu bruchstückhaft. Deswegen muss Nachhaltigkeit auch über den sorgsamen Umgang mit knappen Gütern hinaus an der Frage gemessen werden, welche Konsequenzen das Wirtschaften für die nicht marktfähigen Teile unserer Umwelt hat.

Es ist wichtig, diese Dimensionen auseinanderzuhalten, denn häufig beziehen sich Aussagen zur Nachhaltigkeit auf nur einen der hier vorgestellten Teilbereiche. Nachhaltigkeit muss aber umfassend verstanden werden als Form des Umgangs mit allen knappen Gütern und der Natur selbst; nur dann kann sie aus dem Bereich des Ökonomischen hinaustreten und sich als ein grundlegendes Prinzip der Lebensgestaltung etablieren. Solange Nachhaltigkeit nur als ein ökonomisches Prinzip verstanden wird, kann sie reduziert werden auf ein Problem der Marktgestaltung. Dies ist zweifellos ein wichtiger, ein zentraler Ansatz der Nachhaltigkeit, denn ohne eine ordnungspolitische Formung der Märkte im Sinne der Nachhaltigkeit werden die notwendigen Bedingungen für das Überleben der Menschheit angesichts knapper Ressourcen nicht geschaffen werden können. Aber er reicht nicht aus, um Nachhaltigkeit auch als eine hinreichende Bedingung des dauerhaften menschlichen Lebens zu etablieren. Das legt schon eine einfache Überlegung nahe: Ich kann viele externe Kosten der Produktion mit knappen Gütern mit einem Preis versehen. Ich kann sie einpreisen. Das kann ich allerdings nicht, wenn die Biodiversität betroffen ist. Dazu wissen wir zu wenig über die Kausalitätsketten, die zu einem Verlust von Arten führen, und zu wenig über die Konsequenzen, um die Verluste einpreisen zu können. Das ist einerseits tröstlich, denn nicht alles ist marktfähig. Es ist andererseits aber auch bedauerlich, denn der Markt ist das effizienteste Mittel des Umgangs mit nicht intendierten Konsequenzen wirtschaftlicher Tätigkeit.

Zurück zu den Fragen der Knappheit. Wie kann Knappheit verschärft werden, wie kann sie überwunden werden? Es sind zwei Prozesse, die das Problem der Knappheit verschärfen: die Zunahme der Bedürfnisse und die Zunahme der Bedürftigen, also: wirtschaftliches Wachstum und Bevölkerungswachstum.

Wirtschaftliches Wachstum ist der kleine Bruder der Idee des Fortschritts. Wachstum verdankt sich im Wesentlichen drei Treibern: den Bedürfnissen der Menschen, die unbegrenzt erscheinen, der Entfesselung der technischen Möglichkeiten und der Verwertungsrationalität einer kapitalistischen Wirtschaftsordnung.

Die Bedürfnisse des Menschen sind eine anthropologische Konstante. Sie haben keine natürliche Grenze. Der lateinische Dichter Ovid hat dies einmal als *amor sceleratus habendi* bezeichnet, frei übersetzt: die verderbliche Sucht, immer mehr besitzen zu wollen. John Locke hat diesen Begriff aufgenommen und ins Positive gewendet. Die Habgier wird bei ihm zur Triebkraft der Eigentumsgesellschaft. Sie realisiert sich als Massenphänomen aber erst in dynamischen Ökonomien, in denen Wachstum möglich ist. Schlüssel dafür ist die technologische Innovation, die eine fortschreitende Naturbeherrschung ermöglicht, gleichzeitig aber Produkte herstellt, die wieder neue Nachfrage wecken. Bedarf und Bedürfnis fallen auseinander. Entscheidende Techniken hierfür sind die Arbeitsteilung und die Möglichkeit einer Massenproduktion. Angetrieben wird dies durch eine Wirtschaftsordnung, die Kapital investiert und Rendite auf die Investition erwartet, also eine Wette auf die Zukunft abschließt.

Wachstum entsteht zwar auch in sozialistischen Gesellschaften, aber als ein Prozess gelenkter und verordneter Wirtschaftstätigkeit. Historisch war dies kurzfristig eine Alternative, die sich jedoch langfristig als ökonomisch nicht tragfähig erwiesen hat – und ökologisch auch nicht, wie die Hinterlassenschaften des real existierenden Sozialismus gezeigt haben. Es ist gerade die dezentrale Entfesselung von Marktkräften und technologischer Innovation, die am stärksten Wachstum zu befördern in der Lage ist. Dabei kann ein solches Wachstum auch nur nachhaltig sein, wenn es gelingt, Wachstum und Ressourcenverbrauch voneinander zu entkoppeln. Unbegrenztes Wachstum kann es in einer begrenzten Welt nicht geben, zumal dann, wenn nach europäischem Vorbild immer mehr Gesellschaften sich bewusst für einen Wachstumskurs entscheiden.

Ein zweiter Wachstumstreiber ist die zunehmende Bevölkerung. Es müssen mehr Menschen ernährt werden, sie haben darüber hinausgehende Bedürfnisse, die ebenfalls befriedigt werden wollen. Damit werden mehr Ressourcen benötigt und auch verbraucht. Die Weltbevölkerung vermehrt sich bekanntlich stark, zumal es auch Wechselwirkungen zwischen technologischem Fortschritt und Lebenserwartung gibt. Schon zu Beginn des 19. Jahrhunderts hatte der englische Ökonom Robert Malthus die These formuliert, dass sich die Bevölkerung geometrisch (exponentiell) vermehre, die notwendigen Lebensmittel aber nur arithmetisch (linear). Hungerkatastrophen seien folglich unausweichlich. Diese These hat sich, vor allem auch durch den Einsatz neuer Technologien, nicht bewahrheitet. Aber es gibt heute eine durchaus ernst zu nehmende Debatte über die Tragfähigkeit des Planeten. Diese bezieht sich aber nicht nur auf das Bevölkerungswachstum, sondern auch auf die Art und Weise, wie wir leben. Mit Blick auf das Bevölkerungswachstum kann man feststellen, dass in saturierten, also wohlhabenden Gesellschaften die natürliche Bevölkerungsentwicklung eher rückläufig ist. Die Reproduktionsrate liegt in allen Mitgliedsländern der EU unter dem kritischen (d.h. demografisch stabilen) Wert von 2,1. Umgekehrt liegt sie in Entwicklungsländern, die schon heute die Mehrheit der Weltbevölkerung ausmachen, erheblich über diesem Wert. Das bedeutet: Die Bevölkerung im Euroraum schrumpft aus sich selbst heraus, die Bevölkerung in den Entwicklungsländern steigt.

Der Wissenschaftler Paul Ehrlich hat die Umweltbelastungen (I = environmental impact) als ein Produkt von Bevölkerungsdichte (P = population), Wohlstands- und Einkommensniveau (A = affluence) sowie Technologieintensität (T = technology) dargestellt. Diese Formel ist als IPAT-Formel bekannt geworden: I = P x A x T. Das ist eine grobe, aber sehr anschauliche Darstellung der Quellen der menschlichen Umweltbelastung. Sie steigt mit zunehmender Bevölkerungszahl, sie steigt mit Wachstum (also steigendem Wohlstandsniveau) und mit der Intensität der Technologien, die dafür eingesetzt werden. Wir haben also nach dieser Formel drei Stellschrauben, um die Umweltbelastung zu reduzieren: weniger Bevölkerung, weniger Wachstum (und damit vielleicht auch weniger Wohlstand) und effizientere Technologien. Ob dies möglich ist und ob diese Stellschrauben ausreichen, wollen wir später sehen; wichtig ist hier nur der systematische Zusammenhang der unterschiedlichen Faktoren. Gleichzeitig ist mit der Formel aber auch gesagt, dass ein hohes Maß an Wohlstand häufig zu erheblichen Umweltbelastungen führt, auch wenn die technologische Effizienz hoch ist. Um dies zu verdeutlichen, haben 1994 die Wissenschaftler Mathis Wackernagel und William Rees das Konzept des ökologischen Fußabdrucks entwickelt. Dabei wird rechnerisch die Aufwendung an Ressourcen, die ein Mensch braucht, um seinen Lebensstil aufrechtzuerhalten, in Fläche umgerechnet. Das Ergebnis ist ernüchternd. Heute verbrauchen wir weltweit die Fläche unserer Erde rechnerisch um das 1,5-fache. Dabei ist die Verteilung allerdings sehr ungleich. Menschen in wohlhabenden Länder haben einen erheblich größeren ökologischen Fußabdruck als Menschen in Entwicklungsländern.[57] Wenn

---

57 Man kann sich seinen eigenen ökologischen Fußabdruck ebenfalls berechnen lassen; vgl. http://www.footprint-deutschland.de/.

jeder so leben würde wie die Menschen in den USA, brauchten wir pro Jahr mehrmals die Fläche der Erde, in Deutschland zwar etwas weniger, aber immer noch mehr als die doppelte Fläche. Entwicklungsländer liegen deutlich darunter: Sie verbrauchen Fläche unter dem Faktor eins. Allerdings: Die meisten Entwicklungsländer wollen ein ähnliches Wohlstandsniveau wie die westlichen Industrieländer erreichen, und deshalb ist absehbar, dass der ökologische Fußabdruck der Menschheit insgesamt steigen wird. Damit wird, die Möglichkeit technischer Lösungen einmal außen vor gelassen, die Knappheit der Ressourcen noch verschärft.

Wie aber kann Knappheit überwunden werden, was kann man dagegen tun? Ganz überwinden kann man Knappheit nicht, denn in einer endlichen Welt ist die Endlichkeit der Ressourcen eine Grundbedingung des Wirtschaftens. Es gibt jedoch zumindest vier Strategien, mit Knappheit umzugehen.

Die erste Strategie ist historisch häufig angewendet worden, empfiehlt sich aber im globalen Zeitalter nicht mehr: die Eroberung und Ausbeutung. Habe ich selbst nur wenig knappe Ressourcen, dann ist der Anreiz hoch, mir die Ressourcen anderer Menschen notfalls mit Gewalt anzueignen. Die dahinter liegende Idee ist die eines Nullsummenspiels: Mein Gewinn ist der Verlust eines anderen. Wir können nicht beide gewinnen, also gewinnt der Stärkere. Die Geschichte liefert hierzu reichhaltiges Anschauungsmaterial: Krieg um Land, um Ressourcen, um Reichtümer. Auch die Geschichte der Kolonisierung ist im Kern eine Geschichte der gewaltsamen Aneignung ökonomischer Ressourcen zur eigenen Entwicklung, und nicht wenige behaupten, dass die damit zugrunde gelegten ökonomischen Strukturen noch heute Kernbestandteil der weltwirtschaftlichen Ordnung seien. Wir werden darauf im Kapitel über internationale Gerechtigkeit noch einmal zurückkommen.

Die zweite Strategie steht der ersten diametral entgegen: die Bewältigung der Knappheit durch Handel. Knappe Güter sind ungleich verteilt. Durch ein Netz von Handelsbeziehungen können knappe Güter zirkulieren und der Bedarf durch Austausch gedeckt werden. Die dahinter liegende Idee ist nicht die eines Nullsummenspiels, sondern die eines beiderseitigen Vorteils. Deshalb ist häufig die Ansicht vertreten worden, dass Handel zwischen Gesellschaften eine wesentliche Ursache kriegerischer Konflikte beseitigt.[58] Freilich: Handel vermehrt die knappen Güter nicht, sondern ist ein Modus ihrer Verteilung, der von den beteiligten Parteien als gerecht und fair angesehen wird. Man kann anstelle von Handel auch Marktbeziehungen einsetzen; denn es sind Märkte, die sich miteinander verflechten und die Handelsbeziehungen organisieren.

Die dritte Strategie ist die Entwicklung der Technik. Diese kann dazu führen, dass knappe Güter durch weniger knappe Güter ersetzt werden (Substitution), dass knappe Güter besser genutzt werden (Effizienz) oder dass Produktionskreisläufe geschlossen werden (Konsistenz). Technische Innovation ist also ein wichtiger Faktor im Umgang mit Ressourcen.

Einige Beispiele seien hier angeführt. Wenn fossile Brennstoffe durch Energieträger ersetzt werden, die erneuerbar oder nicht knapp sind, ist dies ein typischer Substitutionsvorgang. Erdöl und Erdgas sind absehbar begrenzt, auch wenn immer wieder neue Felder gefunden werden. Der Preis, die Ressourcen zu heben, ist aber teilweise sehr hoch. So rechnet sich beispielsweise die Förderung von Erdöl in Kanada aus den sogenannten Teersänden erst ab einem bestimmten Preis pro Barrel, der auf dem Markt erzielt werden kann. Je höher der technologische Aufwand, desto höher das erforderliche Preis-

---

58 Vor allem Richard Rosecrance, *Der neue Handelsstaat. Herausforderungen für Politik und Wirtschaft*. Frankfurt am Main 1989.

niveau. Bei den erneuerbaren Energien (Biomasse, Erdwärme, Windkraft und Sonnenkraft) bedarf es einer hohen Anschubfinanzierung, um die Energiegewinnung marktfähig zu machen. Ist sie es einmal, kann sie wegen der dauerhaften Verfügbarkeit der Energieträger langfristig die fossilen Energieträger vollständig substituieren.

Effizienz bedeutet, die Ressourcen möglichst nutzbringend zu verwenden, und zwar in allen Wirtschaftsbereichen. Das betrifft also die erneuerbaren wie nicht erneuerbaren Ressourcen, aber vor allem den Bereich der Energie. Heute brauchen wir weniger Kraftstoff, um uns fortzubewegen, als vor 20 Jahren; die Autos sind sparsamer geworden. Wir beugen Wärmeverlusten durch Dämmung vor, und wir nutzen Wasser sehr viel bewusster. Technologien, mit denen Ressourcen effizienter genutzt werden können, sind ein wichtiger Wachstumsmarkt.

Produktionskreisläufe zu schließen ist dem Vorbild der Natur abgeschaut, sie produziert keine Abfälle. Das ist einfacher gesagt als getan, denn entweder müssen Abfälle weiter bearbeitet und wieder als Rohstoffe verfügbar gemacht werden (was mitunter einen hohen energetischen Aufwand bedeuten kann), oder Produktions- und Konsumtionsketten so entworfen werden, dass sie von der Wiege zur Wiege gehen (»cradle-to-cradle«). Es geht um nicht weniger als die Integration der technischen Welt in die natürliche, um eine »metabolisch naturintegrierte Industriegesellschaft«, wie Joseph Huber dies einmal bezeichnet hat.[59]

Die Ordnungspolitik ist die letzte große und vielleicht wichtigste Strategie des Umgangs mit knappen Gütern. Politik

---

59 Joseph Huber, »Industrielle Ökologie: Über Konsistenz, Effizienz und Suffizienz in zyklusanalytischer Betrachtung«, in: Rolf Kreibich/Udo E. Simonis (Hrsg.), *Global Change – Globaler Wandel. Ursachenkomplexe und Lösungsansätze.* Berlin 2000, 107–125, 109.

kann den Zugang zu knappen Gütern beschränken, reglementieren, ja sogar verbieten. Der Markt selbst ist normativ blind. Er reagiert zwar auf Knappheitssignale, aber nur in der kurzen Frist. Zudem sind einige Knappheitssignale nicht Bestandteil des Produktpreises. Wenn die Abfälle eines Produktionsprozesses in die Umwelt entlassen werden, wird dies häufig zu Lasten der Allgemeinheit getan. Der Staat kann aber dafür sorgen, dass diese Kosten eingepreist werden, etwa durch Steuern oder einen Zertifikatehandel wie bei den CO_2-Emissionsrechten. Der Staat kann darüber hinaus Verbote aufstellen. So hat man die sogenannten Fluorchlorkohlenwasserstoffe, die einmal als Kältemittel in Kühlschränken und als Treibgas in Deodorants benutzt worden sind, in den neunziger Jahren verboten, weil sie die Ozonschicht erheblich schädigen. Dies war auch deshalb erfolgreich, weil es nur wenige Hersteller der Fluorkohlenwasserstoffe gab, aber mehr noch, weil schnell Ersatz gefunden wurde. Wir brauchen die FCKW nicht mehr. Schließlich kann der Staat Obergrenzen für den Gebrauch eines Gutes festlegen, positive oder negative Anreize schaffen für den Konsum oder die Produktion von Gütern oder durch aktive Forschungs- und Innovationsförderung nicht marktfähigen Technologien Marktzugänge eröffnen. Schließlich und letztlich kann der Staat durch die Formulierung von Curricula umweltbewusste Lernziele fördern und Konsumentenverhalten langfristig beeinflussen. Freilich, soviel sei schon einschränkend gesagt, gegenüber den immer neue Nachfrage künstlich erzeugenden Funktionskräften des Marktes reicht eine Lernzielorientierung auf umweltbewusstes Verhalten vermutlich nicht aus, wenn es nicht durch eine normative Grundierung verstärkt wird. Diese kann vor allem aus einem christlichen Menschen- und Weltbild erwachsen.

Meilensteine des Nachhaltigkeitsdenkens

Im Frühjahr 1891 berichtete die französische Zeitschrift *L'Il-lustration* über eine eigenartige Aktion: Auf Geheiß der französischen Regierung wurden in der Seine bei Paris 40 000 Jungfische ausgesetzt, die eigens zuvor gezüchtet worden waren. Damit sollte versucht werden, die nicht mehr vorhandenen Fischbestände wieder aufzufrischen. Der Fluss war also weitgehend leblos. Aber wie waren diese Fischbestände abhandengekommen? Im Winter zuvor hatte man versucht, die Seine eisfrei zu halten und dabei eine neue Erfindung verwendet: Dynamit. Damit hatte man die Seine eisfrei bekommen, aber eben auch weitgehend fischfrei. So musste jetzt Ersatz her, teuer bezahlt und aufwändig transportiert, um den Schaden wieder zu beheben.

Nun ist diese kleine Anekdote aus vielerlei Gründen aufschlussreich. Sie zeigt zum einen, dass wir manchmal über die Nebenwirkungen unseres technologischen Fortschritts nichts wissen oder ihnen zu wenig Beachtung schenken. Hierzu gibt es eine Reihe von Beispielen, bei denen wir aus Schaden klug geworden sind. In den zwanziger und dreißiger Jahren etwa war es Mode, Körperbehaarung mittels Röntgenstrahlung zu beseitigen – Nebeneffekte bemerkte man erst später. Oder das dramatische Beispiel des Arzneistoffes Thalidomid, der als Schlaf- und Beruhigungsmittel Ende der fünfziger Jahre unter dem Namen »Contergan« in den Handel kam. In all diesen Fällen sind wir aus Schaden klug geworden, was aber nicht heißt, dass wir nicht bereit sind, umstandslos neuen Schaden anzurichten.

Die Wurzeln des Nachhaltigkeitsdenkens gehen auf ähnlich dramatische Ereignisse zurück.[60] Im 17. Jahrhundert bemerkte

---

60 Zur Geschichte der Nachhaltigkeit besonders: Ulrich Grober, *Die Entdeckung der Nachhaltigkeit. Kulturgeschichte eines Begriffs.* München 2010; Jeremy L. Caradonna, *Sustainability. A History.* Oxford und New York 2014.

man, dass die zunehmende Nutzung des Waldes, die teilweise zu einer Entwaldung ganzer Landstriche führte, zwei Konsequenzen hatte. Zum einen fiel Holz dadurch als dauerhafte und berechenbare Einnahmequelle weg. Das war gerade im Zeitalter des Merkantilismus problematisch. Der Reichtum eines Staates spiegelte sich nach merkantilistischer Auffassung unter anderem in den Rohstoffen, und Holz war hier ein wichtiger Bestandteil. Die Mittel waren notwendig, um die fürstliche Hofhaltung zu sichern, vor allem aber zur Unterhaltung der stehenden Heere, die die Macht eines Staates repräsentierten.

Darüber hinaus hatte die Entwaldung auch nachteilige Konsequenzen für die Böden: Es kam zu Bodenerosionen und einer geringeren Nutzbarkeit auch für landwirtschaftliche Zwecke, mit direkten Konsequenzen mitunter für den Staatshaushalt. Die ersten Überlegungen in Richtung einer Begrenzung der Waldnutzung und einer Aufforstungspolitik stellten in den 1660ern John Evelyn in England und Jean Baptiste Colbert in Frankreich an; aber erst der sächsische Beamte Hans Carl von Carlowitz entwickelte mit seinem 1713 erschienenen Handbuch der Baumzucht[61] eine systematische Grundlage der Bewirtschaftung des Waldes und führte in diesem Zusammenhang auch den Begriff der Nachhaltigkeit ein. Gemeint war damit, nicht mehr Holz abzubauen, als nachwächst, also ein Wirtschaften mit dem Rhythmus der Natur. Dies war für Carlowitz der Königsweg für nachhaltigen Wohlstand, denn von Wachstum war an dieser Stelle noch nicht die Rede.

Nachhaltigkeit ist also zunächst eine Antwort auf eine falsche Bewirtschaftung natürlicher Ressourcen, die sich nicht nur in Europa, sondern von der Grundidee her auch in Japan

---

61 Der vollständige, zeitgemäß eher umständlich formulierte Titel war: *Sylvicultura oeconomica, oder haußwirthschaftliche Nachricht und naturmäßige Anweisung zur wilden Baum-Zucht.*

entwickelt hat. Es ist ein Konzept der vorindustriellen Zeit, das noch nicht von stetigem Wachstum ausgeht, aber gerade in der industriellen Welt seine besondere Bedeutung erhalten hat.

Der moderne Diskurs der Nachhaltigkeit ist in ein Umfeld eingebettet, in dem Wachstum zur Notwendigkeit geworden scheint und die Folgen des Wachstums zum scheinbar unabwendbaren Schicksal. Zwei Bestseller, im Abstand von etwas mehr als einer Dekade geschrieben, legen davon in besonderer Weise Zeugnis ab: Rachel Carsons Buch *The Silent Spring* aus dem Jahr 1962 und Hans Herbert Gruhls *Ein Planet wird geplündert* aus dem Jahr 1975.[62] Sie stehen nicht alleine, aber beleuchten doch eine Reihe von Fragen, die für das Thema Nachhaltigkeit wichtig sind.

Rachel Carsons Buch war ein internationaler Erfolg und die Autorin wurde bis in die Popkultur hinein bekannt: Der Cartoonist Charles M. Schulz, dem wir die Figur »Charlie Brown« verdanken, präsentierte Carson in zwei Strips gar als Rollenvorbild für Mädchen.[63] Carson hatte schon in den fünfziger Jahren mehrere populäre Bücher zu Fragen der Meeresbiologie geschrieben, die auch ins Deutsche übersetzt wurden. Sie beschäftigte sich thematisch stark mit natürlichen Systemen und kam von dort zu Fragen des Umweltschutzes. Im »stillen Frühling« thematisierte sie die Wirkung von Pestiziden, vor allem DDT. Dieses Produkt war wegen seiner insektiziden Wirkung seit Ende des Zweiten Weltkriegs im Großeinsatz in der Landwirtschaft. Carson wies nach, dass DDT sich in der

---

62 Rachel Carson, *Silent Spring*. Boston 1962; eine deutsche Ausgabe erschien bereits 1963 unter dem Titel »Der stille Frühling«; Herbert Gruhl, *Ein Planet wird geplündert. Die Schreckensbilanz unserer Politik*. Frankfurt am Main 1975.
63 Die Wirkung, die Carsons Buch hatte, ist dargestellt in http://www.environmentandsociety.org/exhibitions/silent-spring/overview und den danach folgenden Seiten; dort sind auch die Cartoons von Charles M. Schulz abgebildet.

Nahrungskette ansammelt und dem Menschen Schaden zufügt; vor allem sei es ursächlich auch für Vogelsterben verantwortlich. Sie entwarf die Vision einer Welt, in der die Himmel ruhig sind, weil die Vögel gestorben sind: vergiftet durch chemische Mittel wie Insektizide, Pestizide, Herbizide und andere, die sie unter dem Sammelbegriff Biozide beschrieb. Zwar hatten chemische Mittel tatsächlich zu einer Steigerung der landwirtschaftlichen Produktion geführt, auch Krankheiten und Krankheitsträger dezimiert oder ausgerottet, aber die Biozide blieben im ökologischen Kreislauf der Natur präsent, konzentrierten sich und führten zu Nebenwirkungen, die nicht beabsichtigt, aber doch erheblich waren und sowohl Mensch als auch Umwelt schädigten. Carsons Untersuchungen führten unmittelbar zu einer heftigen Debatte über ökologische Konsequenzen moderner Chemie, in der sie auch persönlich angefeindet wurde. Am Ende aber überzeugten ihre akribischen Forschungsergebnisse, die sie mit einer Begabung für plastische Darstellung formuliert hatte. In den USA wurde am Ende DDT für die landwirtschaftliche Nutzung verboten und eine eigene Umweltschutzbehörde gegründet; auch in anderen Ländern schärfte der »stille Frühling« den Blick für die Gefahren des technischen (hier: chemischen) Eingriffs des Menschen in die Natur. Carsons Buch steht auch am Beginn einer ökologischen Bewegung in vielen Ländern, es trug bei zur Popularisierung des Umweltschutzgedankens und schärfte die Erkenntnis: In der Natur ist alles mit allem verbunden.

Carsons Buch griff implizit die dem Fortschrittsgedanken zugrunde liegende Rationalität an. Natürlich haben chemische Produkte dazu geführt, dass es dem Menschen besser geht, dass Krankheiten besiegt werden konnten und vieles mehr. Was aber waren die Konsequenzen, der Preis des Fortschritts? Welche Auswirkungen hat dieser Fortschritt auf unsere Umwelt, auf unser Leben, auf unsere Ernährung, auf unsere

Gesundheit? Wer die Frage vorurteilsfrei beantworten wollte, kam seit ihrem Buch nicht mehr um die Erkenntnis herum, dass der Fortschrittsoptimismus der immer besseren Beherrschung der Natur fragwürdig geworden war. Dazu war das Wissen der Menschen um die komplizierten Zusammenhänge der Natur zu begrenzt. Und wenn Schäden an der Natur und an der Gesundheit der Preis des Wachstums sind, welche Bedeutung soll dann Wachstum für unsere Lebensweise zukünftig haben?

Während sich Carson sehr spezifisch mit den Wirkungen von Bioziden auf den Naturkreislauf beschäftigte, war das Buch des damaligen CDU-Bundestagsabgeordneten Herbert Gruhl grundsätzlicher: Hier ging es um planetarische Grenzen und die Art und Weise, wie die Menschheit aufgrund ihrer Wirtschaftsweise dabei ist, den Planeten zu ruinieren. Gruhls Buch war in Deutschland ein großer Erfolg, obwohl es voller Zahlen, Diagramme und Formeln steckte. Dabei lag das Buch quer zu der damaligen Politik aller im Bundestag vertretenen Parteien. In der SPD herrschte noch eine Planungs- und Wachstumseuphorie, die davon ausging, dass man ein besseres Leben der Menschen auch durch politische Planung und Steuerung unterstützen könne. Ziel war es jedenfalls, durch Wachstum den Wohlstand zu steigern. Die Union sah dies nicht grundsätzlich anders, setzte jedoch die Akzente eher auf ein ausgewogenes Verhältnis der Gesamtziele, die im Stabilitäts- und Wachstumsgesetz genannt waren, und betonte stärker als die SPD die Freiheit und die positiven Folgen des Wettbewerbs. Von einer fundamentalen Gesamtkritik am Wachstumsmodell, wie sie Gruhl vortrug, waren also beide Parteien weit entfernt. Für Gruhl selbst war, wie er später einmal schrieb, schon das Stabilitäts- und Wachstumsgesetz von 1967 ein Verrat an den Prinzipien der Sozialen Marktwirtschaft und dem Erbe Ludwig Erhards, weil damit ein verhängnisvoller Weg beschritten worden sei, der die Sinnerfüllung der Wirtschaft nicht mehr im Menschen, sondern im Wachstum sehe.[64]

Gruhl trug viele seiner Thesen im Stil apodiktischer Gewissheit vor. So benannte er einige zentrale Grundirrtümer der gegenwärtigen Gesellschaftsordnung: den Irrtum, die Erde sei unendlich, der Mensch verfüge über unbegrenzte Möglichkeiten, den Irrtum, Wissenschaft und Technik dienten dem Fortschritt oder steigender Wohlstand mache den Menschen glücklich. Gruhl betonte demgegenüber die planetarischen Grenzen, die Möglichkeit des Menschen zur Selbstausrottung sowie die Verelendung des Erdballs durch verfehlte Wirtschaftsstrukturen. Als Hauptverursacher dieser katastrophischen Entwicklung machte er die Wachstumsideologie aus, und zwar sowohl in kapitalistischen als auch in sozialistischen Wirtschaftssystemen. Er forderte eine planetarische Wende und eine Form der Gleichgewichtswirtschaft, die letztlich nur durch materielle Beschränkung und Verzicht zu erreichen sein würde – ein tief pessimistisches Buch, vor allem aber: ein für die damalige Zeit vermutlich auch verstörendes Buch.

Die Bücher von Carson und Gruhl sind aufschlussreich, weil sie auch eine Erweiterung des Themenfelds in der Frage von Nachhaltigkeit und Umweltschutz deutlich machen. Während Carson den technischen Möglichkeiten und dem Wachstum positiv gegenüberstand, hatte sich bei Gruhl die Sicht sowohl auf Fortschritt als auch auf Technologie dunkel eingefärbt.

Während es bei Carson noch um die Auswirkungen von Wirtschaft und Technologie auf ein regional begrenztes Ökosystem ging, thematisierte Gruhl die Erde als Ökosystem. Fragen der Nachhaltigkeit waren global geworden. Was war in

---

64 Herbert Gruhl, »Der Verrat an Ludwig Erhard«, *Der Spiegel*, 20. Juni 1983 (http://www.spiegel.de/spiegel/print/d-14018071.html).

der Zwischenzeit passiert? Da ist zum ersten der Wechsel der Perspektive zu nennen, den im Dezember 1968 der erste bemannte Raumflug mit sich gebracht hatte, der den Erdorbit verließ und den Mond umrundete. Die Bilder von Apollo 8 zeigten erstmals die Erde, wie sie sich aus dem Weltraum darstellt: ein kleiner, blauer Planet in der Endlosigkeit des Weltalls. Der amerikanische Dichter, Schriftsteller und mehrfache Pulitzer-Preisträger Archibald MacLeish fand dafür in der Weihnachtsausgabe der *New York Times* folgende Worte:

> *»Wenn wir die Erde sehen, so wie sie wirklich ist, wie sie so klein und blau und wunderschön in der ewigen Stille schwebt, dann sehen wir uns als gemeinsame Reisende auf dieser Erde, als Brüder auf dieser hell strahlenden, anmutigen Schönheit in der ewigen Kälte, als Brüder, die nun wissen, dass sie wirklich Brüder sind.«*[65]

Eine Aussage voller Pathos, und doch hat das Bild der Erde, von Apollo 8 aufgenommen, schnell ikonografischen Charakter erlangt. Gesellschaften, ja Staaten waren darauf nicht zu sehen, sondern nur der Lebensraum des Planeten Erde. Dies war der Startschuss für ein globales Bewusstsein.

Ganz im Sinne des globalen Bewusstseins und mit durchaus ähnlich durchschlagenden Wirkungen publizierte der Club of Rome im Jahre 1972 eine wegweisende Studie über die Grenzen des Wachstums.[66] Die Studie war in vielerlei Hinsicht

---

65 Das Originalzitat lautet: »To see the earth as it truly is, small and blue and beautiful in that eternal silence where it floats, is to see ourselves as riders on the earth together, brothers on that bright loveliness in the eternal cold – brothers who know now they are truly brothers.« Archibald MacLeish, »Riders on the Earth Together, Brothers in Eternal Cold«, New York Times 25. Dezember 1968; meine Übersetzung.

66 Donella H. Meadows/Dennis L. Meadows/Jørgen Randers/William W. Behrens III., *The Limits to Growth*. New York 1972, deutsche Ausgabe: *Die Grenzen des Wachstums. Bericht des Club of Rome zur Lage der Menschheit.* Stuttgart 1972.

außergewöhnlich. Sie war eine der ersten groß angelegten Simulationsstudien mithilfe eines Computers. Dabei nahmen die Forscher fünf Grundtendenzen in den Blick: die Bevölkerungsentwicklung, die Industrialisierung, die Unterernährung, die Umweltverschmutzung und die Ausbeutung von Rohstoffen. Die eher pessimistisch stimmende Prognose lautete, dass bei fortgesetzter Entwicklung die absoluten Wachstumsgrenzen innerhalb eines Jahrhunderts erreicht sein würden. Die Stärke der Studie bestand darin, dass sie die Wechselwirkungen der Grundtendenzen auch in den Blick nahm: Welche verstärkten sich gegenseitig, welche nicht? Darüber hinaus lieferte sie erstmals ein empirisch belastbares Szenario der künftigen Entwicklung. Für die Autoren war dabei klar, dass man von dem bisherigen Wachstumsmodell Abschied nehmen und zu einem Gleichgewichtsmodell des Wirtschaftens kommen müsse, wenn Leben auf der Erde langfristig ermöglicht werden solle.

Es ist hier nicht der Platz für eine kritische Würdigung der Studie. Einige Vorhersagen haben sich als unzutreffend erwiesen, andere sind von beklemmender Aktualität.[67] Wichtig ist, dass nun das Thema Wachstum und Nachhaltigkeit als Menschheitsthema in die internationalen Beziehungen einfloss. Wenn Wachstum und Entwicklung solche erheblichen Probleme nach sich zogen, wie es die Studie behauptete, wie musste man dann mit dem berechtigten Wunsch der Entwicklungsländer umgehen, durch eine nachholende Entwicklung ebenfalls zu Wohlstand zu gelangen? Wie konnte dies organisiert werden, ohne das gemeinsame Überleben der Menschheit zu gefährden? In den folgenden Jahren rückte das Thema

---

67 Es gibt einige Nachfolgestudien mit verbesserter Methodik, besserer Rechenkapazität und genauerer Fragestellung, die aber vom pessimistischen Grundton der ursprünglichen Studie nicht abrücken. Zuletzt Jørgen Randers, *2052. Der neue Bericht an den Club of Rome. Eine globale Prognose für die nächsten 40 Jahre*. München 2012.

»Nord-Süd-Beziehungen« zunehmend auf die internationale Agenda, ohne allerdings den stärkeren Ost-West-Konflikt thematisch und politisch verdrängen zu können. So legte die sogenannte Nord-Süd-Kommission unter Willy Brandt 1980 einen viel beachteten Bericht vor, der noch heute aktuell ist. Die Kommission wandte sich gegen eine Gleichsetzung von Wachstum und Entwicklung und betonte, es gehe um qualitatives Wachstum. Neu ist auch die Betonung der Globalisierung und der damit verbundenen neuen Herausforderungen.

Einer der wichtigsten Bezugspunkte der Nachhaltigkeitsdebatte bis heute ist aber der sogenannte Brundtland-Bericht der UN-Kommission für Umwelt und Entwicklung aus dem Jahr 1987. Die Kommission unter der norwegischen Ministerpräsidentin Gro Harlem Brundtland hatte den Auftrag, Handlungsempfehlungen zu erarbeiten, wie eine dauerhafte Entwicklung erreicht werden könne. Dabei formulierte die Kommission eine bis heute noch unübertroffene Definition nachhaltiger Entwicklung. Danach ist die nachhaltige Entwicklung dadurch gekennzeichnet, dass sie den Bedürfnissen der heutigen Generation Rechnung trägt, ohne die Möglichkeit zukünftiger Generationen zu gefährden, ihre eigenen Bedürfnisse zu erfüllen.[68] Die nachfolgenden Generationen sollen also die gleichen Verwirklichungschancen haben wie wir selbst. Das Motto »Nach uns die Sintflut« kann unter dem Gebot der Nachhaltigkeit kein handlungsleitendes Motiv sein. Wir müssen uns vielmehr Rechenschaft darüber ablegen, ob und inwieweit wir mit unserem Produktions- und Konsumtionsstil die Lebenschancen unserer Nachkommen beeinträchtigen.

---

68 »Sustainable development is development that meets the needs of the present without compromising the ability of future generations to meet their own needs.« World Commission on Environment and Development, *Our Common Future* (http://www.un-documents.net/our-common-future.pdf), Kapitel II, Absatz 1.

Dabei geht der Brundtland-Bericht nicht von einem Wachstumsverzicht aus, sondern ist durchaus noch der Idee des Fortschritts verpflichtet. Heutige und künftige Generationen sollen und müssen sich nicht mit dem zufriedengeben, was sie haben. Vielmehr meine nachhaltige Entwicklung einen Prozess des Wandels, in dem die Nutzung der Ressourcen, die ökonomischen Investitionen, die technologische Entwicklung und der institutionelle Wandel harmonisch ineinandergreifen und die heutigen und künftigen Möglichkeiten der Menschen, ihre Bedürfnisse und Hoffnungen erfüllen zu können, erweitern.[69]

Der Brundtlandt-Bericht hatte die Einberufung einer Konferenz für Umwelt und Entwicklung vorgeschlagen. Diese fand 1992 in Rio de Janeiro statt und ist unter dem Namen »Erdgipfel« bekannt geworden. Hier wurde die Nachhaltigkeitsagenda international verankert. Gegenüber dem Brundtland-Bericht ging es in Rio darum, einen bestimmten Grad an Verbindlichkeit in den Handlungsempfehlungen zu erreichen. Dabei wurden umweltpolitische und entwicklungspolitische Themen miteinander verschränkt. Insgesamt fünf Dokumente wurden verabschiedet. Die Deklaration zu Umwelt und Entwicklung legt in 27 Prinzipien die Grundlagen fest. Erstmals wurde das Recht auf Entwicklung festgeschrieben, sowohl individuell wie kollektiv. Die entwickelten Staaten haben ihre Verantwortung anerkannt, die ihnen als Hauptverursachern der ökologischen Probleme zukommt. Die Staaten verpflichten sich zum Abbau nicht nachhaltiger Produktions- und Konsumtionsweisen, zur Erhaltung, zum Schutz und zur Wiederherstellung von Gesundheit und Unversehrtheit des Öko-

---

69 Im Original: »In essence, sustainable development is a process of change in which the exploitation of resources, the direction of investments, the orientation of technological development, and institutional change are all in harmony and enhance both current and future potential to meet human needs and aspirations.« Kapitel II, Absatz 15.

systems Erde und zur Beseitigung von Armut und dem Abbau von Ungleichheiten. Die übrigen Dokumente füllen diese Absichtserklärungen weiter aus. Die Biodiversitätskonvention stellt den Schutz der Artenvielfalt in den Mittelpunkt und enthält Verpflichtungen über den Schutz von Tier- und Pflanzenarten, der nachhaltigen Nutzung biologischer Ressourcen und der gerechten Aufteilung der Vorteile, die sich aus der Nutzung genetischer Ressourcen ergeben. Die Waldgrundsatzerklärung formuliert Grundsätze für die Bewirtschaftung und Erhaltung der Wälder der Erde, allerdings ohne ein hohes Maß an Verbindlichkeit erreichen zu können. Bekannter wurden zwei andere Dokumente des Rio-Prozesses: die Klimarahmenkonvention zum Schutz der Erdatmosphäre, in der es um Maßnahmen gegen die globale Erderwärmung geht, und die Agenda 21, in der die Umsetzung des Nachhaltigkeitsleitbildes gefordert ist. Hier werden internationale Organisationen und nationale Regierungen angesprochen, aber auch lokale Initiativen ermutigt. Gerade die Agenda 21 hat sich in Deutschland in einer Vielzahl lokaler Initiativen konkretisiert und ergänzt den Umweltschutz durch Initiativen von unten (»global denken, lokal handeln«).

Die Rio-Konferenz hat eine Unzahl von Folgekonferenzen nach sich gezogen, von Deklarationen, Zielerklärungen, Verträgen, Rahmenvereinbarungen. Dies zeigt, dass das Thema Nachhaltigkeit seither fest auf der internationalen Tagesordnung steht, wenngleich die günstigen kooperativen Bedingungen der Zeit nach dem Ende des Ost-West-Konflikts heute nicht mehr gegeben zu sein scheinen. Wichtig für die Debatte um die Nachhaltigkeit sind indes zwei Punkte: die Verknüpfung von lokaler und globaler Ebene und die Bestimmung der Dimensionen der Nachhaltigkeit.

Nachhaltigkeit lässt sich seit der Achsenzeit der Entdeckung des globalen Bewusstseins (von den Bildern von Apollo

8 bis zum Erdgipfel) nicht mehr nur im Rahmen der klassischen begrenzten Wirtschaft verstehen. Die forstlichen Ratschläge von Carlowitz bewegten sich in einem nationalökonomischen Rahmen, und selbst bei Rachel Carson ist der globale Aspekt der Bedrohung nur ansatzweise spürbar. Über Nachhaltigkeit sprechen heißt heute, über einen globalen Wirtschaftsraum zu sprechen. Allerdings ist festzuhalten, dass es für diesen globalen Wirtschaftsraum keinen handlungsfähigen politischen Akteur gibt. Der Staat kann die Wirtschaft im Rahmen seines Territoriums regulieren und kontrollieren, und zwar verbindlich. Das Auseinanderfallen von Wirtschafts- und Umweltraum und politischer Herrschaft in der Globalisierung stellt eines der drängendsten Probleme der Nachhaltigkeit dar. Es ist noch verschärft worden durch eine Denkweise, die gerade nach dem Ende des Ost-West-Konflikts aufkam: die Idee, der menschlichen Wohlfahrt sei besser gedient, wenn der Einfluss des Staates zurückgedrängt werde und der Markt alle anstehenden Probleme in die Hand nehme. Liberalisierung, Deregulierung und Privatisierung führen aber in aller Regel nicht zu Nachhaltigkeit; diese bedarf zunächst der ordnungspolitischen Tätigkeit des Staates als Hüter des Gemeinwohls.

Nachhaltigkeit bezieht sich, soviel ist deutlich geworden, nicht nur auf die ökologische Dimension. Es sind im Wesentlichen drei Dimensionen, die dem Begriff der Nachhaltigkeit heute Profil geben: die ökologische, die ökonomische und die soziale Dimension.[70] Ökonomisch geht es darum, tragfähige Strukturen des Wirtschaftens zu schaffen; Wirtschaft soll auf Dauer betrieben werden können. Nicht nachhaltig sind dem-

---

70 Dazu ausführlich der Abschlussbericht der Enquete-Kommission des Deutschen Bundestages »Schutz der Menschen und der Umwelt – Ziele und Rahmenbedingungen einer nachhaltig zukunftsverträglichen Entwicklung«, Bundestags-Drucksache 13/11200 vom 26. Juni 1998 (http://dip21.bundestag.de/dip21/btd/13/112/1311200.pdf), 16–30.

nach beispielsweise Wirtschaftsstrategien, die auf dauerhafter Überschuldung beruhen oder auf nur kurzfristiger Gewinnmaximierung. Die Wirtschaftsweise, die Susan Strange einmal als »Kasino-Kapitalismus« beschrieben hat, ist ebenso wenig nachhaltig wie die »Ökonomie der Kurzfristigkeit«. Leitbild nachhaltigen Wirtschaftens wäre demgegenüber etwa ein Familienunternehmen, das auf Dauer und auf die Weiterführung durch die nachfolgende Generation angelegt ist und sich durchaus mit einer niedrigen Eigenkapitalrendite zufriedengeben kann.

Ökologische Nachhaltigkeit bezieht sich auf die Nutzung natürlicher Ressourcen: auf ihre Nutzung im Rahmen ihrer Erneuerungsfähigkeit, auch mit Blick auf die Senken. Schließlich die soziale Nachhaltigkeit: Sie beinhaltet den Verteilungsaspekt. Sozial nachhaltig ist eine Gesellschaft dann, wenn sie die Möglichkeit der Entfaltung des Einzelnen in einem sozial ausgeglichenen Gesellschaftsgefüge sicherstellt. Wohlgemerkt, wir sprechen nicht von Gleichheit, wohl aber von der Vermeidung krasser Ungleichheit, weil dies als nicht nachhaltig angesehen wird. »Jedes Reich, das in sich selbst gespalten ist, geht zugrunde« (Matthäus 12,25): Der Grundgedanke der sozialen Nachhaltigkeit ist, dass Gesellschaften nicht in einem Maße sozial in sich gespalten sein dürfen, dass sie daran scheitern.

Eine häufig geführte Debatte ist, ob die drei Dimensionen der Nachhaltigkeit gleichberechtigt sind oder nicht. Diejenigen, die eine gleiche Wertigkeit behaupten, werden als Vertreter der »schwachen Nachhaltigkeit« bezeichnet. »Starke Nachhaltigkeit« geht hingegen davon aus, dass es einen Vorrang der ökologischen Nachhaltigkeit gibt.[71] Die Vertreter einer schwachen Nachhaltigkeit vertreten die Auffassung, dass der Verlust an natürlichem Kapital (also Ressourcen der

---

71 Vgl. Konrad Ott, *Umweltethik zur Einführung*. Hamburg 2010, 163–192.

Natur) durch Künstliches ausgeglichen werden kann. Damit wird der natürlichen Umwelt, dem natürlichen Kapital, kein Vorrang eingeräumt, wenn es durch andere Human- oder Sachkapitalien ausgeglichen werden kann; entscheidend ist die Kapitalsumme. Nachhaltigkeit wäre dann bestimmt als konstante (oder steigende) Gesamtsumme von Humankapital, natürlichem Kapital und Sachkapital. Das scheint aber aus mehreren Gründen nicht plausibel zu sein. Zum ersten können wir nicht die langfristigen Wirkungen eines vollständigen Verlusts von Naturkapital in einem bestimmten Bereich abschätzen. Wir mögen in der Lage sein, bestimmte Stoffe durch Technologie zu ersetzen, aber das betrifft nur die Produktion. Welche Auswirkungen dies auf die Ökosysteme und auf unser Leben hat, können wir nicht vorhersehen – und daher auch nicht in eine Kosten-Nutzen-Rechnung einbringen. Darüber hinaus haben Bestände des Naturkapitals häufig mehrere Funktionen, und wir müssten sicherstellen, dass wir alle Funktionen in den ökologischen Regelkreisläufen kennen, bevor wir diese Bestände zum Gegenstand weitgehenden Abbaus machen.

Zweitens: Selbst wenn wir Natur durch bestimmte andere Kapitalien ersetzen, wissen wir nichts über die Präferenzen der nächsten Generationen. Wir setzen ein Einverständnis in eine von uns vorgenommene Pfadfestlegung voraus, was vielleicht problematisch ist. Konrad Ott führt dafür als Extrembeispiel die Pazifikinsel Nauru an, deren Naturkapital weitgehend aufgebraucht ist, deren Bewohner aber durch Renten aus Kapitalerträgen ein auskömmliches Leben haben. Rein formal ist damit dem Erfordernis schwacher Nachhaltigkeit Genüge getan, das Vorgehen hinterlässt aber einen bitteren Nachgeschmack, von der Volatilität der Finanzanlagen einmal abgesehen. Das Beispiel ließe sich noch weiterspinnen. Gesetzt den Fall, die Bewohner einer Insel haben in einem faustischen Pakt

der vollständigen Zerstörung ihrer natürlichen Umwelt zuge-
stimmt. Im Gegenzug erhalten sie für alle Zeiten genügend
Mittel zur Produktion und Konsumtion, und die soziale Stabi-
lität ihrer Gesellschaft bleibt garantiert. Hätten künftige
Generationen nicht auch ein Recht am Schönen der Natur?
Hätten künftige Generationen nicht auch ein Recht darauf,
ihre eigenen Entscheidungen zu treffen hinsichtlich der
Balance von Gütern?

Mir scheint es mithin gute Gründe zu geben, von einer
Konzeption starker Nachhaltigkeit auszugehen. Das tut der
Sachverständigenrat für Umweltfragen ebenso.[72] Starke Nachhaltigkeit heißt mithin: Die einzelnen Dimensionen des Nach-
haltigkeitsbegriffs sind nicht beliebig ersetzbar, sondern die
ökologische Dimension hat Vorrang. Wir leben und wirtschaften in einer natürlichen Umwelt und nicht nur mit ihr. Das hat
für unseren Umgang mit natürlichen Ressourcen Konsequenzen: Erneuerbare Naturgüter dürfen auf Dauer nur im Rahmen ihrer Fähigkeit zur Regeneration genutzt werden. Nicht
erneuerbare Naturgüter dürfen auf Dauer nur in dem Umfang
genutzt werden, wie ihre Funktionen durch andere Materialien
oder durch andere Energieträger ersetzt werden können. Und
schließlich: Die Freisetzung von Stoffen oder Energie darf auf
Dauer nicht größer sein als die Anpassungsfähigkeit der Ökosysteme. Diese als ökologische Managementregel bekannte
Forderung hat sich die Bundesregierung zu eigen gemacht und
sie zugleich als Grundregel der Nachhaltigkeit formuliert:

> *»Jede Generation muss ihre Aufgaben selbst lösen und darf sie
> nicht den kommenden Generationen aufbürden. Sie muss zugleich
> Vorsorge für absehbare zukünftige Belastungen treffen. Das gilt*

---

72 Umweltgutachten 2012: *Verantwortung in einer begrenzten Welt.* Berlin
   2012 (http://www.umweltrat.de/SharedDocs/Downloads/DE/01_
   Umweltgutachten/2012_06_04_Umweltgutachten_HD.pdf?__blob=
   publicationFile), Ziffer 41.

für die Erhaltung der natürlichen Lebensgrundlagen, für die
wirtschaftliche Entwicklung, den sozialen Zusammenhalt und
den demografischen Wandel.«[73]

Fassen wir kurz zusammen. Gegenüber ihren Ursprüngen im
18. Jahrhundert hat sich die Nachhaltigkeitsidee gewandelt.
Nachhaltigkeit war einmal ein ökonomisches Modell zur dauerhaften Wohlstandssicherung, heute ist sie ein vom Primat der
Ökologie bestimmtes Modell. Zweitens ist Nachhaltigkeit aus
dem Korsett des Nationalstaats und der Nationalökonomie
ausgebrochen und auch global geworden, sowohl in ihren
Herausforderungen als auch in ihren Antworten. Drittens vollzieht sich die Debatte über Nachhaltigkeit heute nicht in einer
statischen, sondern in einer dynamischen (Welt-)Gesellschaft,
die durch Wachstum geprägt ist. Viertens vollzieht sich Nachhaltigkeit nicht mehr vor der Folie eines ungebrochenen Fortschrittsglaubens, sondern eines brüchig gewordenen Hoff-
nungshorizontes. Und fünftens ist Nachhaltigkeit heute kein
Thema mehr, mit dem sich Spezialisten beschäftigen, sondern
sie befindet sich im Zentrum des politischen Nachdenkens als
Voraussetzung des Überlebens der Menschheit insgesamt.

Konsistenz, Effizienz, Suffizienz

Welche Probleme begegnen uns bei der Umsetzung eines
Konzepts der starken Nachhaltigkeit? Hier ist es sinnvoll,
noch einmal vertieft die bereits aufgeworfenen Fragen von
Effizienz und Konsistenz zu betrachten und auch die dritte, die

---

73 Bundesregierung, *10 Managementregeln der Nachhaltigkeit* (http://
www.bundesregierung.de/Content/DE/StatischeSeiten/Breg/
ThemenAZ/Nachhaltigkeit/nachhaltigkeit-2007-04-13-die-10-manage-
mentregeln-der-nachhaltigkeit.html?__site=Nachhaltigkeit).

nicht-technische Strategie der Suffizienz zu befragen, welchen Beitrag sie zur Nachhaltigkeit leisten kann.

Der Konsistenz als Nachhaltigkeitsstrategie geht es um die Schließung von Kreisläufen der Produktion und Konsumtion, wie wir bereits oben festgestellt haben. Hier haben wir es tatsächlich mit einer Hoffnung auf das technisch Machbare zu tun: Wenn es beispielsweise gelingt, CO_2 in großem Maßstab wieder in den Produktionsprozess einzuspeisen, wäre dies ein Durchbruch; bislang gibt es lediglich Ansätze, CO_2 in Ameisensäure (CH_2O_2) oder Methanol (CH_4O) umzuwandeln, aber nicht im großtechnischen Maßstab. Dies erscheint augenblicklich ökonomisch noch nicht tragfähig zu sein. Somit geht es bei Konsistenz eben um die geschlossenen Kreisläufe, aber auch um Positivenergiehäuser oder eine Produktion, an deren Ende wiederverwertbare Rohstoffe anfallen.

Effizienz zielt auf eine Verbesserung des Gebrauchs von Material und Energie. Vor allem Ernst Ulrich von Weizsäcker hat hierzu im Auftrag des Club of Rome viel beachtete Arbeiten vorgelegt, die sich mit einer Effizienzsteigerung um den Faktor vier bzw. fünf beschäftigen.[74] Die Anwendungsbeispiele sind breit gestreut: Einsatz neuer Technologien wie Dämmung, Digitalisierung, Übergang zu klimaneutralen Treibstoffen, Rückgewinnung von Wärme und Strom, Verwendung langlebiger Produkte, verbessertes Design, höhere Materialeffizienz, neue Eigentumsformen (teilen statt besitzen) und vieles mehr. Effizienz ist kein Verzicht auf Ressourcengebrauch, sondern lediglich die Eliminierung von Ressourcenverschwendung und eine andere Organisation der Ressourcennutzung. In einer wachsenden Wirtschaft erreichen Effizienzgewinne eine relative Abkopplung von den Wachstumsprozessen, aber keine absolute.

---

74 Ernst Ulrich von Weizsäcker u.a., *Faktor Vier: Doppelter Wohlstand – halbierter Verbrauch*. München 1997; Ders. u.a., *Faktor Fünf. Die Formel für nachhaltiges Wachstum*. München 2010.

Mit anderen Worten: Die Ressourcennutzung sinkt nicht im Vergleich zum Wachstumsniveau, sondern steigt weniger stark an oder stagniert.

Allerdings werden Effizienzgewinne häufig durch ein verändertes Konsumverhalten wieder ausgeglichen. Diesen Effekt nennt man »Rebound«, frei übersetzt: den Bumerang-Effekt. Diesem Effekt liegt folgendes Phänomen zugrunde: Wenn der Preis eines Gutes durch höhere Energie- oder Materialeffizienz sinkt, entsteht ein Anreiz, dieses Produkt häufiger zu nutzen. In einigen Fällen ist das unproblematisch, etwa im Bereich der Kommunikation, aber in anderen Bereichen werden Effizienzgewinne durch den Rebound-Effekt egalisiert oder mit einem negativen Vorzeichen versehen – in diesem Fall spricht man von Backfire-Effekten. Tatsächlich scheinen die direkten und indirekten Effekte von Reboundprozessen bislang eher unterschätzt worden zu sein.[75] Von direkten Reboundprozessen spricht man dann, wenn Effizienzgewinne direkt aufgezehrt werden; das Auto verbraucht weniger Sprit, ist also technisch effizienter, ich fahre es aber häufiger und verbrauche damit am Ende nicht weniger Energie. Von einem indirekten Reboundeffekt spricht man dann, wenn ich Energiesparlampen anbringe, gleichzeitig aber – weil der Strom ja billiger wird – mir weitere technische Geräte anschaffe und über diese der Effizienzgewinn wieder verloren geht. Oder, um ein anderes Beispiel zu nehmen: Ich dämme mein Haus und verbrauche weniger Energie und »leiste« mir von der Einsparung einen Flug nach Australien. Meine individuelle Energiebilanz hat sich damit nicht verbessert. Von Backfire-Prozessen spricht man dann, wenn nach der Effizienzsteigerung mehr verbraucht wird, also ich mir zwar Energiesparlampen

---

75 So der Abschlussbericht der Enquete-Kommission »Wachstum, Wohlstand, Lebensqualität« (2013), 435f.

kaufe, aber jetzt (weil es ja billiger ist) mein ganzes Haus auch von außen beleuchte und am Ende mehr Energie verbrauche als vorher. Der Rebound-Effekt ist eine Warnung: Technische Möglichkeiten alleine werden vermutlich nicht ausreichen, wenn Wachstum und Ressourcenverbrauch voneinander entkoppelt werden sollen. Es braucht mehr, und dieses Mehr hat mit der Einstellung der Menschen zum Konsum zu tun.

Konsum ist weitgehend positiv besetzt. Wir sind eine Konsumgesellschaft, und häufig wird unser sozialer Status auch darüber definiert, was wir konsumieren, was wir besitzen. »Mein Haus, mein Auto, mein Boot« – diese Werbung der Sparkasse, die vor wenigen Jahren über die Fernsehschirme lief, brachte diese Gleichsetzung von sozialem Status und Besitz auf den Punkt. Klug ist, wer viel konsumiert und dabei spart: »Geiz ist geil« war lange der Werbeslogan einer großen Elektronikhandelskette, die sich damit souverän über eine lange religiöse Tradition hinwegsetzte, nach der Geiz zu einem der Laster gehört, die die Wurzeln der Todsünde sind.

Diese Haltung des »Immer mehr«, die aus dem schon zuvor erwähnten *amor sceleratus habendi* erwächst, ist ein dritter Ansatzpunkt der Nachhaltigkeit. Braucht der Mensch immer mehr oder sind die wirklich wichtigen Dinge im Leben die, die man nicht kaufen kann? Suffizienz bedeutet in diesem Zusammenhang, sich von Zwängen des Konsums zu befreien und sich auf das zu besinnen, was dem Leben wirklich Sinn verleiht. Suffizienz heißt, sich zu beschränken. Sie ist eine Selbstbeschränkung, die dem Leben Maß gibt gegenüber dem Maßlosen der Konsumgesellschaft. Wie viele Schuhe brauche ich? Ist es besser, wenig gute zu besitzen als viele qualitativ schlechte? Ist es notwendig, in einem Haushalt mehrere Autos zu haben, die jeweils zu 95 % der Zeit nicht fahren? Es gibt Bereiche des menschlichen Lebens mit einer natürlichen Sättigungsgrenze. Ich kann pro Tag nicht mehr als eine bestimmte Anzahl von 3-Gänge-Menüs zu mir nehmen. Ich muss anerkennen, dass ich nicht beliebig viel Wein trinken oder Zigaretten rauchen kann. Hier sind mir Grenzen gesetzt, nicht aber in anderen Bereichen des Konsums: Ich kann dutzende Hemden, Anzüge, Schuhe besitzen, und zwar jenseits jeglicher funktionaler Erfordernisse. Dies verbraucht Ressourcen und ist ein Lebensstil, der nicht nachhaltig ist.

Oft wird behauptet: Suffizienz bedeutet Verzicht. Das ist eine irreführende Aussage. Suffizienz bedeutet eher eine Befreiung aus Zwängen, denn nicht jeder Verzicht ist ein Verlust. Suffizienz setzt eine Besinnung darauf voraus, was uns im Leben wichtig ist. Das ist im Dauerfeuer der Werbeindustrie nicht einfach und setzt einen Paradigmenwechsel voraus, der durch Erziehung und Bildung, aber auch durch positive Leitbilder erreicht werden kann. Erste Ansätze dazu sind bereits vorhanden, wenn wir der Lebensstilforschung Glauben schenken dürfen. Somit bedeutet Suffizienz die Rückgewinnung einer Freiheit und Unabhängigkeit, die in der Konsumgesellschaft verloren gegangen scheint. Sie setzt die Erkenntnis voraus, dass sich das Menschsein nicht im Materiellen manifestiert, sondern die Würde des Menschen etwas damit zu tun hat, dass er das Materielle übersteigt, sich nicht von ihm gefangen nehmen lässt. Suffizienz bedeutet, dass Glück, Wohlstand und Lebensqualität nur zu einem Teil durch den Verbrauch von Ressourcen bestimmt sind. Und dass diese Erkenntnis handlungsleitend wird.

Suffizienz schließlich bedeutet eine Besinnung auf das menschliche Maß – etwas, was allen Religionen und Weisheitsphilosophien gemein ist. Man mag sich schon bisweilen fragen, ob wir das Maß dessen verloren haben, was uns zuträglich ist. Die Beispiele sind zahlreich: Arbeit, die uns überfordert und krank macht; entfesselte Finanzmärkte, die mit der realen Volkswirtschaft nichts mehr zu tun haben und den Profit zum

Selbstzweck machen; Mobilitäts- und Siedlungsformen, die mit Lebensqualität wenig zu tun haben.[76] Wir wollen nicht leben wie die Mönche als Urbild genügsamen und gemeinschaftlichen Lebens, aber das Unbehagen an Strukturen und Lebensweisen, die uns tendenziell überfordern und uns nicht mehr »zu uns selbst« kommen lassen, ist groß. Suffizienz, das wäre ein Mittleres zwischen Mangel und Übermaß, zwischen Erfüllung und Erschöpfung.[77]

Wie eine solche Suffizienzpolitik aussehen könnte, haben Uwe Schneidewind und Angelika Zahrnt mit dem sogenannten ERGO-Ansatz formuliert.[78] Das Akronym ist dabei klug gewählt, denn das lateinische Wort *ergo* heißt »also«, es kennzeichnet mithin eine Folgerung aus einer Überlegung. Die Abkürzung besteht aus vier Teilen: Das Ermöglichen (E) soll dem Einzelnen die Fähigkeiten und Ressourcen eröffnen, suffizient leben zu können. Dabei geraten vier Bereiche besonders in den Fokus: die Bildungspolitik als Ort der Vermittlung von Orientierungs- und Handlungswissen, die Arbeitsmarktpolitik, die auch die Nichterwerbsarbeit anerkennt und ganzheitlich im Ansatz wird, die Verbraucherpolitik, die proaktiv in den Dienst der Nachhaltigkeit gestellt wird, und nicht zuletzt die Gesundheitspolitik, die präventiv und ganzheitlich ausgerichtet wird.

Das »R« steht für den Rahmen, in dem dies alles passiert. Es beinhaltet, Wohlstand nicht durch Wachstum, sondern durch ein alternatives Maß zu messen, das Auskunft darüber gibt, was den Menschen wichtig ist. Es bedeutet die Einrich-

---

76 Vgl. mit einer Fülle weiterer Beispiele für die Dysfunktionalität des modernen Lebens: Meinhard Miegel, *Hybris. Die überforderte Gesellschaft.* Berlin 2014.

77 Manfred Linz, *Weder Mangel noch Übermaß. Warum Suffizienz unentbehrlich ist.* München 2012.

78 Uwe Schneidewind/Angelika Zahrnt, *Damit gutes Leben einfacher wird. Perspektiven einer Suffizienzpolitik.* München 2013.

tung suffizienzfördernder Infrastrukturen (Radwege, Naherholungsgebiete, öffentliche Räume mit Verweilwert) und eine Wettbewerbsordnung, die die Gemeingüter schützt. Darüber hinaus bedarf es einer Verteilungspolitik, die nicht Gleichheit, aber doch mehr Gerechtigkeit in der Gesellschaft umsetzt.

Ein dritter Bereich ist das konkrete Gestalten der Politik. Hierfür steht das »G«. In der Stadtplanung geht es dabei um weniger Zersiedlung und höhere Wohnqualität; um intakte Quartiere mit einer Architektur nach menschlichem Maß; um andere Prioritäten in der Mobilität (sicherer, sauberer, leiser), und schließlich: um eine andere Ernährung (stärker regional und saisonal, langsam statt »fast food«, weniger fleischbasiert, weniger Fertiggerichte, weniger Abfall von Lebensmitteln).

Das abschließende »O« steht für »Orientieren«, das heißt für ein bewusstes Leben. Dazu gehören die vier »E«: Entschleunigung, Entflechtung, Entrümpelung, Entkommerzialisierung. Entschleunigung heißt: mehr Zeit für sich selbst haben, Zeitautonomie gewinnen, sich der Steigerungslogik und dem allgegenwärtigen olympischen Anspruch (»schneller, höher, weiter«) entziehen, der Verkürzung von Produktzyklen durch eingebaute Obsoleszenz, dem Anspruch, auch noch in seiner Freizeit Höchstleistungen vollbringen zu müssen. Entflechtung bedeutet: Sich regional orientieren, lokale und regionale Gemeinschaften und Identitäten stärken, anstatt sich mit dem zufrieden zu geben, was in der globalisierten Welt ohnehin mit Gleichheit geschlagen ist, lokale Produkte den mit hohem Aufwand herbeigebrachten vorziehen, mehr Transparenz für den Verbraucher. Das sind die zeitlichen und räumlichen Dimensionen der Orientierung in der Suffizienz. Entrümpelung bedeutet: Sich vom Ballast befreien, der sich ansammelt – oder den Ballast, der unser Leben »erstickt«, erst gar nicht entstehen lassen. Dazu gehören auch Modelle des Teilens und Tauschens statt Besitzens (der sogenannten »share economy«) und der Wiederverwertung von ausrangierten Produkten (Recycling). Entkommerzialisierung schließlich zielt auf eine Stärkung der Gemeinschaftsgüter, eine Verbesserung der öffentlichen Räume auch durch Zurückdrängung der kommerziellen Zumutungen und eine Höherbewertung nichtkommerzieller Fähigkeiten – einschließlich des Selbermachens, also der Fähigkeit, sich ohne Rückgriff auf den Markt zu versorgen, etwa bei kleineren Reparaturen oder durch den Anbau und die Verwertung eigener Lebensmittel.

ERGO macht deutlich: Es gibt viele Vorschläge zur Ausfüllung des Begriffs der Suffizienz, und viele davon scheinen unmittelbar einleuchtend und nachvollziehbar, weil sie mit ausgesprochenen oder unausgesprochenen Leitideen für ein gutes Leben zusammenhängen. Der große Philosoph und Soziologe Theodor W. Adorno hat einmal in der ihm eigenen apodiktischen Kürze und Schärfe festgestellt: »Es gibt kein richtiges Leben im falschen.« Diejenigen, die über Suffizienz nachdenken oder sie in Ansätzen bereits praktizieren, würden sagen: »Unsinn, ein solches Leben ist denkbar und damit auch möglich. Man muss es einfach versuchen. Es lohnt zumindest die Anstrengung.«[79]

Fassen wir kurz zusammen. Effizienz und Konsistenz sind notwendige technische Bedingungen der Nachhaltigkeit, Suffizienz die sie stützende hinreichende Bedingung. Es kann keine Entkopplung von Wachstum und Ressourcenverbrauch geben, ohne dass es gleichzeitig eine Suffizienzrevolution gibt. Die tief in uns eingefräste Mentalität des grenzenlosen Konsums schadet uns als Gemeinschaft. Gleichzeitig ist richtig: Suffizienz kann nicht durch den Staat verordnet werden. Es handelt sich um eine Lebensstilentscheidung, die aber von

---

79 Eine ganz konkrete Liste von Maßnahmen findet sich bei Manfred Linz, *Suffizienz als politische Praxis. Ein Katalog.* Wuppertal 2015 (http://epub. wupperinst.org/frontdoor/index/index/docId/5735).

religiösen Horizonten unterstützt werden kann. Vielleicht ist genau das eines unserer Probleme: Dass uns diese religiösen Horizonte abhandengekommen sind und wir die dadurch entstandene Lücke mit Orgien des Konsums und der Verschwendung zu füllen suchen. Suffizienz hat nämlich etwas zu tun mit der Idee des »guten Lebens«. Damit ist nicht ein Leben in Wohlstand und Reichtum gemeint, sondern ein Leben, dass sich über seinen Zweck Rechenschaft ablegen kann.

Strategien

Wenn man sich genauer ansieht, welche Strategien der Nachhaltigkeit wir zur Verfügung haben, dann fällt die Vielzahl der Antworten auf, die eine genaue Einordnung erschweren: Der Staat muss es machen, nur der Markt kann es richten, es kommt auf den Einzelnen an, wir brauchen radikale Lösungen, es ist eigentlich schon zu spät, wir müssen nur Innovation fördern, wir brauchen großtechnische Lösungen, es geht darum, die Erde widerstandsfähiger zu machen, wir brauchen ein Wachstum der Grenzen. Ich habe diese Schlagworte aufgeführt, weil damit deutlich wird, wie schwierig es ist, die unterschiedlichen Zugänge auseinanderzuhalten. Häufig überschneiden sich auch die Argumentationslinien. Aber im Wesentlichen sind es zwei Ausgangspunkte, die immer wieder die Debatte bestimmen: Die einen betonen die Rolle der Wünsche und Bedürfnisse des Menschen, die anderen die Möglichkeiten des Menschen.

Fangen wir mit Letzterem an. Dort, wo die Rolle der Möglichkeiten des Menschen betont wird, sind auch die Debatten um Effizienz und Konsistenz beheimatet. Ganz überspitzt könnte man formulieren: Technikfolgen werden durch Folgetechnik erledigt. Die Menschen haben es bislang noch immer geschafft, ihre selbst gemachten Probleme zu lösen, jedenfalls im Großen und Ganzen. Deswegen ist Wachstum auch nicht von Übel, solange es vernünftig gesteuert werden kann. Das ist im Wesentlichen der Ansatz der liberalen und der grünen technikoptimistischen Sicht.

Die liberale technikoptimistische Sicht plädiert dafür, weiterhin auf Wachstum und Innovation zu setzen, um die drängenden Probleme der Menschheit lösen zu können. Gerade auch die ökologischen Folgen des bisherigen Wachstums könnten am ehesten durch technische Innovationen (und damit letztlich auch Wachstum) gelöst werden – sei es die Substitution von klimaschädigenden Stoffen und Formen der Energieerzeugung oder die Möglichkeit, Abfälle durch Weiterbearbeitung wieder in den Produktionskreislauf einzubringen. Die Verbreiterung des technischen Wissens helfe letztendlich, Technikfolgen zu neutralisieren; ein Verzicht auf Wachstum käme einer Kapitulation vor den ökologischen und sozialen Problemstellungen gleich, denen sich die Menschheit gegenübersieht.[80] Wachstum wird damit auch zu einem moralischen Imperativ. Nur Wachstum ermöglicht Entwicklung, und deshalb werden beide Begriffe in der liberalen technikoptimistischen Sicht auch gerne gleichbedeutend verwendet.

Die grüne technikoptimistische Sicht betont die Rolle des Staates beim ökologischen Umbau der Gesellschaft und als Nachfrager für eine konsequente Umstellung auf ökologische Nachhaltigkeit. Sie teilt mit der liberalen technikoptimistischen Sicht die Annahme, dass Wachstum durch technische Innovation generiert werden kann, verbindet dieses aber mit einem ökologischen Umbau der Gesellschaft.[81] Die Selbstge-

---

80 Vor allem Karl-Heinz Paqué, *Wachstum!* München 2010.
81 Martin Jänicke, *Megatrend Umweltinnovation: Zur ökologischen Modernisierung von Wirtschaft und Staat.* München 2008; Ralf Fücks, *Intelligent wachsen. Die grüne Revolution.* München 2013.

fährdung der Moderne könne mit Mitteln der Moderne überwunden werden; es bedürfe aber einer erneuten Vergewisserung über die Grundprinzipien der Moderne, ihrer Reflexion auf sich selbst.[82]

Beide Positionen bewegen sich im Rahmen der bestehenden Wirtschafts- und Gesellschaftsordnung, unterscheiden sich aber bei der Frage, welche Rolle der Staat spielen soll. Die liberale Variante gibt sich mit wenigen staatlichen Leitplanken zufrieden und setzt auf die Selbstheilungskräfte des Marktes durch Knappheitssignale, Wettbewerb und Innovation. Das Modell des grünen Wachstums setzt auf einen starken Staat, der Wachstum in einigen Bereichen fördert, in anderen aber unterbindet; dies wird mit einem ökologisch-sozialen Umbau der Gesellschaft verbunden.

Die konservative wie auch die christliche Sicht setzt bei den Bedürfnissen des Menschen an. Beide schauen zunächst einmal nicht auf die Rolle von Wachstum und Innovation, sondern fragen sich: Was braucht der Mensch? Im konservativen Duktus geht es dann um die Wiedergewinnung von Maß und Mitte. Der Konservative beklagt die Wirkungen, die ungehemmtes und ungebremstes Wachstum auf die Institutionen menschlichen Zusammenlebens hat, und bringt die gesellschaftlichen, kulturellen und sozialen Verluste in die Bilanz des Wachstums ein. Gleichzeitig erinnert er daran, dass es jenseits von Angebot und Nachfrage Dimensionen des Menschseins gibt, die sich den ökonomischen Kalkülen entziehen. Wachstum ist aus dieser Sicht von Wohlstand entkoppelt und hat die Tendenz, sich gegen die Lebensqualität zu richten. Deshalb ist es nur richtig, Wohlstand ohne Wachstum zu denken.[83]

---

82 Michael Müller/Johano Strasser, *Transformation 3.0. Raus aus der Wachstumsfalle*. Berlin 2011.
83 Meinhard Miegel, *Exit. Wohlstand ohne Wachstum*. Bonn 2010.

Das wird aus der christlichen Perspektive ganz ähnlich gesehen. Maßhalten unterstellt die Leidenschaften des Menschen der Kontrolle von Gewissen und Vernunft. Es ist eine Tugend, die dem menschlichen Leben Orientierung und Grenze gibt. Die menschliche Freiheit darf nicht aufs Spiel gesetzt werden dadurch, dass sich der Mensch dem Konsum unterwirft. Wenn sich der Mensch seinen Artefakten unterwirft, verliert er seine Freiheit. Dies tut er dann, wenn er sich über seinen Konsum definiert; darin liegt jedoch nicht das Wesen des Menschen, sondern in seiner spirituellen, seiner geistigen Dimension. Er kann also durch zu viel Konsum seine Wesensbestimmung verfehlen und ein falsches Leben führen und die falschen Götzen anbeten: Reichtum, Besitz, Ansehen, Macht. Es fehlt nicht an Stimmen, die eine Umkehr fordern und gerade das kapitalistische System mit seiner Möglichkeit, Bedürfnisse nicht nur zu befriedigen, sondern auch zu wecken, als einen zentralen Urheber der Krise unserer Zeit ansehen. Die Forderung nach einer Umkehr, einem Um-Denken – *Metanoia* – wird dabei oft als eine individuelle Abkehr von den Zwängen der kapitalistischen Konsumwelt ins Gespräch gebracht.[84] Sie ist aber mehr, denn die sogenannte kapitalistische Produktionsweise ist im Kern eine Wachstumsökonomie; Forderungen nach Wachstumsbeschränkung sind deshalb, wie es Helmut Gollwitzer schon vor vielen Jahrzehnten formuliert hat, »eine das kapitalistische System aufhebende Forderung.«[85]

Das erklärt sicherlich auch die Popularität von sogenannten Postwachstumsmodellen gerade bei denjenigen, die dem kapitalistischen System ohnehin kritisch oder ablehnend

---

84 Vgl. etwa Helmut Gollwitzer, *Die kapitalistische Revolution*. Tübingen 1998; Heiner Geissler, *Was würde Jesus heute sagen? Die politische Botschaft des Evangeliums*. Reinbek 2003; Ders., *Sapere aude! Warum wir eine neue Aufklärung brauchen*. Berlin 2012. Norbert Blüm, *Ehrliche Arbeit. Ein Angriff auf den Finanzkapitalismus und seine Raffgier*. Gütersloh 2011.

85 Helmut Gollwitzer, *Die kapitalistische Revolution*, 55.

gegenüberstehen.[86] Hier mischen sich die unterschiedlichsten Motive: der Traum vom einfachen, unverdorbenen Leben, eine Grundsatzkritik an der Rücksichtslosigkeit des Kapitalismus gegenüber Mensch und Natur, der Wunsch, verloren gegangene Freiheit und Autonomie über Verzicht wieder zurückzuerlangen, mitunter auch ästhetische Motive des Naturschönen oder religiöse Motive der Erdverbundenheit. Nicht selten geht es um Authentizität als Gegenbild zur Entfremdung unter den systemischen Zwängen des Kapitalismus.

Es ist keinesfalls ausgemacht, dass die Diskussion von Gleichgewichtsmodellen der Ökonomie oder von Wachstumsverzicht immer gleichzusetzen ist mit einem »linken« Weltbild. Dies ist nicht der Fall; nach dem Ende der Ideologien sind die Debatten teilweise unübersichtlich geworden, überlagern sich. Wachstumsverzicht wird im traditionell linken, auch im grünen Milieu durchaus zustimmend diskutiert, aber eben auch bei Konservativen und christlich orientierten Gruppen. Fast immer ist es der Suffizienzgedanke, der in der einen oder anderen Version dabei im Mittelpunkt steht; Effizienz und Konsistenz spielen eine eher untergeordnete Rolle, zumal diese ja durch Innovationssprünge wiederum (ungewolltes) Wachstum befördern können.

Was ist nun »richtig«? Wo müssen wir ansetzen, bei den Möglichkeiten oder den Bedürfnissen des Menschen? Und: Dürfen wir überhaupt noch wachsen, oder müssen wir uns dies versagen? Ist der Kapitalismus gut oder schlecht? Das sind häufig Glaubens- und Bekenntnisfragen, und das nicht nur bei religiös motivierten Menschen. Man ist allerdings gut beraten, Politik mit der Betrachtung der Wirklichkeit beginnen zu las-

---

86 Um nur die beiden bekanntesten Bücher aus diesem Umfeld hervorzuheben: Niko Paech, *Befreiung vom Überfluss. Auf dem Weg in die Postwachstumsökonomie.* München 2012; Tim Jackson, *Wohlstand ohne Wachstum. Leben und Wirtschaften in einer endlichen Welt.* München 2011.

sen. Daraus lassen sich Leitplanken gewinnen, die den Korridor der Handlungsmöglichkeiten abstecken.

Die Debatte über eine Postwachstumsgesellschaft ist eine Debatte der Satten. Sie entsteht auf einer bestimmten Stufe des Wohlstands. Sie ist eng mit den Diskursen des Postmaterialismus verknüpft, jener Haltung also, die von einer Ebene ausreichender Sättigung mit materiellen Gütern Formen des guten Lebens thematisieren kann, in denen es um Gerechtigkeit, Authentizität, Ästhetik oder Ähnliches geht. Karl Marx hatte schon Recht: Das gesellschaftliche Sein bestimmt eben das Bewusstsein. Postwachstum ist also eine Debatte fortgeschrittener Industriegesellschaften. In Entwicklungsländern ohne unser Wohlstandsniveau gibt es für diese Thesen keinerlei Verständnis, im Gegenteil: Dort werden diese Debatten als Versuch interpretiert, »die Tür zumachen« zu wollen: Ihr habt, so lautet der Vorwurf, Wachstum und Fortschritt gehabt und wollt uns jetzt davon ausschließen? Eine solche Haltung ist verständlich, denn man muss sich Postwachstum auch »leisten« können, also ein Wohlstandsniveau erreicht haben, auf dem nicht jedes Wachstum gleichzeitig einen Zuwachs an Wohlstand und Lebensqualität mit sich bringt.

International können wir Wachstum nicht verhindern, und zwar aus zwei Gründen. Zum einen führt ein Anstieg der Weltbevölkerung schon beinahe automatisch dazu, dass es zu Wachstumsprozessen kommt. Und zweitens haben viele Gesellschaften sich die nachholende Modernisierung auf ihre Fahnen geschrieben. Sie wollen Lebensqualität und Wohlstand auf einem Niveau in Anspruch nehmen, wie es für uns selbstverständlich ist. Es gibt keinen Grund, ihnen dies zu verwehren. Schon ein kleines Gedankenexperiment zeigt, warum. Nehmen wir an, nicht nur die europäischen Länder, sondern alle Kulturen und Gesellschaften weltweit hätten gleichzeitig den Wachstumspfad der industriellen Moderne begonnen. Die ökologische Krise wäre vermutlich längst eingetreten durch Verzehr der Ressourcen oder Überbelastung der Senken. Im Umkehrschluss heißt dies, dass unsere Form des Wachstums im 19. und 20. Jahrhundert ermöglicht wurde durch einen Wachstumsverzicht anderer Gesellschaften.[87] Ist es deshalb geboten, heute auf Wachstum zu verzichten, um dies anderen Gesellschaften zu ermöglichen? Ich denke nicht. Ein zentrales Argument ist die Frage des Modernisierungspfades. Als entwickelte und innovative Volkswirtschaft könnten wir anderen Ländern helfen, einen weniger umweltbelastenden Entwicklungspfad einzuschlagen. Ob wir die innovativen Potenziale hätten, wenn wir als Postwachstumsgesellschaft uns lediglich zum Zuschauer internationaler Entwicklungen machten, erscheint fraglich. Gerade im Bereich der Material- und Ressourceneffizienz gibt es erhebliche Potenziale, die genutzt werden können. Entscheidend ist: In Deutschland ist das Know-how konzentriert, um Fortschritte in der Material- und Ressourceneffizienz möglich werden zu lassen. Die Möglichkeit, diese Technologien international zu vermarkten, zieht automatisch Prozesse des Wachstums nach sich und hilft, die Umweltbelastungen zu senken. Umgekehrt formuliert: In einer Postwachstumsgesellschaft wäre es erheblich schwieriger, Beiträge zur Lösung internationaler Entwicklungsprobleme zu leisten. Können wir es aus einer wachstumskritischen Binnensicht verantworten, sehenden Auges keinen Beitrag zur Lösung der Modernisierungsfolgen anderer Länder leisten zu wollen? Wäre dies nicht eine Verabschiedung aus einer globalen Verantwortung?

---

87 Dabei spielt es keine Rolle, ob dieser Wachstumsverzicht bewusst erfolgte, Resultat mangelnder technologischer und wissenschaftlicher Möglichkeiten war oder durch eine andere kulturelle Prägung das Thema »Wachstum« nicht ins Blickfeld geriet; entscheidend ist, dass der Wachstumspfad mit all seinen positiven und negativen Konsequenzen von einigen Gesellschaften beschritten wurde, von anderen nicht.

Viele ökonomische Strukturen sind über nationale Grenzen vernetzt. Die Idee, heute noch so etwas wie eine volkswirtschaftliche Globalsteuerung umsetzen zu können, erscheint naiv. Aber sind dann nicht auch Vorstellungen naiv, Wachstum begrenzen zu können oder sogar in eine Postwachstumsgesellschaft hineinwachsen zu können? Was passiert, wenn sich Schrumpfungs-Prozesse verstärken, ja potenzieren durch eine gezielte Abwanderung von Kapital und Schlüsselindustrien? Sind wir in der Lage, eine ökonomische Feinsteuerung zu leisten und eine ungebremste Abwärtsspirale zu verhindern? Gibt es eine Verlagerung von Wachstumsprozessen in andere Gesellschaften hinein? Was wäre dann für die globale Bilanz gewonnen – außer dem guten Gewissen, mit dem wir uns dann als Zuschauer, aber nicht mehr als Verursacher der globalen ökologischen Probleme verstehen können? Dieser Einwand führt zum nächsten, nämlich der Frage, ob wir vielleicht durch gutes Beispiel führen können, ob es sich also international langfristig auszahlt, den Wachstumszwang national zu verabschieden und darauf zu hoffen, andere würden dem guten Beispiel folgen. Schon eine einfache Betrachtung aber legt nahe, dass eine solche Strategie wenig erfolgreich ist. Nehmen wir an, Deutschland würde das Wachstum beschränken oder sich dem Bild einer Gleichgewichtsökonomie verschreiben, und zwar mit einer ausgeprägten ökologischen Orientierung. Wir benötigten dann auch eine weitgehend geschlossene Ökonomie, um in den transnationalen Wertschöpfungsketten nicht zum Transitland für die Produktion von Wachstum anderswo zu werden. In der globalen Bilanz würde dies kaum ins Gewicht fallen, solange unser gutes Beispiel nicht ansteckend wäre. Aber warum sollte es? Schon im europäischen Rahmen gibt es kaum eine Chance, ein solches Modell mehrheitsfähig zu machen. So postulierte die Lissabon-Strategie der EU ein Wachstum von jährlich drei Prozent als Ziel; und alle übrigen europäischen Länder sind entschlossen, ihre eigenen sozialen Probleme vorrangig mit einer Wachstumspolitik zu bekämpfen. Könnte man verhindern, dass die Migration der fähigen Arbeitskräfte sich nicht mehr nach Deutschland hinein, sondern aus Deutschland heraus vollzieht, gut ausgebildete Facharbeiter also ihre Zukunft in einer Gesellschaft sehen, in der sie wachsen können? Würde dies nicht vor allem den Mittelstand treffen, den wir bislang als Rückgrat unserer Volkswirtschaft angesehen haben?

Und: Was passiert eigentlich, wenn Wachstum nicht mehr als befriedende Formel von Gesellschaften fungiert? Historisch gesehen ist Wachstum und damit die Zunahme an Verteilungsmöglichkeiten die geradezu alle Demokratien stabilisierende Grundformel gewesen. Welche sozialen Verwerfungen es nach sich zieht, wenn das Wachstum nicht nur einmalig, sondern über mehrere Perioden negativ wird, lässt sich an Griechenland studieren. Zugegeben, der Wachstumseinbruch kam plötzlich und verlief chaotisch, und man kann nur hoffen, dass andere Szenarien von Postwachstumsgesellschaft sich wohltuend davon unterscheiden. Aber die Befürchtungen, solche Verläufe könnten die Demokratie insgesamt gefährden, sind nicht weit hergeholt. Dort, wo es keine robusten Prozesse der Aushandlung gesellschaftlicher Neuverteilung gibt, wächst die Bereitschaft, Ordnung vom Recht zu entkoppeln. Es wächst auch die Gefahr, dass die Gesellschaft sich kannibalisiert. Man muss sich nur die Ränder der amerikanischen Gesellschaft ansehen, um einen Vorgeschmack davon zu bekommen, wie eine alternative, nicht gouvernemental organisierte Umverteilung aussehen kann. Sind wir denn so sicher, dass die Länder des europäischen Südens (also Griechenland, Portugal, Spanien und der Süden Italiens) bei erheblichen Wachstumseinbußen sichere und stabile Demokratien bleiben? Offenbar ja nicht, denn das Allheilmittel lautet: Diese Länder brauchen Wachstum. Das eint, in unterschiedlichen Schattierungen, ja auch alle Parteien des Deutschen Bundestages: Aus der fiskalischen Krise heraus hilft nicht nur eine schmerzhafte Anpassung, es hilft vor allem Wachstum. Benötigt werden zukunftsfähige Industrien und Wirtschaftszweige sowie Investitionen. Anders formuliert: Wenn es ernst wird, laufen die Postwachstumsbefürworter Gefahr, als barfüßige Bußprediger des Verzichts an den Rand der Debatte gedrängt zu werden.

Aber selbst, wenn wir all diese Fragen anders beantworteten und eine Wachstumsbegrenzung befürworteten: Welche Hebel hätten wir? Wie kann Wachstum überhaupt begrenzt werden, oder entzieht es sich dem festen regulatorischen Zugriff?

In den Debatten darüber werden drei Strategien der Wachstumsbegrenzung identifiziert: einmal über eine Änderung der individuellen Konsummuster, also das Prinzip der Suffizienz; zum zweiten über eine Reduzierung der Arbeit bzw. eine andere Organisation der Arbeitswelt, und zum dritten über fiskalische Hebel. Über das Prinzip der Suffizienz haben wir schon einiges ausgeführt und können konstatieren: Suffizienz hat einen dämpfenden Einfluss auf Wachstum, verhindert Wachstum aber nicht, zumal es wenig wahrscheinlich ist, dass eine Gesellschaft sich kollektiv in ein Mönchsleben verabschiedet und alle wirtschaftlichen Bezüge außer einer strengen Subsistenzwirtschaft kappt.

Die zweite Strategie zur Wachstumsbegrenzung liegt in der Verringerung von Arbeit und der Neuorganisation der Arbeitswelt. Zwei Argumente sprechen aber dafür, diese Möglichkeit nicht überzubewerten. Zum ersten ist in Deutschland in den vergangenen 50 Jahren das Arbeitsvolumen, also die Anzahl der geleisteten Stunden pro Jahr, in etwa gleich geblieben, und dies trotz der deutlichen Zunahme der Erwerbstätigen und einer ebenso deutlichen Zunahme der Produktivität.

Zweitens ernüchtert ein Blick in den Zusammenhang von Arbeit und Alterssicherung. Dieser Zusammenhang besteht auf zwei Ebenen, über Umlage und über Kapitaldeckung. Durch kapitalgedeckte Altersanlagen entstehen Kapitalreserven, die sich günstige Anlagemöglichkeiten suchen und damit potenziell wachstumstreibend wirken. Im Umlageverfahren kann angesichts der demografischen Frage das System nur stabilisiert werden, wenn die Produktivität erhöht wird (also durch mehr Wachstum), durch eine Erhöhung der Frauenerwerbsquote oder durch gesteuerte Zuwanderung von Arbeitskräften – was ebenfalls das Wachstum erhöht. Mit anderen Worten: Sowohl die kapitalgedeckte Alterssicherung wie auch das Umlageverfahren sind von der Systemlogik her wachstumstreibend.

Die dritte Strategie ist die fiskalische Steuerung von Wachstum. Hier hat vor allem Christoph Binswanger Überlegungen angestellt, wie Wachstum begrenzt werden kann.[88] In diesen Zusammenhang gehört auch die Frage, ob es monetäre Wachstumstreiber gibt, also konkret, ob Liquiditätsüberschüsse dafür verantwortlich sind, dass wir Wachstumszwänge haben. Dies lässt sich sinnvoll nur auf Ebene einer Volkswirtschaft modellieren, in dem durch ordnungspolitische Maßnahmen sinnvolle Steuerung möglich wird. Freilich lässt sich etwa durch eine Änderung des fiskalpolitischen Ordnungsrahmens einiges bewirken und gegebenenfalls durch eine Trennung der Transaktions- und Wertaufbewahrungsfunktion von Banken die Notwendigkeit einer Kreditausweitung unterbinden, aber die Reichweite bleibt national, vielleicht europäisch beschränkt. Das ist aber angesichts eines global möglichen Zugangs zu Kapital eher fragwürdig und schafft neue Ungerechtigkeiten zwischen de-

---

88 Hans-Christoph Binswanger, *Die Wachstumsspirale: Geld, Energie und Imagination in der Dynamik des Marktprozesses.* Marburg 2009.

nen, die leicht Zugang zu frischem Kapital haben, und denen, für die dies nicht möglich ist. Auf der Strecke blieben gerade solche Unternehmen, die auf einen eher regionalen oder nationalen Rahmen für die Kreditgewährung angewiesen sind. Das ist in Deutschland im Wesentlichen der Mittelstand. Demgegenüber stehen großen und international aufgestellten Unternehmen umfangreichere Spielräume für die Kapitalbeschaffung zur Verfügung, und dies sowohl bei der Gewinnung von Eigenkapital als auch bei der Aufnahme von Fremdkapital. Darüber hinaus ist ein nicht unbeträchtlicher Teil von Kapital in Alterssicherungsmodellen angelegt, die sich entsprechende Anlagemöglichkeiten suchen. Eine Rendite unterhalb der Inflation lässt ein solches System vermutlich zusammenbrechen mit völlig ungeklärten Fragen hinsichtlich des Schicksals der Menschen, die dann in Altersarmut abgleiten. Hohe Renditeraten hingegen führen zu erheblichem Druck auf dem Finanzmarkt und spekulativen Blasen, gegebenenfalls zu einer Überlastung des Systems.

Somit erscheinen die Modelle einer Postwachstumsgesellschaft doch eher auf wenig plausiblen Annahmen zu beruhen. Einholbar wären Wachstumsprozesse in einer globalisierten Welt nur durch starke globale, regulative Strukturen, die es aber bislang nur in Ansätzen gibt. Alle Hebel der Wachstumsbegrenzung in einer Volkswirtschaft führen deshalb dazu, dass Wachstum ausweicht und sich in der globalen Bilanz nichts ändert – dabei wäre es doch gerade wichtig, die globale Bilanz zu ändern. Suffizienz alleine kann dies nicht bewirken, sondern bedarf zweier zusätzlicher Aspekte: der Etablierung starker Institutionen zur Setzung regulatorischer Rahmenbedingungen und der fortgesetzten technologischen Innovation zur Steigerung von Effizienz und zur Erreichung von Konsistenz. Das lässt sich nur über Märkte und Wettbewerb realisieren, nicht aber über staatliche Programme. Das eigentlich Neue des globalen Zeitalters ist, dass die ökonomischen Prozesse aus dem regulatorischen Korsett des Nationalstaats ausgebrochen sind. Diese Ungleichzeitigkeit von wirtschaftlicher Möglichkeit und politischer Begrenztheit ist das eigentliche Problem der Nachhaltigkeit. Man kann sich zur Erreichung von Nachhaltigkeit der Mechanismen bedienen, die eine kapitalistische Gesellschaft prägen, auch in begrenztem Maß der Regulierung durch Gesetze, Verordnungen und Verträge. Entscheidend aber wird sein, dass wir dies auch wollen. Dabei geht es weniger um die Bedürfnisse oder die Möglichkeiten des Menschen, sondern darum, innerhalb welchen Weltbilds wir uns bewegen. Es geht also um die Kraft von Ideen und Überzeugungen. Welche Stellung hat der Mensch im Kosmos, in der Natur? Was ist das Wesen des Menschen? Wer keine religiöse Fundierung hat, wird sich mit diesen Fragen schwertun, denn sie können nicht empirisch und wissenschaftlich beantwortet werden. Sie erfordern eine Rückbesinnung auf die Wurzeln unserer Moderne, nämlich die religiösen Wurzeln. Religion ist unentbehrlich, wenn es darum geht, menschliches Handeln in Sinnkontexte einzubauen. Religion ist die universal verbreitete Kraft, die die Identität des Menschen prägt und ihn in eine kosmologisch verstandene Ordnung einbettet, aus der ihn die Moderne zum Teil hinauskatapultiert hat. Ohne eine Rückbesinnung auf diese Wurzeln und die Wiedereinbettung unseres Handelns in diesen Rahmen scheinen mir auch Effizienz, Konsistenz und Subsistenz als Strategien der Nachhaltigkeit in der Luft zu hängen. Eine dieser Wurzeln, ja die vermutlich wirkmächtigste, ist das Christentum. Nur die christliche Welt hat die Idee eines weltimmanenten Fortschritts und eines säkularen wirtschaftlichen Wachstums hervorgebracht; andere Religionen haben eine solch expansive Inbesitznahme der Welt nicht gestützt. Deswegen scheint es sinnvoll, sich einmal zu vergewissern: Wie steht das Christentum zu Wachstum und Fortschritt, wie zu Nachhaltigkeit? Und: Welchen Beitrag kann es leisten zu einem religionsübergreifenden Verständnis, das in ein gemeinsames Ethos des Umgangs mit der Schöpfung einfließen kann? Die Welt zählt heute mehr als zwei Milliarden Christen. Sie könnten der größte Global Player für Nachhaltigkeit und Gerechtigkeit werden – eine prägende und einflussreiche Stimme, wenn es um unsere Zukunft geht.

4. Perspektiven aus dem Glauben

Biblische Perspektiven

Die Bibel kennt den Begriff der Nachhaltigkeit nicht. Allerdings macht sie einige Aussagen über das Verhältnis des Menschen zur Natur und zu seinen Mitmenschen, die für das Nachdenken über Nachhaltigkeit wichtig sind.

Der am häufigsten zitierte Satz in diesem Zusammenhang ist die berühmte Aufforderung Gottes an die Menschen, sich die Erde untertan zu machen (Genesis 1,26–28). Mehrfach wird die Rolle des Menschen betont, über die Natur zu herrschen. Ist dies so zu verstehen, dass der Mensch die Schöpfung uneingeschränkt nutzen darf, dass er auch ein despotischer Herrscher sein kann, der die Natur rücksichtslos ausbeutet und zerstört?

Die meisten Theologen verneinen dies. Herrschaft, wie sie der Mensch nach der Bibel ausüben soll, ist keine absolute Herrschaft. Sie ist zu vergleichen mit dem Hirten und seiner Herde. Der Hirt lebt davon, dass die Herde gedeiht. Er könnte auch alle Tiere töten, aber das wäre widersinnig, weil er sich damit selbst seine Existenzgrundlage nimmt. Es ist also vernünftig, dafür zu sorgen, dass es der Herde gut geht. Ebenso ist die Herrschaft des Menschen über »die Fische im Meer und über das Vieh und über die ganze Erde und über alles Gewürm, das auf Erden kriecht« zu verstehen. Es ist eine Herrschaft, die es dem Menschen ermöglichen soll, fruchtbar zu sein und sich zu vermehren. Man könnte also sagen: Die Schöpfung soll dem Menschen das Leben ermöglichen. Sie steht also unter der Verfügungsgewalt des Menschen, um einen bestimmten Zweck zu erfüllen. Eine Ausbeutung, eine Zerstörung der Schöpfung läuft dem ursprünglichen Auftrag zuwider und ist damit ein Handeln gegen Gott. Es ist aber auch ein Handeln gegen die Natur des Menschen, der in seiner Leiblichkeit selbst Teil der Schöpfung ist.

Das wird auch schon dadurch deutlich, dass in der biblischen Schöpfungsgeschichte die Tiere vor dem Menschen erschaffen worden sind. Gott hat sein Werk gesehen, es für gut befunden und gesegnet. Erst danach wurde der Mensch erschaffen – als Krone der Schöpfung, wie durchaus argumentiert werden kann, denn der Mensch ist als Ebenbild Gottes geschaffen worden. Er nimmt damit eine Sonderstellung in der Schöpfung ein. Aber er ist eben nicht Gott, sondern Mensch. Die Schöpfung hat durch den Segen Gottes einen Eigenwert. Gott sah, dass sie gut war, und zwar als Ganzes. Und er hat den Menschen einerseits und Flora und Fauna andererseits aufeinander bezogen. Erst angesichts dieser Verknüpfung sah er, dass die Schöpfung *sehr* gut war, also ein Mehrwert existierte: das harmonische Miteinander von Mensch und Natur, um es neuzeitlich auszudrücken. Gott hat also ein Werturteil ausgesprochen: Die Schöpfung hat einen Eigenwert.

Gott tut aber ein Weiteres: Er bringt alle Tiere vor den Menschen, damit dieser sie benenne (Genesis 2,19f.) Den Namen, den der Mensch den Tieren gibt, sollen sie fortan (als Gattungsname) tragen. Mit dem Akt der Namensgebung macht er deutlich, dass diese Tiere mehr sind als bloße Sachen. Sie tragen einen Namen und sind durch den Akt der Namensgebung mit dem Menschen eng verbunden.

Die Schöpfung ist nichts Statisches, sondern sie entwickelt sich. Aber streng genommen ist es dem Menschen nicht erlaubt, auch nur Teile der Schöpfung zu zerstören, weil die Schöpfung durch Gottes Segen einen Eigenwert hat und in sich als erhaltenswert anzusehen ist. Gott hat zwar einerseits den Menschen deutlich aus der Schöpfung herausgehoben, weil er nach dem Ebenbild Gottes geformt ist. Er hat aber gleichzeitig sowohl die Tiere als auch den Menschen mit dem gleichen Auftrag versehen: fruchtbar zu sein und sich zu mehren. Der Mensch ist auch Mitgeschöpf, in die Schöpfung auf vielerlei Art und Weise verwoben. Er hat gegenüber der Schöpfung Pflichten: So gilt das Ruhegebot am siebten Tag auch für das Vieh (Ex 20,11), und der Ackerboden muss in jedem siebten Jahr brach liegen (Levitikus 25,1ff.). Beide Vorschriften dienen in heutiger Diktion dazu, die Ressourcen nicht ausbeuterisch zu nutzen, sondern auf ihre Regeneration und Erhaltung zu achten.

Der Mensch ist nicht der Abschluss der Schöpfung. Er ist am sechsten Tag geschaffen; am darauffolgenden Tag ruhte Gott und segnete diesen Tag. Der Endzweck der Schöpfung liegt also nicht in der Arbeit und im Erschaffen. Darin liegt auch eine Sonderrolle des Menschen: Er geht nicht in der Natur auf, sondern hat einen besonderen Bezug zum Schöpfer. Er kann mit ihm in einen Dialog treten. In dieser besonderen Beziehung zu Gott liegt der eigentliche Daseinszweck des Menschen. Er ist der vernunftbegabte Teil der Schöpfung. Er tritt nicht nur in Dialog zu Gott, sondern auch zu seinen Mitmenschen. Gott hat dem Menschen die Freiheit des Handelns gegeben. Erst diese Freiheit begründet die Würde und die Ausnahmestellung des Menschen; wäre er in allem determiniert und festgeschrieben, hätte die Rede von der Würde des Menschen keine Bedeutung. Es gibt keine Würde ohne Freiheit. Der Mensch besitzt Freiheit, weil er entscheiden kann. Er ist Sitz der Vernunft und Sitz der Freiheit. Die Würde des Menschen ist weder empirisch feststellbar noch ist sie ein Recht. Sie ist vielmehr, wie es Robert Spaemann einmal ausgedrückt hat, der »transzendentale Grund dafür, dass Menschen Rechte und Pflichten haben.«[89]

---

89 Robert Spaemann, »Menschenwürde und menschliche Natur«, in: Ders., *Schritte über uns hinaus. Gesammelte Reden und Aufsätze II*. Stuttgart 2011, 93–101, 93.

Im Alten Testament wird Gott immer wieder auch durch die Herrlichkeit der Werke gepriesen, die er erschaffen hat. Eine der schönsten Textstellen hierzu ist Psalm 104, der Lobpreis Gottes wegen der Werke der Schöpfung. Auch der berühmte »Sonnengesang« des Franz von Assisi greift diese Lobpreisung auf. Der Herr wird gelobt durch die Hervorbringungen seiner Schöpfung, die Franz von Assisi als »Brüder und Schwestern«, also als Mitgeschöpfe betrachtet. In der biblischen Überlieferung ist Gott in der Schöpfung präsent. Er ist kein abwesender Gott, sondern einer, der allgegenwärtig ist. So drückt es Psalm 139 aus. Das ist auch die Bedeutung des zunächst rätselhaft erscheinenden Wortes aus dem apokryphen Thomas-Evangelium. Dort heißt es: »Ich bin das Licht, das über allem ist. Ich bin die himmlische Welt. Sie ist aus mir hervorgegangen, und in mir hat sie ihr Ziel erreicht. Spaltet ein Stück Holz, ich bin da. Hebt den Stein auf, ihr werdet mich dort finden.«[90]

Gott ist also allgegenwärtig und auch in den kleinen Dingen zu finden. Dabei darf er aber nicht mit der Schöpfung selbst verwechselt werden. Er ist allem, was er geschaffen hat, immanent, aber nicht mit ihm identisch. Thomas von Aquin hat einigen Scharfsinn darauf verwendet, genau die Wirkweisen der Präsenz Gottes in der Welt darzulegen. Und noch Martin Luther war davon überzeugt, dass Gott in der Schöpfung wirkt, aber im Verborgenen. Er war ihm der *deus absconditus*, der verborgene Gott.

Wenig später, in der Aufklärung, ändert sich diese Interpretation. Es entsteht das Bild des göttlichen Uhrmachers, der das Werk in Gang gesetzt hat, nun aber nicht mehr in den Gang des Uhrwerks eingreift – eine beinahe logische Konsequenz dessen, dass der Mensch nun in den Mittelpunkt der Schöpfung rückt,

---

90 Thomas-Evangelium 77; zitiert nach *Das Neue Testament und frühchristliche Schriften*. Übersetzt und kommentiert von Klaus Berger und Christiane Nord. Frankfurt am Main 2001, 663.

mitsamt seiner Freiheit und seinen Rechten. Doch ist die Differenz zu dem ursprünglichen Text aus dem Thomas-Evangelium dramatisch. Viele Kulturen, die ihre Götter (oder ihren Gott) als präsent in der Natur betrachten, pflegen ein sehr achtsames Verhältnis zur Natur. Dies mag in einigen Naturreligionen auch dazu führen, Naturkräfte als göttlich zu verehren oder sie unmittelbar göttlichem Wirken zuzuschreiben. Das ist unserer aufgeklärten Zeit fremd. Wir haben die Natur erklärt, wir haben ihre Wirkkräfte zum Teil verstanden. Unsere Naturphilosophie kommt ohne Gott aus. Das wird in einer Anekdote besonders deutlich. Der große Mathematiker und Physiker Pierre Simon de Laplace erläuterte einmal Napoleon seine Theorie über die Entstehung der Planeten. Der französische Kaiser hörte sich dies interessiert an und fragte am Ende, wo denn in Laplaces Theorie Gott geblieben sei. Diese Hypothese habe er, so der stolze Naturwissenschaftler, nicht gebraucht. Und in der Tat: Für die moderne Naturwissenschaft wäre jegliche Spekulation über ein Wirken Gottes in der Natur unwissenschaftlich, fremd, nicht brauchbar. Wahr ist aber auch: Die Wissenschaft hat aus sich heraus keine eigene Wertstruktur. Sie ist offen für beliebige menschliche Zwecke. Damit gehen gegenüber der Schöpfung der Respekt und die Achtsamkeit verloren, die ihr als Ort der Gegenwart Gottes noch zugekommen sind. In der gottleeren Schöpfung ist alles möglich. Technik und Wissenschaft stehen bereit, den Menschen als Herrn einer zweiten Schöpfung einzusetzen. »Gottlose Selbstgötter«, hat Heinrich Heine einmal in Richtung von Karl Marx und seinen linkshegelianischen Freunden geätzt.[91] Der Begriff beschreibt aber auch unser heutiges Verständnis von Natur, Schöpfung und unserer eigenen Rolle darin.

---

91 Heinrich Heine, Sämtliche Schriften, Band 6/1. München und Wien 1997, 479.

Aber: Gott entledigt sich in der Bibel nicht der Oberherrschaft über seine Schöpfung. Die Erde ist des Herrn, heißt es (Psalm 24,1). Die Herrschaft der Menschen ist also eine abgeleitete, eine mittelbare. Das wird schon im Alten Testament an vielen Stellen deutlich, in denen Gott den Ungehorsam der Menschen bestraft, und zwar nicht nur den Ungehorsam gegenüber der Autorität Gottes, sondern auch den Ungehorsam gegen die Schöpfung. Gott bleibt weiterhin oberer Herrscher, Eigentümer seiner Schöpfung. Es war sein Wort, das die Schöpfung ins Leben rief, und durch sein Wort kann er der Schöpfung die Existenz wieder nehmen (Psalm 104,29). Er ist also der Souverän. Das Eigentum des Menschen ist deshalb ein abgeleitetes. Das ist nicht zufällig so, denn Eigentum und Souveränität haben begrifflich die gleiche Wurzel. Eigentum ist die souveräne Verfügungsgewalt über Sachen; Souveränität wiederum bedeutete eine eigentumsähnliche Alleinverfügung über Herrschaft. Der Mensch ist aber nicht souverän, in biblischer Sicht. Er ist an die Gebote gebunden und übt die Herrschaft nicht in eigenem Namen aus, sondern treuhänderisch für Gott. Er kann für die schlechte Ausübung von Herrschaft zur Verantwortung gezogen werden. Herrschaft, wie sie dem Menschen aufgegeben ist – »Macht euch die Erde untertan!« –, ist also eine Herrschaft unter dem Sinnhorizont einer göttlich gegebenen Ordnung. Nicht gemeint ist mit dieser Form von Herrschaft die bloße Technik der Macht oder die bloße Aneignung von Gütern. Beides wird immer schon in den Sinnhorizont der Schöpfung gestellt, die ihre eigene Wertigkeit in sich trägt. Wie der Mensch wirtschaftet, wie er über seine Umwelt herrscht, ist damit nicht beliebig. Seine Herrschaft ist an einen Zweck gebunden und durch den Befehl, die Schöpfung zu erhalten, begrenzt.

Gott bürgt für die Integrität der Schöpfung. Nach der Sintflut schließt Gott mit Noah einen Bund und bindet sich, indem er zusagt, er werde hinfort die Erde nicht mehr um der Menschen willen verfluchen; solange die Erde bestehe sollen Aussaat und Ernte, Kälte und Hitze, Sommer und Winter sowie Tag und Nacht nicht aufhören (Genesis 8,20f.). Wenn Gott sich aber bindet, die Erde nicht mehr zu verfluchen und in ihrer Grundstruktur zu bewahren, dann ist der Mensch als Treuhänder der Herrschaft Gottes erst recht daran gebunden. Er darf mit seinem Tun nicht dazu beitragen, dass die Erde verflucht ist und die Bedingungen für Aussaat und Ernte nicht mehr gegeben sind.

Schon aus diesen wenigen Skizzen wird deutlich, dass es schwierig sein könnte, die göttliche Bestimmung der Schöpfung, wie sie aus der Bibel hervorgeht, mit der Praxis der Naturaneignung und -zerstörung heute zu vereinbaren. Sicherlich, der Mensch ist seit der Vertreibung aus dem Paradies mit der Sünde behaftet und bedarf der Erlösung. Aber er kann auch richtig und gerecht handeln, im Verhältnis zu Gott, zu seinen Mitmenschen und seiner Mitwelt. Das Alte Testament ist voll mit Geboten, mit Ermahnungen und Belehrungen, die stets eines im Blick haben: dass der Mensch richtig handelt. Richtig handelt er dann, wenn er im Rahmen der Ordnung handelt, wenn er gerecht ist; dann ist er auch gegenüber der Schöpfung gerecht, denn der Gerechte weiß, was sein Vieh braucht (Sprichwörter 12,10). Das Neue Testament hat diese Fülle der Handlungsanweisungen durch das Gebot der Liebe ersetzt: »Liebe und tue, was Du willst *(dilige et quod vis fac)*« – diese Formel des Augustinus[92] bringt die neutestamentarische Handlungsanleitung auf den Punkt.

Es ist lohnend, einen Gedanken aufzugreifen, der vor allem im Alten Testament erscheint und den Zusammenhang der Generationen deutlich macht. Gott straft die Schuld der Väter

---

92 In epistulam Ioannis ad Parthos, tractatus decem VII, 8.

an den Söhnen bis in die dritte und vierte Generation (z. B. Ex 20,4–6). Die Handlungen des Menschen haben also nicht nur unmittelbar für ihn Konsequenzen, sondern auch für seine Nachkommen. Werden aber die Gebote gehalten, so werden tausend Generationen gesegnet. Nachhaltigkeit liegt ein ähnlicher Gedankengang zugrunde: Wir können heute so leben, dass unsere Kinder und Enkelkinder darunter leiden, weil sie zu ihrer Lebensführung nicht mehr dieselben Möglichkeiten haben wie wir. Oder wir können in einer Art und Weise leben, die sicherstellt, dass unsere nachfolgenden Generationen ein besseres Leben führen können. Wir sind also verantwortlich für unser Tun; im schlimmsten Fall allerdings wird unsere Schuld von unseren Nachkommen beglichen. Generationen bilden eine Schicksalsgemeinschaft. Sie stehen nicht für sich alleine, sondern sind organisch miteinander verbunden.

Die Soziallehre

Die katholische Soziallehre hat sich ursprünglich aus der Auseinandersetzung mit der Sozialen Frage entwickelt. Der Urknall der Soziallehre war die Enzyklika *Rerum novarum* von Papst Leo XIII. aus dem Jahr 1891. Dabei wandte sich der Papst sowohl gegen den Sozialismus wie auch gegen den Liberalismus. Der reinen kapitalistischen Ordnung steht die Soziallehre kritisch gegenüber und betont immer wieder, dass der Mensch nicht zum Mittel gemacht werden dürfe; er ist Zweck in sich.

Die Soziallehre ist über die folgenden Jahrzehnte weiterentwickelt worden.[93] Das Grundanliegen der Gerechtigkeit in

---

93 Einen systematischen Überblick liefert das *Kompendium der Soziallehre der Kirche*. Hrsg. vom Päpstlichen Rat für Gerechtigkeit und Frieden. Freiburg im Breisgau 2006. Die Texte der Enzykliken sind, wo nicht anders

den sozialen Beziehungen (auch in der Wirtschaft) ist jedoch erhalten geblieben. Thematisch deckt die Soziallehre heute einen breiten Bereich ab: von der Familie bis zur Ordnung der Gesellschaft, von der menschlichen Arbeit und dem Wirtschaftsleben bis zu Fragen des Friedens und der Ordnung der internationalen Gemeinschaft, aber auch die Frage des Umgangs mit der Schöpfung.

Die Soziallehre beruht auf einigen wenigen Prinzipien, die das menschliche Zusammenleben ordnen. Bevor wir die Inhalte erörtern, ist es deshalb wichtig, die Prinzipien vorzustellen, weil sie häufig den Begründungszusammenhang für die Handlungsempfehlungen und die Urteile über Politik, Wirtschaft und Gesellschaft bereitstellen.

Ausgangspunkt ist das Prinzip der Personalität. Der Mensch ist Person. Das ist mehr eine Zuschreibung als eine Beschreibung. Person bedeutet: Der Mensch ist vernunftbegabt, er kann mit seiner Umwelt in ein bewusstes Verhältnis treten, hat Würde (kann also mithin Rechte und Pflichten übernehmen). Er kann in Freiheit sein Leben zukunftsoffen gestalten, ist aber gleichzeitig auf andere Menschen angewiesen. Er ist ein soziales Wesen, wie vor allem Thomas von Aquin im Anschluss an Aristoteles nicht müde wird zu betonen. Vor allem ist er aber Geschöpf Gottes, nach dem Bilde Gottes geschaffen. Er ist zwar Teil der materiellen Welt, gleichzeitig aber auch offen für die Transzendenz; als einziges Geschöpf kann er Gott erkennen und mit ihm in einen Dialog treten. Sein Dasein reicht also über seine irdische Existenz, über die Natur hinaus. Er ist auch Bewohner der transzenden-

---

vermerkt, zitiert nach: *Texte zur Katholischen Soziallehre. Die sozialen Rundschreiben der Päpste und andere kirchliche Dokumente*. Hrsg. von der Katholischen Arbeitnehmer-Bewegung Deutschlands. Köln und Kevelaer 2007. Die einzelnen Enzykliken sind in der Regel auch auf der Webseite des Vatikans (www.vatican.va) unter dem Namen des jeweiligen Papstes in deutscher Sprache abrufbar.

talen Welt. Er kann sich selbst erkennen, indem er sich selbst zum Gegenstand seines Denkens macht; dies ist die Voraussetzung für die Entwicklung des Ich in Abgrenzung zur Umwelt. Gleichzeitig ist er aber auf andere Menschen angewiesen. Schon die biblische Schöpfungsgeschichte macht dies deutlich. Gott befand, es sei nicht gut, dass der Mensch alleine ist. Deshalb schuf er für ihn eine Gefährtin. Der Mensch kann sich nicht ohne den anderen Menschen entwickeln. Ganz alleine auf sich gestellt verkümmert er. Das Medium des Bezugs zu anderen Menschen ist die Sprache. Die Sprache ist das Reservoir der Erfahrungen, der Ideen und Weltbilder. Durch Sprache wird der Mensch der Regeln in der Gemeinschaft gewahr, durch Sprache prägt er sie. In der Sprache ist die Vergangenheit aufgehoben und die Zukunft möglich. Durch die Sprache vollzieht sich die Selbstvergewisserung einer Gesellschaft, prägt sich die Identität der Gemeinschaft. In der Sprache erfährt sich der Mensch als geschichtliches Wesen: geprägt durch Geschichte, aber offen in die Zukunft.

Das Prinzip der Personalität markiert eine deutliche Unterscheidung gegenüber dem Liberalismus und den sozialistischen Strömungen. Der Liberalismus denkt den Menschen als Individuum von seinen Rechten her. Er sieht nicht die soziale Einbettung des Menschen und seine historische Bedingtheit. Für den Liberalismus ist der Mensch der ausschließliche Herr seiner Biografie. Er ist zur Freiheit berufen, die nur dort endet, wo die Freiheit anderer beschränkt wird. Der Liberalismus sieht den Menschen als Egoisten, der nur seinen eigenen Interessen nachgeht. Folgerichtig hat der Liberalismus eine enge innere Beziehung zur reinen Marktwirtschaft als Ort, an dem ökonomische Interessen verfolgt werden: eigennützig, ja utilitaristisch. Darüber hinaus schätzt der Liberalismus nicht die verpflichtenden Wirkungen einer Gemeinschaft; der Mensch kann sich immer neu erfinden und souverän seine eigene Biografie schreiben, und zwar unabhängig von Ort und Zeit. Er ist ein bindungsloser Egoist.

Den Liberalismus zeichnet aus, dass er vor allem an Verfahrensregeln glaubt: etwa das Prinzip des Marktes, dass durch die unsichtbare Hand dafür sorgt, dass alle davon profitieren; oder das Prinzip der offenen Gesellschaft, das von sich aus zu einer pluralen, friedlichen und fairen Gesellschaft führt. Die Rechte des Einzelnen sind vor dem Staat da. Das Übel entsteht dann, wenn der Staat in Prozesse eingreift, die ihn nichts angehen. Weniger interessiert den Liberalismus die Wesensbestimmung des Menschen; dies kann jeder so handhaben, wie er es für richtig hält. Wichtig sind die Verfahrensregeln, die alles in das richtige Gleichgewicht rücken.

Die sozialistischen Strömungen denken den Menschen von der Gesellschaft her. Alles, was der Mensch ist, wird er durch die Gesellschaft. Deswegen ist die Gesellschaft dem Einzelnen logisch vorgeordnet. Die sozialistische Gesellschaft ist eine Gesellschaft der Gleichen. Die Chancengleichheit ist durch staatliche Regulierung und Umverteilung zu erreichen. Freiheit ist weniger ein individuelles Recht als eine soziale bzw. gesellschaftliche Kategorie. Ähnlich wie der Liberalismus setzen Sozialisten ein großes Vertrauen in Verfahrensregeln; es sind allerdings andere (z.B. Umverteilung, Zentralisierung staatlicher Aufgaben oder soziale Demokratie).

Weder Liberalismus noch Sozialismus fragen nach der Wesensbestimmung des Menschen. Das ist auch entbehrlich, denn im Liberalismus macht dies jeder mit sich selbst aus, im Sozialismus definiert dies die Gesellschaft. Die Soziallehre geht einen anderen Weg. Das Zusammenleben der Menschen ist auf das Gemeinwohl als regulative Idee ausgerichtet. Was das Gemeinwohl inhaltlich ausmacht, kann aber nur unter Rückgriff auf das personale Wohl bestimmt werden. Dabei ergibt sich das Gemeinwohl nicht aus der Interessenaddition der einzelnen Menschen, sondern legt die Frage nach den Sinnebenen menschlichen Handelns offen. Die Soziallehre steht also zwischen Liberalismus und Sozialismus.

Die Sinnebenen menschlichen Handelns ergeben sich aus den anthropologischen Grundbestimmungen des Menschen. Er ist Person und zur Freiheit befähigt. Er ist ein soziales Wesen, das heißt er kann sich nur in der Gemeinschaft verwirklichen. Um sich zu verwirklichen, bedarf er der solidarischen Kooperation. Ziel der Kooperation ist immer der Mensch selbst. Solidarität ist hier verstanden als »die feste und beständige Entschlossenheit, sich für das Gemeinwohl einzusetzen, das heißt für das Wohl aller und eines jeden, weil wir für alle verantwortlich sind.«[94] Solidarität ist das horizontale Gestaltungsprinzip der Gesellschaft.

Wie aber soll eine Gesellschaft aufgebaut sein, nach welchen Regeln soll sie funktionieren? Hier hat die Soziallehre das Prinzip der Subsidiarität entwickelt. Der Mensch ist auf den Mitmenschen in seiner Personalität verwiesen. Deswegen werden Formen der Selbstorganisation der Gesellschaft systematisch bevorzugt, an erster Stelle die Familie, dann aber auch alle Zusammenschlüsse, die Personen ins Leben rufen, um ihr Leben zu gestalten: Dazu gehören die Organisationsformen der Zivilgesellschaft: Vereine, Initiativen, Verbände, Genossenschaften und vieles mehr. Entscheidend ist, dass diese sozialen Körperschaften gegenüber dem Staat vorrangig sind. Dieser darf nur subsidiär, also im Sinne einer Hilfeleistung tätig werden. Subsidiarität ist ein Kompetenzanmaßungsverbot des Staates; es ist das vertikale Gestaltungsprinzip der Gesellschaft in der Soziallehre. Aus diesem Grund misst die Soziallehre auch der Familie eine überragende Bedeutung zu.

---

94 So die Definition in der Enzyklika *Sollicitudo rei socialis*, Nr. 38 von Papst Johannes Paul II. aus dem Jahr 1988.

Sie ist der Ort, an dem sich zunächst und am stärksten die Verwirklichung des Menschen in Solidarität vollzieht. Deswegen ist die Familie als Keimzelle der Gesellschaft ein besonders geschützter Ort. Sie ist der Innenraum der Gesellschaft und gleichzeitig Brandmauer gegen totalitäre Versuchungen. Es ist kein Zufall, dass totalitäre Staaten die traditionellen Familien auflösen und die Erziehung der Kinder dem Staat übergeben wollen. In Familien wird Freiheit und Verantwortung eingeübt. Deswegen betont das Grundgesetz aus den totalitären Erfahrungen des Nationalsozialismus heraus auch das Elternrecht in besonderer Weise.

In der katholischen Soziallehre gibt es durchaus eine Debatte darüber, ob und inwieweit Nachhaltigkeit als zusätzliches Sozialprinzip etabliert werden sollte. Nachhaltigkeit kann verstanden werden als Solidarität in der Zeit. Über die Generationen hinweg sind die Menschen miteinander solidarisch. Sie sind es in der Familie, aber eben auch in der Abfolge der Generationen. Der Philosoph Hans Jonas hat den dahinter liegenden Handlungsimperativ einmal auf folgende Formel gebracht: »Handle so, dass die Wirkungen deiner Handlung verträglich sind mit der Permanenz echten menschlichen Lebens auf Erden.«[95] Oder, biblisch gewendet: Handle so, dass die Integrität der Schöpfung auch für deine Nachkommen gewahrt bleibt. Nachhaltigkeit liegt in der Logik der Soziallehre und der biblischen Schöpfungsargumente. Hier haben es der Liberalismus und der Sozialismus ungleich schwerer zu begründen, warum es einen sorgsamen und nachhaltigen Umgang des Menschen mit seiner Mitwelt geben muss. Beide Traditionen sind Fortschrittstraditionen im materiellen Sinn und damit Produkte der Moderne. Der Sozialismus setzt auf die Entwicklung der Pro-

---

95 Hans Jonas, *Das Prinzip Verantwortung. Versuch einer Ethik für die technologische Zivilisation.* Frankfurt am Main 1979, 36.

duktivkräfte, der Liberalismus auf die gestalterische Freiheit des Menschen. Die Natur steht in beiden Denktraditionen dem Menschen gegenüber und kann für seine Zwecke genutzt werden. Ein ganzheitliches Denken, das den Menschen als Teil der Natur und als Glied einer Abfolge von Generationen sieht, ist beiden fremd. Wie aber steht die Soziallehre zu den Themen Wirtschaft, Wachstum und Entwicklung?

Auch im wirtschaftlichen Bereich gilt, dass der Mensch Ursprung, Träger und Ziel aller gesellschaftlichen Entwicklung ist. Dies bedeutet, dass der Mensch im Mittelpunkt steht und nicht der Markt. Immer wieder betont die Soziallehre, es komme nicht darauf an, dass der Mensch mehr hat, sondern dass er seine persönlichen Anlagen entfalten könne. Habsucht ist verwerflich und entspricht nicht der Zielbestimmung des Menschen. Hieraus erklärt sich auch die scharfe Kritik am Liberalismus: Gier und Egoismus als Triebfedern menschlichen Handelns anzuerkennen heißt aus Sicht der Soziallehre, die soziale Verantwortung der Wirtschaft zu leugnen und damit Mittel und Zweck des Handelns zu verkehren. »Höhere und edlere Kräfte müssen es sein«, so die Enzyklika *Quadragesimo anno* aus den Jahr 1931, »die die wirtschaftliche Macht in strenge und weise Zucht nehmen: die soziale Gerechtigkeit und die soziale Liebe.« (Nr. 88) Wirtschaft und Moral existieren also nicht getrennt, sondern sind aufeinander bezogen; das Ziel der Wirtschaft aber liegt nicht in ihr selbst, sondern in ihrer menschlichen und gesellschaftlichen Bestimmung.

Das gilt nicht nur national, sondern weltweit; die Soziallehre hat früh die Bedeutung der wirtschaftlichen Verflechtung über die Staaten hinaus anerkannt und daraus auch Konsequenzen für die internationale Zusammenarbeit gezogen. Gerechtigkeit, Nachhaltigkeit und eine vernünftige internationale Wirtschaftsordnung sind untrennbar miteinander verknüpft.

Die globale Sicht des wirtschaftlichen Handelns wird erstmals mit der Enzyklika *Populorum progressio* (Über den Fortschritt der Völker) von Papst Paul VI. aus dem Jahr 1967 thematisiert. Ausgangspunkt ist die Erkenntnis, dass die Soziale Frage, die zum ersten Mal mit der Enzyklika *Rerum novarum* aus dem Jahr 1891 thematisiert worden ist, nun zu einem globalen Problem geworden ist. Nicht mehr die Spaltung zwischen Arm und Reich in einer Gesellschaft definiert die Soziale Frage, sondern die wirtschaftlichen und sozialen Ungleichheiten zwischen reichen und armen Ländern.

Paul VI. rekapituliert zunächst die wesentlichen Aussagen der Soziallehre. Jeder Mensch hat das Recht auf Entwicklung. Er ist zur persönlichen Entfaltung seiner Anlagen berufen und gleichzeitig für sein Heil verantwortlich. Dabei geht das christliche Verständnis der wahren menschlichen Entwicklung über das bloße wirtschaftliche Wachstum hinaus. Entwicklung ist mehr als Wachstum. Das wird schon in der Ambivalenz des Wachstumsbegriffs selbst deutlich, wenn Paul VI. betont: »Jedes Wachstum hat seine zwei Seiten. Unentbehrlich, damit der Mensch mehr Mensch sei, sperrt es ihn wie ein Gefängnis ein, wenn es zum höchsten Wert wird, der dem Menschen den Blick nach oben versperrt.« (Nr. 19,2–3) Wahre menschliche Entwicklung hingegen zeichne sich im Kern durch das Bekenntnis zu Liebe, Freundschaft, Gebet und Betrachtung aus (Nr. 20). Wer hingegen nur nach einem Mehr an Gütern strebe, weise Zeichen der »moralischen Unterentwicklung« auf. Bei der Entwicklung müsse der Mensch im Vordergrund stehen, denn:

»Wirtschaft und Technik erhalten ihren Sinn erst durch den Menschen, dem sie zu dienen haben. Und der Mensch ist nur in dem Maß wahrer Mensch, als er Herr seiner Handlungen und Richter über ihren Wert, selbst der Meister seines Fortschritts ist,

in Übereinstimmung mit seiner Natur, die ihm der Schöpfer
gegeben hat und zu deren Möglichkeiten und Forderungen er in
Freiheit sein Ja sagt« (Nr. 34).

Das bedeutet aber, dass die volle menschliche Entwicklung nur in einer gemeinsamen, einer solidarischen Entwicklung geschehen kann. Paul VI. hebt die Pflicht zur Solidarität (Hilfe für arme Völker), die Pflicht zur sozialen Gerechtigkeit (gleichrangige Wirtschaftsbeziehungen und Ende der Ausbeutung durch asymmetrische Wirtschaftsmacht) und die Pflicht zur Liebe zu allen hervor, die sich in der Schaffung einer menschlicheren Welt konkretisiert, in der der Fortschritt der einen kein Hindernis für die Entwicklung der anderen ist. Dem Papst zufolge ist der innere Kern des Begriffs des Friedens die allseitige Entwicklung des Menschen. Paul VI. schrieb die Enzyklika in einer Zeit, die durch den Kalten Krieg zwischen Ost und West gekennzeichnet war. Darin sieht er eines der größten Hindernisse für eine umfassende menschliche Entwicklung. Sein Appell an die Politik ist deshalb eindeutig: »Staatsmänner, ihr habt die Pflicht, eure Völker zu einer wirksameren weltweiten Solidarität zu mobilisieren, sie davon zu überzeugen, dass Abstriche an verschwenderischen Ausgaben notwendig sind zugunsten der Entwicklungshilfe und zur Sicherung des Friedens! Delegierte der internationalen Organisationen, ihr vermögt viel, um an die Stelle der gefährlichen und unfruchtbaren militärischen Blockbildungen eine freundschaftliche, friedliche, selbstlose Zusammenarbeit zu einer solidarischen Entwicklung der Menschheit zu setzen, die allen Menschen Gelegenheit zu reicherer Entfaltung bietet!« (Nr. 84)

Das Thema Nachhaltigkeit wird in der Enzyklika nicht systematisch aufgegriffen, sondern in einen weiteren Zusammenhang gestellt. Der Mensch ist als Geschöpf und Abbild Gottes mit dem Auftrag versehen, sich die Welt untertan zu machen.

Die Nutzung der Erde steht allen Menschen zu; keiner darf ausgeschlossen werden, und die geschaffenen Güter müssen in »billiger Art und Weise« allen Menschen zufließen. Diesem Grundsatz, dass die Güter dieser Welt allen Menschen zuteilwerden müssen, haben sich auch Eigentum und freier Handel unterzuordnen. Eine zweite Aussage zur Nachhaltigkeit findet sich in der Wesensbestimmung des Menschen. Als »geistbegabtes Geschöpf« ist er gehalten, sich an Gott auszurichten. Seine Entfaltung ist eine Verwirklichung von Lebensfülle, die auf die Gemeinschaft und das Gemeinwohl bezogen ist. Deshalb ist Wachstum nie Selbstzweck, sondern auf die Entfaltung des Menschen hin bezogen; schon allein dies begründet einen Geist der Mäßigung im Umgang mit den Gütern der Erde, die als Suffizienz bezeichnet werden kann.

Johannes Paul II. hat in drei großen Enzykliken die Soziallehre der katholischen Kirche weiterentwickelt. In der 1981 erschienenen Lehrschrift *Laborem exercens* wird die menschliche Arbeit einer genaueren Betrachtung gewürdigt. Zum 20. Jahrestag von *Populorum progressio* beleuchtet die Enzyklika *Sollicitudo Rei socialis* aus dem Jahr 1987 die globalen Wirtschaftsbeziehungen. *Centesimus annus* schließlich gedenkt 1991 des 100. Jahrestages der ersten großen Sozialenzyklika aus dem Jahr 1891.

Die Arbeit ist das Medium der Beherrschung, aber auch der Ausbeutung der Erde. Die Nutzung der Rohstoffe, die Zähmung der Natur, ja auch Forschung und Entwicklung sind Formen der Arbeit. Sie ist eine planmäßige Gestaltung unserer Lebensumgebung. Der Mensch ist zur Arbeit berufen, denn sie unterscheidet den Menschen von anderen Geschöpfen. Sie ist zwar einerseits – in der biblischen Überlieferung – ein Fluch, denn nach der Vertreibung aus dem Paradies ist der Mensch in die Notwendigkeit gestellt, im Schweiße seines Angesichts sein Brot zu essen. Sie ist aber auch »ein Gut für den Menschen – für sein Menschsein –, weil er durch die Arbeit nicht nur die Natur umwandelt und seinen Bedürfnissen anpasst, sondern auch sich selbst als Mensch verwirklicht, ja gewissermaßen ›mehr Mensch wird‹.« (Nr. 9)[96]

War die erste Sozialenzyklika *Rerum novarum* noch von der Sozialen Frage geprägt, sieht Johannes Paul II. in *Laborem exercens* neue Herausforderungen der Arbeit: Automatisierung, steigende Energie- und Rohstoffpreise, das Wissen um die Begrenztheit der Natur und ihre zunehmende, untragbare Verschmutzung. Erstmals werden die Begrenztheit des Planeten und die Frage von internationaler Gerechtigkeit in einem Zusammenhang erörtert, wenngleich noch nicht systematisch ausgeführt. Der Mensch hat die Aufgabe, sich die Welt untertan zu machen, was durch Arbeit geschieht. Zugleich ist die Welt dem Menschen in Vergangenheit, Gegenwart und Zukunft gegeben. Für die Gegenwart gilt, dass die Frage nach der Gerechtigkeit die Frage nach Frieden ist. Dazu bedarf es einer grundlegenden Neuordnung und Revision der Wirtschaftsstrukturen und der Verteilung der Arbeit. Das könne für die entwickelten Länder eine Verringerung des Wachstums bedeuten, gleichzeitig aber Hoffnung und Erleichterung bringen für diejenigen, »die heute noch in schmachvollem und unwürdigem Elend leben« (Nr. 1). Gleichzeitig müssen die nachfolgenden Generationen von der Welt profitieren können, da der Mensch auch in die Pflicht gegenüber künftigen Generationen gestellt sei. Johannes Paul II. entwickelt seine Vorstellungen von internationaler und intergenerationeller Gerechtigkeit aus dem Begriff der Arbeit heraus. Die menschliche Arbeit ist der Schlüssel zur gesamten sozialen Frage, wenn sie vom Standpunkt des Wohls für den Menschen

---

96 Zum Thema Arbeit und Soziallehre: Matthias Zimmer, »Arbeit aus Sicht der Soziallehre«, in: Michael Thielen/ders. (Hrsg.), *Die Zukunft der Arbeit. Christlich-soziale Perspektiven*. Sankt Augustin und Berlin 2013, 23–69.

betrachtet werden soll. Arbeit ist weitaus mehr als nur ein Produktionsfaktor, wie es die moderne Volkswirtschaftslehre behauptet. Das wäre eine unzulässige Verkürzung. Der Begriff der Arbeit, den Johannes Paul II. entwickelt, ist normativ gesättigt. Deswegen ist Arbeit auch keine Ware an sich, sondern greift weit darüber hinaus. In der Arbeit wird der Mensch zum Mitschöpfer, er handelt als subjekthafte Person. Den eigentlichen Wert der Arbeit begründet, dass sie von Menschen gemacht wird, die in der Arbeit eine Zielbestimmung verwirklichen, die der Erfüllung ihres Personseins dient. In dieser subjektiven Dimension wurzelt die Würde der Arbeit. Daraus ergeben sich eine Reihe wichtiger Folgerungen. Wenn Arbeit der Verwirklichung der Person gilt, damit die Grundlage für den Aufbau der Familie als Keimzelle der Gesellschaft bildet, dann ist die Arbeit für den Menschen da und nicht umgekehrt der Mensch für die Arbeit. Darüber hinaus ist die Arbeit dann dem Kapital vorgeordnet; das Prinzip des Primates der Arbeit vor dem Kapital ist eine »Forderung sozialethischer Natur« (Nr. 15). Politisches Handeln ist in die Pflicht gestellt, solche Strukturen abzubauen, in denen Arbeit nicht der Verwirklichung der Person gilt, sondern ausbeuterische Züge hat: Wird der Mensch zum Mittel ökonomischer Zwecke gemacht, verfehlt die Arbeit ihre Zweckbestimmung, die Verwirklichung des Menschen in freier Arbeit. Ebenfalls nicht zu rechtfertigen sind solche Strukturen, die dem Menschen Arbeit entziehen, etwa dadurch, dass ihm durch ungerechte Wirtschaftsstrukturen die Möglichkeit genommen wird, durch Arbeit für sich selbst zu sorgen. Dies kann durch ungerechte Eigentumsregime verursacht sein oder durch ausbeuterische Wirtschaftspraktiken. Pflicht des Staates ist es, hier regulierend einzugreifen. Der gemeinsame Zugang zu den Gütern, die den Menschen zugedacht sind, kann deshalb auch die Sozialisierung gewisser Produktionsmittel rechtfertigen

(Nr. 14). In der Logik des Argumentes liegt dann auch, dass dafür Sorge getragen werden muss, dass den künftigen Generationen Gerechtigkeit widerfährt und sie ebenfalls Zugang zu Gütern und Produktionsmitteln haben müssen – ein auf Ausbeutung und Verbrauch gerichtetes Verhalten der gegenwärtigen Generation ist damit unvereinbar.

Dieser Gedanke wird in der Enzyklika *Sollicitudo rei socialis* aus dem Jahr 1987 weiter ausgeführt. Deutlich wird betont, dass kein absoluter Verfügungsanspruch über die nicht-regenerativen Ressourcen bestehe, denn dies gefährde das Fortbestehen nicht nur der gegenwärtigen, sondern auch der künftigen Generation. Man dürfe, so die Enzyklika, »nicht ungestraft von den verschiedenen lebenden oder leblosen Geschöpfen – Naturelemente, Pflanzen, Tiere – rein nach eigenem Gutdünken und entsprechend den eigenen wirtschaftlichen Erfordernissen Gebrauch machen« (Nr. 34). Man müsse »vielmehr der Natur eines jeden Wesens und seiner Wechselbeziehung in einem geordneten System wie dem Kosmos Rechnung tragen.«

Diese Betonung der Achtung der Natur spiegelt sicherlich auch die Einsicht, dass der moralische Charakter einer wahren menschlichen Entwicklung neben der Achtung der Würde des Menschen auch von der Achtung der Schöpfung abhängt. In *Centesimus annus* aus dem Jahr 1991 wird das Argument aufgegriffen und weiterentwickelt. Die Erde wird als Ur-Schenkung Gottes bezeichnet (Nr. 37) und daraus abgeleitet, dass es keine unbegrenzte und willkürliche Verfügungsgewalt des Menschen über die Schöpfung gebe. Scharf wird der »Konsumismus« gegeißelt, der maßlose und undisziplinierte Konsum, der mehr von dem Verlangen nach Besitz als nach dem Sein und dessen Entfaltung ergriffen sei. Wenn sich der Mensch nicht als Verwalter, sondern als Tyrann gegenüber der Natur verhalte, setze er sich an die Stelle Gottes und rufe schließlich die

Auflehnung der Natur gegen sich hervor. Daneben hebt die Enzyklika die Bedeutung der Humanökologie hervor, also dass der Mensch gemäß seiner Zweckbestimmung lebt und seine menschliche Umwelt entsprechend gestaltet.

Diese ganzheitliche Entwicklung des Menschen in der Liebe und in der Wahrheit ist Thema der Enzyklika *Caritas in veritate* von Papst Benedikt XVI. aus dem Jahr 2009. Spiegelt sich in *Centesimus annus* noch das Ende des Ost-West-Konflikts wider, ist der Hintergrund von *Caritas in veritate* die Wirtschafts- und Finanzkrise 2008/2009, die schlagartig die Gefahren der Globalisierung deutlich gemacht hatte. Papst Benedikt XVI. setzt gegen die Auswüchse der Globalisierung die Kultur des menschlichen Zusammenlebens, eben die Humanökologie, die auch für den Schutz der Umwelt von besonderer Bedeutung sei. So sei Entwicklung an Verpflichtungen gebunden, die aus der Beziehung des Menschen zur natürlichen Umwelt entstehen (Nr. 48). Die Natur dürfe nicht nach Belieben gebraucht oder technisiert werden; dies sei ebenso im Widerspruch zum christlichen Menschenbild wie die Idee, die Natur stehe über dem Menschen. Dem Menschen sei es gestattet, eine verantwortungsvolle Steuerung über die Natur auszuüben; die Erde müsse aber den neuen Generationen in einem Zustand übergeben werden, dass auch sie würdig auf ihr leben und sie weiter kultivieren können (Nr. 50). Notwendig sei dafür eine Kultur der Mäßigung, aber auch eine Einpreisung der Kosten der Naturnutzung. Der Schutz der Umwelt, der Ressourcen und des Klimas erfordere mehr denn je ein international abgestimmtes, gemeinsames Handeln.

Die enge Verbindung von Ökologie und gerechter internationaler Wirtschaftsordnung bleibt erhalten. Es lässt sich keine gerechte Wirtschaftsordnung denken, die nicht auch nachhaltig ist und sich im Rahmen des von Gott gegebenen Mandats die Erde untertan macht. Gleichzeitig werden Fehlentwicklungen benannt: ein technisches Denken, das alles unter seinen Primat zwingt, gleichzeitig aber auch ein konsumistisches Denken, das die eigentliche Wesensbestimmung des Menschen verfehlt. Die Soziallehre wendet sich nicht gegen Kapitalismus oder Industrialisierung als solche, sie sieht durchaus deren positive Seiten. Sie betont aber den unauflöslichen Zusammenhang von Freiheit und Verantwortung auch im Wirtschaftsgeschehen: Verantwortung für die lebenden Fernsten, aber auch für die Lebensbedingungen künftiger Generationen. Benedikt XVI. hat es an anderer Stelle deutlicher formuliert: Da Fortschritt nicht nur eine Entwicklung zum Besseren beinhalte, sondern auch eine zerstörerische Potenz habe, müsse man Kriterien finden, welche Art Fortschritt tatsächlich Fortschritt sei; der bisherigen Kombination des Fortschrittsbegriffs aus Erkenntnis und Macht habe der Aspekt des Guten gefehlt. Nur dieser könne aber die notwendige Grundlagenbesinnung ermöglichen.[97]

Die Enzyklika *Laudato si'* von Papst Franziskus aus dem Jahr 2015 setzt zum einen die Themen der bisherigen Enzykliken fort, hebt das Thema der Sorge um das gemeinsame Haus der Erde aber auf eine neue Ebene.[98] Bemerkenswert ist zunächst die Selbstverständlichkeit, mit der der Klimawandel als Tatsache anerkannt und der Mensch als Verursacher benannt wird. Franziskus lässt keinen Zweifel daran, dass die ökologische Frage neben der Frage der Ungerechtigkeit und der Armut zu den drängendsten Herausforderungen der Menschheit gehört, ja mehr noch: dass diese Fragen auch miteinander verbunden sind. Diese Lage rufe »das Stöhnen der Schwester Erde hervor, die sich dem Stöhnen der Verlassenen der Welt

---

97 Benedikt XVI., *Licht der Welt. Der Papst, die Kirche und die Zeichen der Zeit. Ein Gespräch mit Peter Seewald.* Freiburg im Breisgau 2010, 61–64.
98 http://w2.vatican.va/content/francesco/de/encyclicals/documents/papa-francesco_20150524_enciclica-laudato-si.html.

anschließt, mit einer Klage, die von uns einen Kurswechsel verlangt.« (Nr. 53) Aber Franziskus benennt auch deutlich die Ursachen der gegenwärtigen Misere: ein »despotischer Anthropozentrismus, der sich nicht um die anderen Geschöpfe kümmert« (Nr. 68), die »Versessenheit auf konsumorientierten Lebensstil« (Nr. 204), eine »große anthropozentrische Maßlosigkeit« (Nr. 118), ein »irrationales Vertrauen auf Fortschritt« (Nr. 19). Vieles davon ist nicht neu und spielte in den Enzykliken der Vorgängerpäpste schon eine Rolle. In *Laudato si'* werden ökologische und soziale Fragen aber systematisch zusammen betrachtet. Dies bedeutet, dass soziale und ökologische Fragen nicht gegeneinander ausgespielt werden können; sie sind miteinander verschränkt, es gibt nur eine einzige und komplexe sozio-ökologische Krise (Nr. 139). Franziskus betont die besondere Verantwortung der entwickelten Staaten. Es gibt »diversifizierte Verantwortlichkeiten« (Nr. 52) schon alleine deshalb, weil einige von dem von Menschen gemachten Klimawandel profitieren, andere sowohl die ökologischen wie sozialen Kosten tragen. In der Tradition auch früherer Enzykliken geißelt der Papst den Konsumismus der westlichen Welt, die Wegwerfkultur, den Materialismus. Doch dies sind Symptome einer tieferen Krise: des Auseinanderbrechens der engen Beziehungen des Menschen zu Gott, zum Nächsten und zur Erde. Dieser Bruch ist die eigentliche Sünde (Nr. 66). Alles Weitere ergibt sich daraus: ein falsches naturwissenschaftliches Verständnis, das die Natur zum Objekt macht; ein falsches Verständnis vom Mitmenschen, das ihn zum Mittel wirtschaftlicher Zwecke macht; ein falsches Verständnis des Menschen selbst, der seine Rolle und seinen Platz im Ganzen nicht mehr kennt. Die ökologische Umkehr, die Franziskus fordert, ist deshalb eine umfassende Umkehr, die sich nicht nur in der Rücksicht auf die Natur äußert. Diese Umkehr braucht die Anerkennung der Tatsache, dass alles miteinander verbunden ist. Franziskus ist kein Befürworter der Gaia-Theorie, die etwa von Leonardo Boff vertreten wird[99]; gleichwohl klingt sie in der Enzyklika an. Die Umkehr liegt darin, anzuerkennen, dass privates Eigentum Grenzen hat; Gemeingüter wie die Atmosphäre, das Wasser oder die Biodiversität tragen die universelle Widmung in sich. Die Umkehr liegt in einer ökologischen Spiritualität, die die Achtsamkeit gegenüber der Schöpfung in den Mittelpunkt stellt, und sie liegt in einer Zähmung und Einhegung des Marktes. In seinem Apostolischen Schreiben *Evangelii gaudium* hatte Franziskus vor einer Wirtschaft gewarnt, die tötet: Eine Wirtschaft nämlich, die ausschließt und zu extremer Ungleichheit führt (Nr. 53).[100] Diese Gedanken werden in der Enzyklika wieder aufgenommen mit einer Kritik an den Machtverhältnissen, die durch wirtschaftliche Strukturen vermittelt werden. Dadurch würde der Vorrang des Menschen geleugnet.

Franziskus fordert eine Umkehr, eine Neubestimmung unserer Prioritäten, eine ganzheitliche Ökologie. Die Fortführung der gegenwärtigen Lebensstile kann nur in die Katastrophe führen. Damit fordert der Papst auch eine Neubestimmung unseres Verständnisses von Natur, Wissenschaft und Fortschritt. Die ökologische Krise ist von Menschen gemacht, sie kann auch von Menschen überwunden werden. Sie ist kein Schicksal. Die Logik der Gewalt gegen die Natur und die Mitmenschen muss indes überwunden werden. Der Mensch hat die Wahl; die Umkehr beginnt mit den kleinen Gesten, führt über eine notwendige Änderung der Lebensstile und beinhaltet auch die Dimension der Schaffung einer wirklichen Welt-

---

99 S. u. S. 170 f.
100 http://w2.vatican.va/content/francesco/de/apost_exhortations/
documents/papa-francesco_esortazione-ap_20131124_evangelii-
gaudium.html. Vgl. dazu Franz Segbers/Simon Wiesgickl (Hrsg.), ›*Diese
Wirtschaft tötet.*‹ *Kirchen gemeinsam gegen den Kapitalismus.* Hamburg
2015.

autorität. Jeder Einzelne ist damit in eine Entscheidungssituation gestellt, zum Wohl des Ganzen. Franziskus scheint überzeugt davon, dass es noch nicht zu spät sei, denn die Enzyklika endet mit einer positiven Note. Dies sei eine »lange frohe und zugleich dramatische Überlegung« gewesen, schreibt Franziskus abschließend (Nr. 246), und beendet die Enzyklika mit zwei Gebeten: eines für die Christen, eines aber für alle, »die an einen Gott glauben, der allmächtiger Schöpfer ist«. Der Kreis der Adressaten geht also über die Gläubigen der Kirche hinaus. Das päpstliche Rundschreiben richtet sich an all jene, die aus religiöser Spiritualität heraus Handlungen begründen.

Zweifellos ist *Laudato si'* ein starkes Dokument, das sehr bewusst auch die Erfahrungen der Weltkirche und anderer Religionen mit einbezieht. Es plädiert aber nicht für eine Rückkehr in eine vormoderne Zeit, sondern für eine Demut im Umgang mit der Natur, für eine Rückbesinnung auf das menschliche Maß. Es gebe keine Ökologie ohne eine angemessene Anthropologie (Nr. 118) – diese Ermahnung der Enzyklika kennzeichnet gleichzeitig die Fehlentwicklungen eines Denkens, das den Menschen über die Natur stellt. Es ist damit letztlich moderner als die Wissenschaften, die uns noch immer glauben lassen wollen, dass das Subjekt des Descartes die Krone der Schöpfung sei.

Gemeinsame Positionen der beiden Kirchen

Liest man die gemeinsamen Texte der Evangelischen Kirche Deutschlands und der Deutschen Bischofskonferenz zu Fragen der Ökologie, fällt auf, dass die Problemlagen sehr viel früher, deutlicher und schärfer benannt werden als in den Sozialenzykliken der katholischen Kirche. Das mag zum einen daran liegen, dass Kirchen vor Ort immer auch in einen gesellschaftlichen Kontext eingebunden sind und die Diskussionslagen unmittelbarer widerspiegeln als die weltkirchlich ausgerichteten Verlautbarungen des Heiligen Stuhls. So hat sich ja auch in der katholischen Kirche selbst eine lange und fruchtbare Debatte um die Befreiungstheologie entzündet, die an den ökonomischen und sozialen Schieflagen in Latein- und Südamerika Anstoß nahm und daraus sehr weitgehende politische Forderungen ableitete. Der universale Auftrag der katholischen Kirche und der Wille, die Einheit der Kirche in der Verkündigung zu bewahren, sprechen dann eher für eine Kultur argumentativer Zurückhaltung auch in Fragen der Soziallehre. Zweitens ist die evangelische Kirche stärker plural ausgerichtet und weniger auf die Einhaltung einheitlicher Sprachregelungen angewiesen. Gleichwohl haben sich in den vergangenen Jahrzehnten in Deutschland katholische Soziallehre und evangelische Sozialethik angenähert; Differenzen verlaufen häufig jenseits konfessioneller Trennlinien.

Vor diesem Hintergrund ist die Gemeinsame Erklärung *Verantwortung wahrnehmen für die Schöpfung* aus dem Jahr 1985 ein Paukenschlag.[101] Die Verantwortung für die Schöpfung ernst zu nehmen erfordere nicht weniger als eine Veränderung des Verhaltens und ein neues Denken – so Joseph Kardinal Höffner und Landesbischof D. Eduard Lohse schon im Vorwort der Erklärung. Auf der Suche nach den Ursachen der Umweltkrise werden die Kirchen zunächst in weltanschaulichen Denkgewohnheiten fündig: einem Naturverständnis, das die Natur als Objekt betrachtet, einem Technikverständnis, das sich seiner Kollateralschäden nicht bewusst wird, eine ethische Verunsicherung, die die Ehrfurcht vor allem Lebenden relativiert, und eine naive Fortschrittsgläubigkeit, die ökologische Schäden zugunsten des Wachstums bedenkenlos in Kauf

---

101 https://www.ekd.de/EKD-Texte/44681.html.

nimmt. Darüber hinaus werden strukturelle Ursachen angesprochen: eng begrenzte Zuständigkeiten in Politik und Verwaltung, konkurrierende Nutzungsinteressen, Zielkollisionen
mit anderen dringenden gesellschaftlichen Erfordernissen oder
die Zwänge einer repräsentativen Demokratie, die rasche
Erfolge brauche und deshalb auf pragmatische Lösungen
setze. Die Denkschrift spricht hier Problemlagen an, die heute
zum Teil noch kontrovers diskutiert werden. Wie viel Wachstum brauchen wir, und welches? Über diese Frage hat sich eine
Enquete-Kommission des Deutschen Bundestages so zerstrit-
ten, dass am Ende zwei Texte entstanden sind, die zugespitzt
auf diese Fragen sehr unterschiedliche Antworten geben.[102]
Um die Frage, ob repräsentative Demokratien überhaupt
institutionell in der Lage sind, auf drängende ökologische
Herausforderungen angemessene Antworten zu finden, gibt es
seit einiger Zeit eine Debatte, die unter dem Stichwort »öko-
autoritäre Lösungen« geführt wird.[103]

Handlungsbedarf sieht die Denkschrift auf zwei Ebenen.
Politisch müsse es darum gehen, die Soziale Marktwirtschaft
um eine ökologische Komponente zu erweitern. Ziel sei eine
»ökologisch verpflichtete soziale Marktwirtschaft«, in der der
Zielkatalog der Wirtschaft um die »Erhaltung der natürlichen
Umwelt« erweitert werden müsse. Eine ökologisch verpflichtete soziale Marktwirtschaft komme ohne Gebote und Ver-

---

102 Abschlussbericht der Enquete-Kommission »Wachstum, Wohlstand,
Lebensqualität« (2013), 43–212 mit zusätzlichen Sondervoten und Repli-
ken.
103 Bernhard Pötter, *Ausweg Ökodiktatur? Wie unsere Demokratie an der
Umweltkrise scheitert.* München 2010. Aufschlussreich ist in diesem
Zusammenhang auch der Bericht des Wissenschaftlichen Beirates der
Bundesregierung Globale Umweltveränderungen (WBGU) aus dem Jahr
2011: *Welt im Wandel. Gesellschaftsvertrag für eine Große Transformation.*
Berlin 2011 (http://www.wbgu.de/fileadmin/templates/dateien/
veroeffentlichungen/hauptgutachten/jg2011/wbgu_jg2011.pdf),
200–205, in dem das Thema aufgegriffen wird.

bote, Abgaben, Kontrollen und Sanktionen nicht aus. Wichtig sei auch, das Verursacherprinzip soweit als möglich einzuführen: Wer die Umwelt belaste, habe die Folgen zu tragen. Wichtig sei ferner eine Politik der gezielten Förderung von sanften und alternativen Energien, von langlebigen, energiesparenden und umweltfreundlichen Produktionsverfahren und Techniken. Gleichzeitig sei aber jeder Einzelne in die Verantwortung gerufen, denn Umweltverantwortung beginne beim eigenen Lebensstil und könne durchaus Disziplin und Einschränkung bedeuten.

Die nachfolgenden gemeinsamen Texte greifen die beiden Gedankengänge auf und erweitern sie. 1997 erscheint *Für eine Zukunft in Solidarität und Gerechtigkeit*.[104] Das umfangreiche Papier war Ergebnis eines breit angelegten mehrjährigen Konsultationsprozesses. Zwar stehen hier soziale Probleme im Vordergrund, doch der Begriff der Nachhaltigkeit ist hier neben dem der »Zukunftsfähigkeit« ein Leitbegriff. Nachhaltigkeit wird aus der Solidarität heraus begründet und entwickelt (Kap. 3.3.5). Sie ist eine grundlegende ethische Perspektive und schließt die Verantwortung für die Schöpfung und die künftigen Generationen mit ein. Eine nachhaltige Entwicklung ist dauerhaft und zukunftsfähig. Der Mensch ist in die Pflicht genommen, als Sachwalter Gottes für die Schöpfung einzustehen, »ihr mit Ehrfurcht zu begegnen und schonend, haushälterisch und bewahrend mit ihr umzugehen.« Das Dokument verweist auf einen »ökologischen Gesamtzusammenhang«, dem menschliches Handeln Rechnung zu tragen habe, und spricht von der Einbindung menschlichen Handelns in das »Netzwerk Natur«.

Nachhaltigkeit wird umfassend verstanden, also nicht nur auf den Bereich des Umweltschutzes bezogen. Deshalb spricht

---

104 https://www.ekd.de/download/sozialwort_1997.pdf.

der gemeinsame Text auch (erstmals) von einer ökologisch-sozialen Marktwirtschaft, in der das Prinzip der Nachhaltigkeit im Umgang mit der Umwelt Anwendung finde, aber auch in der Landwirtschaft, dem Wohlfahrtsstaat und dem Wirtschafts- und Finanzsystem. Das Grundprinzip der Marktwirtschaft wird verteidigt – marktwirtschaftliche Ordnungsprinzipien seien »ein unverzichtbares Element bürgerlicher Freiheit und die Bedingung innovativen unternehmerischen Handelns«. Gleichzeitig wird aber ausführlich begründet, dass »Marktwirtschaft pur« nicht ausreicht, die sozialen, ökonomischen und ökologischen Herausforderungen zu meistern. Eine ökologisch-soziale Marktwirtschaft ist dabei aber mehr als nur eine ökologische Nachbesserung der Sozialen Marktwirtschaft. Auf dem Weg dorthin bedarf es einer »Strukturreform«, die allerdings nicht weiter systematisch ausgeführt wird. Elemente einer solchen Strukturreform könnten indes sein: die Abkopplung des Ressourcenverbrauchs und der Umweltbelastung von der wirtschaftlichen Entwicklung, die Schaffung umweltgerechter Produktionskreisläufe, eine ökologisch informierte Finanzreform, Risikobegrenzungen in sensiblen Bereichen wie Energie, Chemie, Landwirtschaft und Verkehr, Förderung regenerativer Energien, aber auch Änderungen im Lebensstil der Einzelnen, zu dem auch Verzicht gehöre (Kap. 5.3). Der gemeinsame Text problematisiert den Wohlstandsbegriff; gerade christliches Leben biete viele Ansatzpunkte zur Kritik der Gleichsetzung von »gut leben« und »viel haben«; der größte Gewinn an Lebensqualität sei nicht durch einen höchstmöglichen Konsum erreicht.

Gleichzeitig wird der Blick auch international geweitet. Durch die Globalisierung werden die sozialen und ökologischen Fragen ebenfalls global. Die Kluft zwischen den Staaten im industrialisierten Norden und den Staaten im armen Süden vergrößert sich. Eine ökologisch-soziale Marktwirtschaft müsse deshalb auch global sein, das heißt sowohl eine solidarische und gerechte Wirtschafts- und Handelsordnung zwischen den Staaten garantieren als auch innerhalb der Staaten für soziale Sicherung und Teilhaberechte an der Gesellschaft sorgen. Verantwortung in der »Einen Welt« wahrnehmen (Kap. 5.5) heißt dementsprechend, den Kampf gegen Armut und soziale Ausgrenzung zur gemeinsamen Aufgabe zu machen, die Leitbildfunktion zukunftsorientierten Wirtschaftens anzunehmen, entsprechende Pfade einer sozial und ökologisch verträglichen Entwicklung zu fördern und einen verbindlichen Ordnungsrahmen für die internationale Entwicklung zu schaffen.

Der gemeinsame Text *Für eine Zukunft in Solidarität und Gerechtigkeit* steht trotz seines Umfangs stark unter dem Eindruck der damals bedrängenden Herausforderungen der Massenarbeitslosigkeit und der Sicherung der sozialen Systeme. Beinahe entschuldigend vermerken die Autoren, dass sich die großen Zukunftsaufgaben – und dazu zählten sie unter anderem die Bewahrung der natürlichen Grundlagen des Lebens, die Veränderung des vorherrschenden Wohlstandsmodells und die Herstellung von mehr internationaler Gerechtigkeit – demgegenüber in dem Text nicht im angemessenen Umfang abgehandelt finden. Gleichwohl stellt der Text einen wichtigen Meilenstein auch für die Nachhaltigkeitsdebatte dar, weil alle Versatzstücke der aktuellen Debatte hier bereits angelegt und vorformuliert sind.

Im Text zu der *Gemeinsamen Verantwortung für eine gerechte Gesellschaft* aus dem Jahr 2014 stehen die Wirtschafts- und Finanzkrise sowie die wachsenden Umweltprobleme im Vordergrund.[105] Der Text ist geschrieben in der Erkenntnis, dass die Belastungsgrenzen des Planeten bereits erreicht seien. Die

---

105 https://www.ekd.de/download/gemeinsame_verantwortung_gt_22.pdf.

10 Thesen schließen an das gemeinsame Papier von 1997 an, sind aber kürzer und konziser gefasst. Das Bild der ökologisch-sozialen Marktwirtschaft wird wieder aufgegriffen; es müsse das in den Industrieländern etablierte und von den Schwellen- und Entwicklungsländern kopierte, nicht tragfähige Wirtschaftsmodell ersetzen. Dazu bedürfe es eines Bewusstseinswandels; ohne diesen münde die ökologische Krise zwangsläufig auch in eine ökonomische und soziale Krise. Die Industrieländer tragen als Hauptverantwortliche der Klima- und Umweltbelastung Verantwortung dafür, die technologischen Voraussetzungen für eine nachhaltige Transformation der Wirtschaft mit den Schwellen- und Entwicklungsländern zu teilen. Das Papier verdammt Wachstum nicht, denn dieses sei der Weg aus der Armut; es setzt aber vor allem auf eine qualitative Wohlstandssteigerung. Wachstum müsse überdies vom Ressourcenverbrauch entkoppelt werden. Entscheidend neben den technologischen Möglichkeiten sei jedoch, die ökologische Nachhaltigkeit in den Wirtschafts- und Lebensstilen zu verankern. Unmissverständlich wird formuliert: »Es braucht eine weltweit greifende grundlegende Transformation der Wirtschafts- und Lebensstile, um auch für kommende Generationen eine hohe Lebensqualität zu erreichen« (S. 35). Dabei sollen marktwirtschaftliche Prinzipien und sozialer Ausgleich mit dem neuen Ziel der ökologischen Verantwortung verbunden werden; diese Zielpluralität verursacht durchaus Konflikte, die aber in der gemeinsamen Erklärung nicht aufgehoben werden.

In allen gemeinsamen Texten der beiden Kirchen bleibt es bei dem Ordnungsmodell der (Sozialen) Marktwirtschaft, denn planwirtschaftliche Ansätze könnten die anstehenden Probleme nicht lösen. Es geht den beiden Kirchen in ihren Debatten über Nachhaltigkeit nicht um ein grundsätzlich anderes Wirtschaftssystem, sondern um die Weiterentwicklung der Prinzipien der Sozialen Marktwirtschaft. Dabei setzen die Kirchen durchaus auf technologische Innovation; das Ziel der Entkopplung von Wachstum und Ressourcenverbrauch könne nur durch eine Weiterentwicklung der technischen Möglichkeiten befördert werden. Zweitens wird die Verantwortung der westlichen Staaten für die globalen Umweltprobleme betont. Es ist mithin eine Frage der internationalen Gerechtigkeit, dass die industrialisierten Staaten einen besonderen Beitrag zur Lösung der ökologischen (und auch der damit einhergehenden sozialen) Probleme leisten. Schließlich die Ebene der persönlichen Verantwortung: Wer sein Leben davon leiten lasse, immer mehr haben zu wollen und rücksichtslos zu gebrauchen, der handele nicht in Übereinstimmung mit seiner Wesensbestimmung. Eine Wirtschaftsordnung hingegen, die sich nicht mehr nur vom bloßen Haben-wollen leiten lasse, könne sicherlich auch eher Abschied nehmen von einem quantitativen Wachstumsbegriff zugunsten einer qualitativen Wohlstandssteigerung. Fehlende Nachhaltigkeit zeige sich mithin als Mangel in den institutionellen Strukturen, der Dreh- und Angelpunkt aber seien die individuellen Lebens- und Wirtschaftsweisen, mit denen der Mensch selbst mittlerweile die Bedingungen seiner weiteren Existenz auf dem Planeten Erde gefährde.

5. Exemplarisches Denken in christlicher Tradition

Die kirchlichen Dokumente bleiben, trotz der deutlichen Hinweise, die sie für die Lebensgestaltung und gerechte Strukturen und Institutionen geben, konsensual ausgerichtet. Sie umfassen im Fall der Enzykliken die Weltkirche als Gemeinschaft der Gläubigen aus Industrie- und Entwicklungsländern, sie spiegeln die Kirche der Konservativen wie die der Revolutionäre wider. Die gemeinsamen Texte der Evangelischen Kirche Deutschlands und der Deutschen Bischofskonferenz tragen einen ähnlichen Zwang zum Konsens in sich: Auch hier muss zwischen bewahrenden und verändernden Kräften ein Gleichgewicht gefunden werden. Sie sind zudem auch politische Texte, die nicht nur bei den Gläubigen Wirkung entfalten sollen, sondern auch als Einladung zum Nachdenken in der Politik zu verstehen sind.

Deshalb will ich im Folgenden drei Autoren vorstellen, die auf je unterschiedliche Weise christliche Überlieferung und Nachhaltigkeitsdenken weitergeführt, ja auch radikalisiert haben. Damit soll exemplarisch die Spannbreite der Möglichkeiten des christlichen Denkens im Umgang mit der Schöpfung verdeutlicht werden.

Albert Schweitzer

Albert Schweitzer ist uns heute bekannt als der Arzt von Lambarene im heutigen Gabun, als Friedensnobelpreisträger und entschiedener Pazifist. Er war aber auch Wissenschaftler, nicht nur im Bereich der Musikwissenschaften, sondern auch als Theologe und Philosoph; als solcher hat er eine Ethik der Ehrfurcht vor dem Leben formuliert, die für unseren Zusammenhang wichtig ist.

Schweitzers Idee geht zurück auf ein zunächst eher diffuses Unbehagen an der Kultur und Philosophie seiner Zeit schon während seiner Studienjahre. Während des Ersten Weltkriegs begann er mit der Niederschrift eines Buches, das 1923 unter dem Titel »Kulturphilosophie« erschien. Später wurden die beiden Teile der Kulturphilosophie zu einem Band vereinigt und unter dem Titel *Kultur und Ethik* veröffentlicht.[106] Diese Hinweise sind deshalb wichtig, weil sie den zeitgeschichtlichen und geistigen Hintergrund des Werks deutlich machen. Es entstand nicht in der Auseinandersetzung mit der intellektuell erst später erstarkenden Soziallehre, sondern mit der Philosophie des späten 19. Jahrhunderts. Es hat in gewisser Weise eigenständigen Charakter.

Schweitzer argumentiert nicht streng logisch ableitend oder analytisch, sondern zuweilen assoziativ, dies alles im Wissen um und in Auseinandersetzung mit der europäischen Philosophie der letzten Jahrhunderte, aber auch der indischen und chinesischen Philosophie. Er konstatiert sehr wohl, dass gerade Europa sich mit Blick auf den materiellen Fortschritt von anderen Kulturen abhebt, bemerkt aber gleichzeitig eine Leere der Kultur, ja einen Niedergang, der für den Ausbruch des Ersten Weltkriegs mit verantwortlich sei. Zwar habe es die westliche Zivilisation vermocht, der Welt einen ungeheuren materiellen Fortschritt vorzuführen, doch habe die geistige Entwicklung damit nicht Schritt halten können und sei verkümmert. Schweitzer geht tief in die Geschichte der Philosophie hinein, bis zu dem Franzosen René Descartes, der für die neuzeitliche Philosophie so wichtig geworden ist. Den letzten Grund der Erkenntnis habe Descartes im erkennenden Men-

---

106 Albert Schweitzer, *Kultur und Ethik*. München 1990.

schen gesehen, der dann die Welt erkennend rekonstruiert. Schweitzer hält dies für einen Fehler, denn es habe den Menschen auf das rein Rationale reduziert und lasse keinen Platz für die berechtigten Interessen der Mitgeschöpfe. So habe Descartes in Tieren nichts anderes als Automaten ohne eigene Empfindungen gesehen. Das führe zu einem geradezu verantwortungslosen Umgang mit Tieren. Sie werden wie Sachen behandelt. Schweitzer sieht darin einen Verlust an ethischer Substanz und greift schon die grundlegenden Prämissen von Descartes an. Die unmittelbarste Tatsache des Bewusstseins des Lebens sei nicht das erkennende Subjekt, sondern die Erkenntnis: Ich bin Leben, das leben will, inmitten von Leben, das leben will. Damit, so Schweitzer, »erfasst sich der Mensch in jedem Augenblick, in dem er über sich selbst und über die Welt um ihn herum nachdenkt.«[107]

Die Nähe zur Sichtweise des Menschen als Person wird deutlich. Der Mensch ist nicht alleine, sondern in eine Vielzahl von Bezügen mit anderen Menschen gestellt. Gegenüber anderen Menschen und ihren Bedürfnissen Ehrfurcht zu haben, ist nicht notwendig; dafür wäre ein reines gegenseitiges Interessenkalkül hinreichend. Doch Schweitzer macht hier nicht Halt. Er bezieht die Schöpfung insgesamt in dieses Bewusstsein mit ein und begründet so seine Ethik. Die Ehrfurcht vor dem Leben, die sich als sittliche Forderung aus dem unmittelbaren Bewusstsein des Lebens ergibt, »ist Ergriffensein von dem unendlichen, unergründlichen, vorwärtsstrebenden Willen, in dem alles Sein gegründet ist.«[108] Der Mensch ist also nicht nur gegenüber dem Mitmenschen zu ethischem Verhalten verpflichtet, sondern gegenüber allem Sein; er hat eine »subjektive, extensiv und intensiv ins Grenzenlose gehende Verantwortlich-

---

107 Albert Schweitzer, *Aus meinem Leben und Denken*. Hamburg 1980, 153.
108 Albert Schweitzer, *Kultur und Ethik*, 303.

keit für alles in seinen Bereich tretende Leben.«[109] Damit ergibt sich als Grundprinzip des Sittlichen: Gut ist, was das Leben erhält und fördert, böse, was es vernichtet oder hemmt.

Schweitzer legt damit eine radikale Ethik vor, im besten Sinn des Wortes: Sie geht bis an den Urgrund, an die Wurzel des Lebens. Wird sie ernst genommen, haben sich sowohl Fragen der internationalen Gerechtigkeit wie der Nachhaltigkeit erledigt: Die Achtsamkeit im Umgang mit dem Leben als sittliches Prinzip verhindert die Überforderung der Ressourcen ebenso wie ungerechte, asymmetrische oder ausbeuterische Wirtschaftsbeziehungen. Schweitzers »Ehrfurcht vor dem Leben« ist häufig auch zum Ansatz tierethischer Überlegungen geworden. Sein Ansatz verzichtet darauf, Fragen der Empfindungsfähigkeit zum Abgrenzungsmerkmal eigenständiger Rechte von Tieren zu machen. Seine Ethik postulierte Pflichten für den Menschen allem Leben gegenüber. Es ist aber nur der Mensch (als vernunft- und einsichtsfähiges Wesen), der diese Pflichten hat. Dies begründet seine besondere Stellung in der Schöpfung und stellt ihn in eine besondere Verantwortung.

Schweitzer ist dabei nicht naiv. Er sieht durchaus die praktische Notwendigkeit, die Ehrfurcht vor dem Leben zu verletzen. Der Mensch muss essen, und selbst als Vegetarier kommt er nicht umhin, pflanzliches Leben zu vernichten. Er wird medizinisch behandelt durch die Abtötung von Krankheitserregern, er muss, um das Notwendige zum Leben zu erhalten, anderes Leben beenden und gebrauchen. Aus dieser Gewalt der Notwendigkeit gibt es kein Entkommen, und Schweitzer stellt den Menschen in dieses Dilemma zwischen dem Ethischen und dem Notwendigen hinein. Die ethische Grundforderung bleibt durch die Gewalt des Notwendigen unberührt, sie gilt. Der Mensch wird schuldig, es ist seine subjektive Ent-

---

109 Ebd., 327.

scheidung, wie und wann er es wird. Die Ehrfurcht vor dem Leben erlaubt keine Abwägung, sie ist nicht relativ. Schweitzers Ethik ist eine Ethik der Aufmerksamkeitsschärfung gegenüber dem Postulat des Lebens. Gleichzeitig ist sie eine tragische Ethik. Alles, was wir tun können, ist, die notwendige Schädigung so gering wie möglich zu halten. Eine vollkommene Erfüllung ihrer Postulate ist nicht möglich, und eine nur annähernde nur unter Auslöschung des eigenen Lebens – ein Widerspruch in sich, denn die Ethik der Ehrfurcht vor dem Leben schließt das eigene Leben mit ein. Neben dem Vermeidungsgebot kennt Schweitzer auch ein Hilfestellungsgebot. Ich darf nicht Leben schädigen oder es beenden. Ich komme aber häufig nicht darum herum. Damit werde ich schuldig. Das Gebot, Hilfestellung zu leisten gegenüber jeder Kreatur, verpflichtet mich aus der Schuld heraus, die ich als Mensch auf mich geladen habe. Die tätige Hingabe an das Leben ist damit Anerkennung der umfassenden Ehrfurcht vor dem Leben.

Schweitzers Ethik ragt wie ein gleißender Monolith in das moderne Leben hinein. Sie scheint unmittelbar eingängig, doch gleichzeitig völlig entgegengesetzt zu allen Lebensnotwendigkeiten, denen wir uns ausgesetzt sehen. Letztlich ist sie auch nicht vereinbar mit der gegenwärtigen Wirtschaftsordnung. Schweitzer würde das vermutlich nicht leugnen, aber dennoch sagen: Betrachtet das Leben, das ihr führt, daraufhin, was wirklich notwendig ist. Gefordert ist eine Haltung der Suffizienz aus einer Ethik des Lebens heraus. Und mit Blick auf diejenigen, die eine überpersönliche Verantwortung tragen, mahnt er, dass der wahre Maßstab nicht die Zweckmäßigkeit oder der Erfolg sei, sondern die Humanität; diese könne den Menschen auch wieder das Vertrauen geben in eine durch »Menschlichkeit erleuchtete Gerechtigkeit«[110]. Was als Kritik

110 Ebd., 350.

an der Kultur der Zeit begonnen hat, ist weit darüber hinaus ein ethischer Gesamtentwurf geworden, dem jegliche kulturelle Differenzierung fremd sein muss. Das Gebot der Ehrfurcht vor dem Leben gilt universal und ist Voraussetzung aller Kultur.

Vittorio Hösle

Der deutsche Philosoph Vittorio Hösle ist kein Vertreter der katholischen Soziallehre; doch sein Denken – wesentlich durch Platon und Hegel bestimmt – hat eine enge Verwandtschaft mit den Grundlinien der katholischen Lehre. Hösle ist seit 1999 Professor an der katholischen University of Notre Dame in den USA. Im Jahr 2013 wurde er von Papst Franziskus in die Päpstliche Akademie der Sozialwissenschaften berufen. Diese Akademie, die aus nicht mehr als maximal 40 Gelehrten besteht, ist ein Instrument der katholischen Kirche zur Weiterentwicklung der Soziallehre.

Das für unseren Zusammenhang interessante Werk ist Hösles 1994 erschienene *Philosophie der ökologischen Krise*.[111] Das sperrige und nicht leicht zu lesende kleine Büchlein geht zurück auf fünf Vorlesungen, die Hösle im Jahr 1990 an der Akademie der Wissenschaften in Moskau hielt. Auch für ihn ist die Ausgangslage klar: Er sieht eine ökologische Katastrophe heraufkommen, die Möglichkeit eines kollektiven Selbstmordes; dies wäre »ein Frevel am Absoluten« (S. 16) in einem bislang unbekannten Ausmaß. Die Herausforderung der Zeit bestehe darin, dem Menschen eine metaphysische Heimat in der technischen Zivilisation wiederzugewinnen.

Schon aus den wenigen einleitenden Bemerkungen wird deutlich, dass im Zentrum von Hösles Philosophie ein Verlust

---

111 Vittorio Hösle, *Philosophie der ökologischen Krise*. München 1994.

steckt, ein blinder Fleck durch eine Verirrung des Denkens. Hösle konstatiert, dass auf der einen Seite die Wissenschaft sich in ungeahnte Höhen entwickelt habe, dass diese Rationalität der Naturbeherrschung aber gleichzeitig eine zerstörerische Wirkung hatte. Es fehle an Weisheit und Verantwortungsgefühl, die in der antiken Wissenschaft noch dazugehört hätten. Wissen ist Macht, aber Macht ist auch Verantwortung; diese Erkenntnis sei verloren gegangen.

Hösle macht dies fest an der Philosophie von Descartes und seiner Unterscheidung von *res extensa* (materielle Substanz) und *res cogitans* (denkende Substanz). Der Mensch ist denkende Substanz, auch wenn er körperlich der Welt der materiellen Substanz angehört. Descartes baut aber auf dem Dualismus beider, der Trennung zwischen (erkennendem) Subjekt und (zu erkennendem) Objekt, die Grundlagen der modernen Naturphilosophie auf. Danach ist die Welt der Objekte (und damit die gesamte Natur) auf den Menschen bezogen. Sie besitzt keine eigene Würde, keine eigene, vom Menschen unabhängige Zweckbestimmung. Sie ist »ontologisch depotenziert« (S. 52) und Verfügungsmasse für die Zwecke des Menschen. Sie wird seiner Rationalität unterworfen. Dies führe zu einem Machbarkeitswahn des modernen Menschen, einem prometheischen Selbstverständnis, bis hin zu der Machbarkeit eines neuen Menschen. Alles scheine erlaubt, weil es möglich ist. Der Wahrheitsbegriff des modernen Menschen falle mit dem Machbarkeitskonzept zusammen: Wahr ist, was gemacht werden kann.[112] Innere Grenzen gebe es für die zweckrationale Dynamik nicht; auch die Geisteswissenschaften und die Ökonomie sieht Hösle im Würgegriff dieses Den-

---

112 Das ist schon die wesentliche Kritik von Joseph Ratzinger, dem späteren Papst Benedikt XVI., an der modernen Naturwissenschaft gewesen, formuliert in der erstmals 1968 erschienenen *Einführung in das Christentum*. Das Thema hat er auch als Papst immer wieder variierend aufgegriffen.

kens. Moralische Fragen würden durch zweckrationale Erwägungen verdrängt.

Hösle spricht von dem »Golem der modernen Technik« (S. 68), ein gelungenes Bild für das allen Techniken zugrunde liegende zweckrationale Denken. In der jüdischen Mystik ist der Golem ein von Menschen geschaffenes, manchmal sehr mächtiges Wesen, das zur Erledigung bestimmter Aufgaben gebraucht wurde. Gleichzeitig bedeutet das Wort »Golem« im modernen Iwrit »dumm, hilflos«. Das entspricht der rabbinischen Tradition, denn der Golem wird dort als etwas Unfertiges gesehen, als etwas Unkultiviertes. Der Golem erhält seine Zweckbestimmung durch Lenkung des Menschen, also durch die moralische Urteilskraft des Menschen selbst; entfällt diese, ist der Golem nichts als ein starkes, von Menschen geschaffenes Wesen ohne Sinn und Verstand, ohne Weisheit. Das trifft auch die Situation der Wissenschaft: Sie kann die Frage nach dem »Warum?«, also die Sinnfrage, nicht beantworten. Sie ist sich selbst genug, und das ist zu wenig, mehr noch: Es ist gefährlich.

Hösle folgert daraus nicht, dass man die Wissenschaft verabschieden müsse. Im Gegenteil, ihre Anstrengung werde auch weiterhin gebraucht, aber in einem ganzheitlichen Ansatz. Dazu bedürfe es eines neuen Naturverständnisses, einer neuen Naturphilosophie, die die Spaltung zwischen Subjekt und Objekt überwinde.

Hösle vertritt hier einen objektiven Realismus, der von zwei Grundannahmen ausgeht: Dass zum einen eine apriorische Erkenntnis der Natur möglich ist, die Natur also eine eigenständige ontologische Qualität hat; dass zum anderen das Sittengesetz als zugrunde liegendes Prinzip auch die empirische Welt prägt. Die Natur hat damit einen Eigenwert und bekommt ihn nicht erst durch den Bezug zum Menschen. Das Organische der Natur besitze eine innere Zweckmäßigkeit;

dies mache ihren höheren Wert gegenüber den Artefakten aus, die bloß eine äußere Zweckmäßigkeit in sich tragen. Auch wenn die Natur nicht Subjekt ist, so ist sie doch Objekt sittlicher Pflichten – anders als etwa die Artefakte. Der Mensch wird gewissermaßen treuhänderisch für die Natur tätig. Als geistiges Wesen kann er das Sittengesetz vernehmen, gleichzeitig ist er Teil der Natur. Für Hösle ergibt sich daraus auch ein Imperativ, die Welt zu erhalten und sie bewohnbar zu halten. Weil der Mensch das höchste Wesen auf der Erde ist (weil er das Sittengesetz vernehmen kann), ist eine Welt ohne den Menschen wertmäßig einer Welt mit dem Menschen absolut unterlegen; die Menschheit als Idee des Menschen habe einen unbedingten Anspruch darauf, sich auch in kommenden Generationen zu realisieren (S. 77).

Hösle konstatiert, es sei vermutlich einfach, eine Einigung über die Pflichten gegenüber der Umwelt herzustellen, entscheidend aber sei letztlich die Frage der Umsetzung. Unsere moderne Welt leide darunter, dass wir uns der Fernwirkungen unseres Tuns kaum bewusst werden. Der strenge Zusammenhang von Sozialbeziehung und Schadensbeziehung, der in der vorindustriellen Welt noch gegeben war, sei durchschnitten. Wir könnten uns nicht mehr vorstellen, was wir tun können. Im Mittelalter habe man geglaubt, ohne zu wissen, heute wisse man, ohne zu glauben: Wir wissen um die zerstörerische Wirkung etwa einer Flugreise oder unseres Lebensstils insgesamt, wir glauben aber nicht recht daran, weil uns die konkrete Vorstellung fehlt.

Auch bei Hösle scheint als Ausweg ein asketisches Ideal auf, ein Ideal der Suffizienz, denn Bedürfnislosigkeit ist ein Kennzeichen von Freiheit. Mit anderen Worten: Freiheit besteht nicht in der Wahlfreiheit unter noch so vielen Produkten, sondern darin, den Konsumdrang nicht zum Herrn seiner Entscheidung werden zu lassen. Aber mit dem Appell an ein Ideal, das von einem aufklärerischen Menschenbild informiert ist, lässt es Hösle nicht bewenden. Was kann die Wirtschaft, was kann die Politik dazu beitragen, die ökologische Krise zu meistern?

Hösle will den Kapitalismus nicht abschaffen, aber doch die Energien, die ihn tragen, zur Bewältigung der ökologischen Krise nutzen. Das betreffe vor allem den menschlichen Egoismus als wichtigste Triebfeder. Es bringe wenig, den Egoismus abstrakt negieren zu wollen; dies sei sinnlos, ja sogar unmoralisch (S. 99). Vielmehr müsse ein geeigneter ordnungspolitischer Rahmen geschaffen werden, sodass sich Umweltzerstörung nicht mehr »lohnt«. Hösle legt Wert auf eine marktkonforme Lösung, denn ohne das »unheimliche Effizienzpotential«, das den modernen Kapitalismus kennzeichne, ließen sich die großen Probleme unserer Zeit nicht lösen (S. 113). Dazu bedürfe es aber der staatlichen Regulierung im Sinne einer ökologisch-sozialen Marktwirtschaft. Es sei geradezu die sittliche Pflicht des Staates, in Zeiten des Umbruchs einer neuen Moral vorzuarbeiten. Konkret schlägt Hösle vor, die klassische Einteilung in Personen und Sachen zu korrigieren, um den Eigenwert der Schöpfung, des Reichs des Organischen, als eine eigene ontologische Sphäre auch rechtlich abzusichern. Ferner plädiert er für eine Korrektur des Eigentumsbegriffes insoweit, als der Besitz lebenswichtiger Ressourcen nicht das Recht beinhalte, diese zu vernichten. Darüber hinaus will er auch die Rechte künftiger Generationen repräsentativ vertreten wissen. In ihrer jetzigen Form sei die Legitimität der Demokratie nämlich problematisch, weil Entscheidungen über räumliche und zeitliche Grenzen hinweg getroffen würden. Das Umweltministerium müsse deshalb ein Schlüsselministerium mit Vetorecht werden, außerdem solle eine Institution an das Parlament angegliedert werden, die als Vormund symbolisch die Rechte künftiger Generationen wahrnimmt.

Schließlich bedürfe es auch internationaler Institutionen, die mit realer Zwangsgewalt ausgestattet sind. Die Souveränität der Staaten sei keineswegs Ziel der Geschichte, sondern eine historisch entstandene Struktur, die mit der neuzeitlichen Weltherrschaft der Subjektivität zusammenhänge. Angesichts der tatsächlich möglichen internationalen Gefahren wie Verteilungskämpfe um Ressourcen und Reserven sei eine schnelle Umsetzung von Reformen eine moralische Pflicht, zumal Hösle die Ideale der Aufklärung, vor allem die Beseitigung des Hungers und Elends auf der Erde nicht verabschieden will. Fortschritt solle es weiter geben, aber einen, »der seine Ursprünge nicht vergisst und mit Dankbarkeit seine natürlichen und geistigen Voraussetzungen pflegt« (S. 145).

Hösles Grundideen lassen sich – neben dem objektiven Idealismus, also der eigenständigen ontologischen Qualität der Schöpfung – auf zwei wesentliche Ideen reduzieren. Der rechte Gebrauch der Erkenntnis liegt nicht in einer reinen Zweckrationalität, sondern in einem umfassenden Erkennen, das der Wissenschaft die Weisheit wieder öffnet. Damit wird Wissenschaft offen für normative Fragen, auch für solche des guten Lebens und der Selbstbeschränkung der Erkenntnis. Die zweite Idee ist der rechte Gebrauch der Freiheit. Sie existiert nicht grenzenlos, sondern muss sich immer selbst zu begrenzen wissen. Freie Fahrt für freie Bürger – ein solcher Slogan wäre aus Hösles Sicht vulgär, sowohl im Straßenverkehr als auch – im übertragenen Sinn – als Leitbild für den Umgang mit der Natur oder für die eigene Lebensgestaltung. Die Wiedergewinnung einer metaphysischen Heimat des Menschen wäre ein Gewinn, weil sie Lebensgestaltung und Handeln an einen verbindlichen moralischen Kosmos koppelt. Ohne einen solchen wird die »Weltherrschaft an sich reißen wollende Subjektivität« den komplexen Wandteppich der Weltkultur auf Dauer zersetzen (S. 146).

Hösle spricht zwar vom Absoluten, von der Beheimatung in der Metaphysik, aber sein Vokabular lässt zunächst keine unmittelbaren Bezüge zu christlichen Traditionen erkennen. Gleichwohl ist die Argumentation Hösles für das christlich geprägte Nachdenken über Nachhaltigkeit unmittelbar anschlussfähig, mehr noch: Die fünf Vorlesungen weisen eine Tiefe der Argumentation auf, die man in manchen populären Texten aus dem Umkreis der kirchlich-ökologischen Bewegung vergebens sucht.

Leonardo Boff

Das trifft auch auf die weltweit verbreiteten Texte des Befreiungstheologen Leonardo Boff zu, der sich in den vergangenen Jahren mit einer Reihe von Publikationen des Themas Nachhaltigkeit angenommen hat.[113] Gleichwohl ist es Boff gelungen, mit einprägsamen Formulierungen und einem leicht lesbaren Stil eine große Wirkung zu entfalten. Sein Denken nimmt dabei nicht nur die theologische Tradition der Kirche auf, sondern auch die Lehren anderer Weltreligionen sowie das Denken der indigenen Völker Südamerikas. Hinzu kommt eine starke, der Welt zugewandte politische Dimension, nicht nur in den achtziger Jahren mit der Theologie der Befreiung, sondern auch in ökologischen Fragen. Boff scheut auch die große politische Bühne nicht, wenn es darum geht, für seine Überzeugungen zu werben. Und es wäre nicht übertrieben zu sagen, dass seine Thesen gerade auch bei jungen Menschen

---

113 Ich habe mich in der folgenden Darstellung auf drei Werke beschränkt, zumal sich vieles wiederholt: *Die Erde ist uns anvertraut. Eine ökologische Spiritualität.* Kevelaer 2010; *Zukunft für Mutter Erde. Warum wir als Krone der Schöpfung abdanken müssen.* München 2012; *Achtsamkeit. Von der Notwendigkeit, unsere Haltung zu ändern.* München 2013. Ich zitiere nachfolgend im Text unter Verweis auf das Erscheinungsdatum.

Widerhall finden. Mehr noch: Da die Befreiungstheologie mittlerweile im Mainstream der katholischen Kirche angekommen ist[114], dürfte es nicht allzu weit hergeholt sein, auch die ökologischen Überlegungen mit besonderem Interesse zu betrachten.[115] Boff selbst macht deutlich, dass die ökologischen Überlegungen eine Fortsetzung der Theologie der Befreiung sind. Während es bei der Theologie der Befreiung darum gehe, die Schreie der Armen und Unterdrückten zu hören, gehe es bei der »Ökotheologie der Befreiung« darum, den Schrei der Erde zu hören, denn sie leide »unter der Gewalt der industrialistischen Plünderungskultur« (2012: S. 273).

Bei Boff geht es um nicht weniger als das Überleben der Menschheit. Die Zeit drängt für ihn. Entweder wir wandeln uns oder wir gehen unter. Den Kapitalismus in seiner jetzigen Form hält Boff für unvereinbar mit einer nachhaltigen Lebensweise, die im Einklang mit der Natur ist. Entweder, schreibt er, »wir erneuern den Bund des Zusammenlebens und der gegenseitigen Hilfe oder wir laufen Gefahr, nicht mehr auf diesem herrlichen Planeten zu existieren, der unsere Heimat ist« (2012: S. 58). Boff vereint die unterschiedlichsten Denkströmungen in seiner Argumentation: Er zieht neueste naturwissenschaftliche Erkenntnisse heran, ist aber in seiner Vision eines erneuerten Zusammenlebens auch geprägt von (öko-)feministischen Ansätzen, der Weisheit der Urvölker, den Glaubenssystemen der

---

114 Das wird deutlich, wenn man das Buch des Präfekten der Glaubenskongregation, Gerhard Ludwig Kardinal Müller, zur Hand nimmt: *Armut. Die Herausforderung für den Glauben*. München 2014. Das Werk ist eine Anerkennung der Kraft der Theologie der Befreiung und eine Würdigung von Gustavo Gutiérrez, dem geistigen Vater der Befreiungstheologie. Kardinal Müller wurde noch von Benedikt XVI. zum Präfekten der Glaubenskongregation ernannt, wohl wissend um dessen Sympathien für die Befreiungstheologie. Mittlerweile ist mit Franziskus ein Papst im Amt, der selbst dem geistigen Umfeld dieser Theologie entstammt. Er hat dem Buch von Kardinal Müller ein Geleitwort beigefügt.
115 Leonardo Boff hat selbst einmal gesagt, dass Franziskus bei ihm Material zur Vorbereitung der neuen Enzyklika angefordert habe.

großen Weltreligionen, der europäischen Philosophie und der mystischen Tradition der katholischen Kirche, vor allem Franz von Assisi. Boff will damit zeigen: Es gibt eine Welterkenntnis, die über die europäische Sicht hinausgeht und so etwas wie einen gemeinsamen Ansatz konstituiert, der allen Weltkulturen eigen ist. Damit wird die kirchliche Tradition nicht geleugnet, aber in einen globalen Zusammenhang gestellt.

Die Überlegungen Boffs lassen sich in fünf Punkten zusammenfassen. Die erste Überlegung ist die grundlegendste: Die Erde ist nicht einfach eine empirische Beschreibung dessen, was uns umgibt, unsere Umwelt oder der Planet Erde. Für Boff ist sie weitaus mehr, nämlich ein lebendiger Großorganismus. Dies bedeutet nicht, dass die Erde ein Bewusstsein hat oder eine eigene Subjektivität. Aber sie muss als eine Einheit gesehen werden, deren Teile miteinander in Austausch stehen, mehr noch: Diese Teile sind in der Lage, ihre Umwelt zu regulieren und zu kontrollieren und dadurch die für das Leben notwendigen Bedingungen zu sichern. Die Erde ist also nicht nur Bühne des Lebendigen, sie ist selbst ebenfalls lebendig. Das ist die Grundidee des britischen Chemikers James Lovelock, die unter der Bezeichnung »Gaia-Theorie« bekannt geworden ist. *Gaia* verweist dabei dem Namen nach auf die griechische Mythologie, in der die Göttin Gaia gleichbedeutend mit Erde war. Sie war überdies die Mutter der Götter. Das Bild der Erde wird hier also mythologisch mit der Urmutter des Lebens verbunden.

In dem Bild der Gaia verbinden sich wissenschaftliche Erkenntnisse einerseits und mystische, spirituelle Dimensionen andererseits. Dies deutet schon ein Wissenschaftsverständnis an, das sich von dem reiner Rationalität unterscheidet. Es handelt sich aber auch um einen politisch positiv besetzten und keineswegs folgenlosen Ansatz. Die Generalversammlung der Vereinten Nationen im Jahr 2009 beschloss, den 22. April als »Internationalen Tag der Mutter Erde« zu bestimmen. Die Begründung verweist auf die zentrale Aussage der Gaia-Theorie: Die wechselseitige Abhängigkeit zwischen den Menschen, den Lebewesen und dem Planeten Erde.[116]

Wenn es richtig ist, dass die Erde nicht eine Ansammlung von Dingen ist, sondern ein vernetzter Kommunikationszusammenhang, der sich selbst zu regulieren in der Lage ist, dann kommen der Erde auch Rechte zu – Boff erkennt ihr auch eine eigene Würde zu. Man mag über die logische Stringenz der Argumentation streiten, denn schließlich lässt sich aus einem Sein kein Sollen ableiten. Aber das Bild von Gaia als eines Lebens- und Kommunikationszusammenhangs verändert auf jeden Fall die Perspektive auf unseren Umgang mit der Welt, weg von einer zweckrationalen Nutzung der Welt, wie sie das neuzeitliche Weltbild seit Descartes und Bacon gestattet, ja postuliert.

Dies leitet über zu der zweiten Überlegung von Boff: seiner Kritik an einer einseitigen westlichen Rationalität. Ähnliche Gedankengänge finden sich auch bei Vittorio Hösle und Albert Schweitzer. Boff geht aber noch einen Schritt weiter. Für ihn ist die emotionale Intelligenz der rein rationalen vorgeordnet, und zwar sowohl in ihrer Wertigkeit als auch mit Blick auf die Entwicklungsgeschichte des Menschen. Er nennt es die Vernunft des Herzens (2013: S. 64ff.). Gemeint sind das Gefühl, die Sorge, die affektiven Teile unserer menschlichen Natur, die wir der Rationalität untergeordnet haben. Wir behandeln deshalb die Natur ohne Mitgefühl, unseren Mitmenschen, die in Armut leben, bringen wir nur Gleichgültigkeit entgegen, und auch das Verhältnis der Geschlechter untereinander ist durch die einseitige Betonung der menschlichen Kultur gestört. Wir haben die Bezüge zu unseren Mitmenschen und zur Natur ver-

---

116 Res. 63/278 vom 22. April 2009 (http://www.un.org/depts/german/gv-63/band3/ar63278.pdf).

loren, die sich aus der Vernunft des Herzens ergeben. Deswegen befriedigen wir unsere Bedürfnisse auf Kosten anderer, auch der nächsten Generation. Wo der Mitmensch ebenso aus dem Blick gerät wie die Natur, bleibt nur noch der einzelne Mensch selbst als Mittelpunkt der Welt. Diese neuzeitliche Idee der Subjektivität verdankt ihren Siegeszug eben auch der Unterdrückung der Vernunft des Herzens. Ihr ist das rechte Maß verloren gegangen, das sich aus dem Mitgefühl heraus ergibt.

Ein dritter Gedanke schließt sich hier an: die Idee der Achtsamkeit. Boff verwendet den etwas breiteren portugiesischen Begriff »cuidado«, der den Aspekt der Sorge und Fürsorge betont, also auch aktiv ausgerichtet ist. So versteht er Achtsamkeit als einen neuen kategorischen Imperativ, als eine »liebevolle Beziehung zu allem, was lebt und existiert« (2013: S. 197). Das Motiv der Achtsamkeit entwickelt Boff aus der Philosophie Martin Heideggers. Menschsein hieß für Heidegger, aus der Sorge heraus konstituiert zu sein. Sorge ist eine Wesensbestimmung des Menschen, eine ontologische Grundkategorie des Menschlichen selbst. Sie bezieht sich nicht nur auf den Menschen, sondern auch auf den Mitmenschen. Sie ist aktuell der Zustand des Besorgt-Seins, und auf die Zukunft gerichtet der des Bekümmerns und der Vorsorge. Wichtig ist: Die Sorge ist kein rationales Kalkül bei Heidegger, sondern als existenzielle Grundbedingung des Menschseins der Rationalität vorgeordnet. Da der Mensch offen für das Ganze ist, bezieht sich die Sorge auch auf die natürliche Mitwelt. Der Begriff der Achtsamkeit gründet in der Sorge. Er ist die tätige, bewahrende Hinwendung zur Welt aus der empfindsamen Vernunft heraus. Sie begründet das Prinzip der Verantwortung. Achtsamkeit, mit anderen Worten, ist eine Ethik, die »schützt, fördert, erhält, heilt und (vor)beugt« (2012: S. 143). Sie ist ganzheitlich und bezieht die Folgen des eigenen Tuns in die Rechnung mit ein. Sie beinhaltet Mitgefühl, Solidarität, Selbstbeschränkung und Vorausschau.

Die Achtsamkeit ist letzthin nicht mit einer auf Egoismus beruhenden Wirtschaftsordnung vereinbar. Dies führt zu einem vierten Gedanken: dem der Überwindung des Kapitalismus. Dieser ist für Boff Kennzeichen einer Gesellschaft, die vom Egoismus beherrscht wird, von Gewinnsucht, von einem einseitigen Denken, von einer Rationalität ohne Humanität. Kapitalismus ist der Krieg aller gegen die Welt, seine Todsünden sind Ökozid, Biozid und Geozid (2012: S. 224ff.). Kapitalismus steht der Idee der Achtsamkeit und der Gaia-Theorie konträr entgegen. Ökologie und Kapitalismus schließen sich gegenseitig aus. Der Kapitalismus ist selbstmörderisch, führt zur Ausplünderung der Natur und zur Verarmung eines Großteils der Menschheit. Im Kapitalismus ist die Gesellschaft einem Wachstumszwang unterworfen, der immer neue Ausbeutung der Natur und der Menschen nach sich zieht. Diese Form des Wachstums habe mit der Entwicklung des Menschen im Sinne der Entfaltung seiner Möglichkeiten nichts mehr zu tun. Sie führe lediglich zu neuer Knechtschaft, zur Unterwerfung unter die mechanistischen Regeln kapitalistischer Verwertungsrationalität.

Boff wendet sich, wohlgemerkt, nicht gegen den Markt. Dieser könne sinnvoll sein. Er wendet sich gegen eine Gesellschaft, die sich nur als Markt versteht. Damit ist die Ganzheit des Menschen nicht erfasst. Die Alternative liegt für ihn in einem Sozialismus als politischem, ökologischem und ethischem Projekt, das in der Lage sei, die Erde zu retten (2012: S. 259). Er spricht von einer »Biozivilisation«, die das Leben mehr als den Profit liebe, »das Gemeinwohl mehr als den individuellen Vorteil, die Kooperation mehr als die Konkurrenz« (2012: S. 275). Ein solcher Sozialismus versöhnt den Menschen mit sich, mit den anderen und mit der Natur; er wäre von Achtsamkeit, Respekt vor dem Leben, Solidarität und Kooperation und einer Ethik der Verantwortung für das Ganze geprägt. Sozialismus meint hier also nicht den Staatssozialismus, der 1989 (aus Sicht Boffs wohl auch zu Recht) untergegangen ist; er war ein Zwillingsbruder des Kapitalismus in der Art des Umgangs mit Mensch und Natur, entsprang dem gleichen Denken. Sozialismus wäre, stark verkürzt, die Wirtschaftsordnung umfassender Achtsamkeit.

Aber wie soll das alles in die Realität umgesetzt werden? Boff ist kein Revolutionär, sondern Theologe. Er hat einen großen Glauben an die Wirkmächtigkeit der Ideen, aber auch daran, dass die Veränderung bei den einzelnen Menschen selbst beginnt. Veränderungen in unserem Denken, in unserem alltäglichen Leben, in unserem Verhalten gegenüber der Umwelt – Boff empfiehlt viele kleine Schritte hin zu einem achtsameren Umgang mit uns selbst, mit unseren Mitmenschen und mit unserer Mitwelt (2010: S. 231–242). Die Einübung achtsamer Verhaltensweisen reicht alleine aber nicht aus. Es bedarf einer neuen Form der Erziehung für das planetarische Zeitalter, die sich aus dem Staunen über die Herrlichkeit der Schöpfung ebenso speist wie aus dem Bewusstsein ihrer Gefährdung (2013: S. 192–202). Die Welt ist global geworden und das Bewusstsein der Menschen ebenfalls. Die Wurzeln der Spiritualität, des harmonischen Zusammenlebens sprießen in unterschiedlichsten Kulturen und Religionen. Hier ist auch ein Anknüpfungspunkt zum Projekt Weltethos von Hans Küng (2012: S. 147–150). Die positiven Energien der großen Weltreligionen, aber auch die Weisheiten der Urvölker gilt es zu nutzen. Die Ethik muss sich zu einer globalen Ethik entwickeln. All dies verlangt Umdenken, vorbildliches Handeln, politische Initiative, vor allem aber: eine neue Spiritualität, denn Nachhaltigkeit bedarf eines neuen Denkens, das mit Spiritualität durchtränkt ist. Dies ist der fünfte zentrale Gedanke; nicht umsonst hebt Boff hervor, dass Franz von Assisi mit seiner Spiritualität der Brüderlichkeit und Geschwisterlichkeit der Schöpfung der Patron des Umweltschutzes und der Nachhaltigkeit sei. Der neue Papst aus Südamerika und seine Namenswahl haben nicht von ungefähr die Fantasien und die Hoffnungen auch der Theologie der neuen Ökologie befeuert.

Wenn man die drei Autoren auf Gemeinsamkeiten und Differenzen hin untersucht, lässt sich eine grundlegende Gemeinsamkeit feststellen: die Kritik an der verkürzenden Weltsicht des modernen Menschen, vor allem die Kritik an den Grundlagen naturwissenschaftlicher Erkenntnis. Diese steht in einer Tradition, die den Eigenwert der Natur nicht anerkennt. Es ist die Kritik an einer Denkweise, die den Menschen sich selbst und gegenüber der Natur entfremdet. Es handelt sich um eine Denkweise, die in der Renaissance ihren Anfang genommen hat. Das einheitliche naturphilosophische Denken spaltet sich auf, die exakten Wissenschaften entstehen. Sie werden aus den Begründungskontexten etwa des religiösen Denkens herausgelöst, emanzipieren sich. Das macht einerseits ihre Durchschlagskraft aus, führt aber andererseits zu einer positivistisch halbierten Rationalität. Das ganzheitliche Denken, das demgegenüber auch die natürlichen Bezüge in den Blick nimmt, wird abgedrängt in den Status einer philosophischen Randmeinung.[117] Zu den Vertretern des ganzheitlichen Denkens gehören eben auch die Philosophen, die von Hösle gegen das cartesianische Denken in Stellung gebracht werden: Leibniz, Schelling und Hegel. Es ist die Philosophie des Geistes, die ohne die christlich-jüdische Überlieferung nicht denkbar

---

117 Gleichwohl gibt es eine starke Tradition dieses Denkens; vgl. Karen Gloy, *Die Geschichte des ganzheitlichen Denkens. Das Verständnis der Natur.* München 1996.

wäre, die das Gegengift zu den Verwerfungen der Moderne bereitstellen soll. Es ist beinahe ironisch: Im Nachhinein scheint der Widerstand der Kirche gegen die Zumutungen moderner Wissenschaft gerechtfertigt, weil dadurch eine Fülle existenziell wichtiger, ja notwendiger Daseinsbedingungen aus dem Blick geraten ist, die nun mühsam wieder rehabilitiert werden müssen, sei es durch eine Philosophie der Ehrfurcht vor dem Leben, sei es durch eine Gaia-Theorie oder durch einen objektiven Idealismus. Keiner der Autoren leugnet den ungeheuren Fortschritt, den die Entwicklung der Wissenschaften für das Leben der Menschen mit sich gebracht hat. Es ist aber ein Fortschritt im materiellen Sinn, ein Fortschritt in der Fülle der Lebensgrundlagen und -möglichkeiten, der nicht mehr um seinen Sinn weiß.

In einem zweiten Aspekt gehen allerdings die Meinungen deutlich auseinander. Während Boff den Kapitalismus überwinden will, plädiert Hösle dafür, dessen kreative Energien für die eigenen Zwecke zu nutzen. Sehr überspitzt formuliert: Boff will die Umkehr, Hösle die Richtung ändern. Vermutlich würde Schweitzer auch eher zu Hösles Argumentation neigen. Dies ist in der Tat eine politisch relevante Grundentscheidung. Hösles Argumentation scheint hier insgesamt schlüssiger. Der Markt ist, wenn er mit den richtigen ordnungspolitischen Leitplanken versehen wird, eher in der Lage, eine ökologisch-soziale Marktwirtschaft umzusetzen, als die Appelle an den Einzelnen, sein Leben zu ändern. Boff arbeitet seine Position zwar stringent heraus, aber die vorgeschlagenen Lösungen aus der Krise bleiben seltsam blass.

In einem dritten Aspekt scheinen sich alle drei wiederum einig zu sein: Die Dimensionen der Nachhaltigkeit sind nicht gleichberechtigt, sondern es gibt einen logischen Vorrang der ökologischen Nachhaltigkeit. Bei Schweitzer bestimmt die Ehrfurcht vor dem Leben als Prinzip das Handeln, bei Hösle ist es der objektive Idealismus, bei Boff das Prinzip der Achtsamkeit. Folglich geht es auch bei allen dreien nicht um eine Abwägung unterschiedlicher Dimensionen der Nachhaltigkeit, sondern um den Vorrang der Schöpfung.

In jedem Fall stellen alle drei Autoren eine Politik, die sich aus der christlichen Tradition heraus versteht und begründet, vor unangenehme Fragen – wie im Übrigen auch die Enzykliken und die Denkschriften der Kirchen. Allzu deutlich hinken das ungebrochene Vertrauen in die Kraft der Naturwissenschaften, das ebenso ungebrochene Vertrauen in die Weisheit der Märkte und der verhängnisvolle Dreiklang von Liberalisierung, Deregulierung und Privatisierung den Erkenntnissen der drei Autoren hinterher. Eine Politik ohne den Staat machen zu wollen, mag im Einzelfall gut für die Wirtschaft sein, sie ist aber in den sozialen und ökologischen Konsequenzen verheerend. Es braucht angesichts des erreichten Niveaus von Wissenschaft und Technik sowie der Globalisierung einen starken Staat, der die richtigen Weichenstellungen vornimmt. Der Staat ist der Garant des Gemeinwohls, mehr noch: der Überlebensfähigkeit des Menschen. Ohne staatliches Handeln, sowohl auf nationaler als auch auf internationaler Ebene, steuert die Menschheit auf den Abgrund zu. Nachhaltigkeit bedeutet, die Permanenz menschlichen Lebens auf dem Planeten sicherzustellen, und zwar zu Bedingungen, die qualitativ nicht schlechter sind als die der heutigen Generation. Das muss im Kleinen, im Lokalen und Nationalen, ebenso gewährleistet werden wie in der Frage internationaler Gerechtigkeit. Auch hier sind die Staaten, wie im folgenden Kapitel argumentiert wird, die zentralen Akteure – nicht die einzigen, aber ohne starke Staaten hätte auch das Konzept internationaler Gerechtigkeit keine Verwurzelung.

6. Internationale Gerechtigkeit

In welchem Zusammenhang steht der Problembereich internationaler oder globaler Gerechtigkeit zum Thema Nachhaltigkeit? Auf den ersten Blick haben diese beiden Themen wenig miteinander zu tun. Nachhaltigkeit wird national organisiert. Wir haben Umweltschutzauflagen, Regelungen zum Verbraucherschutz, zu Emissionsgrenzen und vieles mehr im Bereich der nationalen Gesetzgebung. Wir fördern den Schienenverkehr und die Elektromobilität, unterstützen die Einführung von Nutzungskreisläufen in der Landwirtschaft, finanzieren energetische Effizienz durch Wärmedämmung. Nachhaltigkeit hat eine Vielzahl von Politikfeldern erreicht, nicht zuletzt auch – und diese besonders erfolgreich – die fiskalische Nachhaltigkeit. Die Einführung von Schuldenbremsen im Bund und in den Bundesländern ist der Überlegung geschuldet, dass wir nicht auf Kosten nachfolgender Generationen leben dürfen. Wir müssen unsere Rechnungen schon selbst begleichen und dürfen sie nicht an unsere Kinder und Enkel weiterreichen.

Häufig greifen nationale und internationale Aspekte ineinander, etwa dann, wenn über internationale Verträge Bestimmungen in nationales Recht umgesetzt werden. Klimaschutzziele, die auf internationalen Konferenzen vereinbart werden, ziehen eine Reihe von Folgegesetzgebungen nach sich, mit denen die nationalen Ziele erreicht werden sollen. Aber ist Nachhaltigkeit lediglich eine Frage nationaler Gesetzgebungen? Kann im Idealfall die Summe der nationalen Nachhaltigkeitspolitiken zu einer globalen Nachhaltigkeit führen?

So richtig es ist, dass Nachhaltigkeit im nationalen Rahmen verankert wird, sie bleibt unzureichend, solange nicht der Aspekt internationaler oder globaler Gerechtigkeit dazukommt. Damit betreten wir ein Feld, das hoch umstritten ist. Gerechtigkeit ist ein Begriff, der seltsam unbestimmt schillert. Er ist auf der einen Seite emotional positiv besetzt und unmittelbar zustimmungsfähig. Aber je genauer man hinschaut, desto unklarer wird die Sache. Welche Gerechtigkeit ist denn gemeint – Leistungsgerechtigkeit, Verteilungsgerechtigkeit, Teilhabegerechtigkeit oder Chancengerechtigkeit? Wer ist der Adressat der Forderung nach Gerechtigkeit? Und warum sollte die Frage der Gerechtigkeit überhaupt mit dem Thema Nachhaltigkeit verknüpft werden?

Fangen wir mit der letzten Frage an. Nachhaltigkeit kann auch als Gerechtigkeit zwischen den Generationen interpretiert werden. Aber warum spielt das Thema der internationalen oder globalen Gerechtigkeit als Gegenwartsaufgabe in die Nachhaltigkeit mit hinein? Die Antwort liegt in zwei Erkenntnissen. Erstens: Unsere Handlungsbeziehungen sind global geworden. Gerechtigkeit ist ein Maßstab für Handlungsbeziehungen. Überall dort, wo soziale Beziehungen bestehen, ist die Frage der Gerechtigkeit präsent. Weil wir aber Gerechtigkeit in einer globalen Welt nicht auf den Nationalstaat begrenzen können, tritt die Frage globaler oder internationaler Gerechtigkeit auf die Tagesordnung. Zweitens: Ohne gerechte Strukturen in der Welt kann es auch keine gerechten Strukturen zwischen den Generationen geben. Auf einem schiefen Fundament kann kein stabiles Haus gebaut werden. Man könnte auch sagen: Ungerechtigkeit ist nicht nachhaltig. Sie verzehrt Ressourcen und stiftet Unfrieden. Frieden ist deshalb ein Werk der Gerechtigkeit.[118] Frieden ist also mehr als die Abwesenheit von Krieg; echter Friede ist durch Gerechtigkeit geformt.

---

118 So schon Jesaja 32,17; Papst Pius XII. hat diesen Spruch als Motto seines Pontifikates gewählt (*Opus Justitiae Pax*).

Davon, dass das Zusammenleben der Menschen von Gerechtigkeit und damit Frieden geprägt ist, träumt die Menschheit seit jeher. Die großen Utopien, angefangen von Platon bis zu den Utopien der frühen Aufklärung, waren von dem Bild einer gerechten Gesellschaft durchdrungen, von einer Gesellschaft sozialer Stabilität, ohne Armut, die im Einklang mit sich und der Natur lebt. Diese Utopien waren im Grunde auch Vorläufer und Vorbilder einer umfassend nachhaltigen Politik. Freilich, sie wiesen als Gegenbild zu einer als ungerecht empfundenen Gegenwart zwei Merkmale auf, die in der modernen Welt nicht gegeben sind. Die Utopien oder »Staatsromane«, wie sie Robert von Mohl einmal bezeichnet hat, waren zunächst von einer hohen, man möchte beinahe sagen: eisernen Stabilität. Wandel, Entwicklung und Fortschritt waren in den utopischen Gesellschaftsentwürfen nicht vorgesehen. Sie waren in sich perfekt und bedurften keiner Verbesserung mehr.[119] Ein zweites Merkmal der Utopien war es, dass sich die in ihnen beschriebenen Idealgesellschaften alle fernab und isoliert von der übrigen Welt befanden, zumeist auf Inseln.[120] Für die utopischen Schriftsteller bedeutete dies eine gewisse Erleichterung, weil dann die schwierige Frage des Verhältnisses zur Außenwelt und der möglichen Rückwirkungen auf die utopische Gesellschaft ausgeklammert werden konnte. Gerechtigkeit als Gesellschaftsmodell konnte also trennscharf in den Blick genommen werden. In den modernen, in die Zukunft gerichteten Utopien wie etwa Gene Roddenberrys

---

119 Das ändert sich mit der ersten Utopie, die nicht mehr zeitgleich im Nirgendwo existiert, sondern auf die ferne Zukunft projiziert wird, mit *L'An 2440* von Louis-Sébastien Mercier aus dem Jahr 1771; vgl. zum Paradigmenwechsel Thomas Schölderle, *Geschichte der Utopie. Eine Einführung.* Wien u.a. 2012, 104f. mit weiteren Nachweisen.

120 Das galt auch für andere fantastische Sehnsuchtsorte wie das Schlaraffenland, Atlantis oder die glückseligen Inseln. Hierzu Umberto Eco, *Die Geschichte der legendären Länder und Städte.* München 2013, mit reichhaltigem Anschauungsmaterial.

erfolgreicher Serie »Star Trek« sorgt eine Weltregierung dafür, dass es sozial gerecht und nachhaltig zugeht auf der Erde. Es ist ein gängiges Bild in derartigen Utopien, dass die Staaten überwunden sind und eine planetarische Regierung für Lebensbedingungen auf der Erde sorgt, die sich deutlich von den heutigen unterscheiden. Es fehlt nicht an Versuchen, diesen Weltstaat als Erfordernis der Vernunft ins Leben zu rufen.[121] Doch in der politischen Realität sind wir davon weit entfernt und müssen nach einem bösen Wort von Gottfried Benn eher mit unseren Beständen als unseren Parolen rechnen.[122] Dazu gehört auch die Erkenntnis, dass sich Gerechtigkeit innerhalb staatlicher Rahmen von Gerechtigkeit jenseits von Staaten unterscheidet. Das mag man bedauern, es bleibt aber auf absehbare Zeit eine der Grundbedingungen, die das Zusammenleben auf unserem Planeten bestimmen.

Betrachtet man unseren Planeten als Einheit, dann gelten für die Nachhaltigkeit global dieselben Kriterien wie in der nationalstaatlichen Betrachtung: Politik soll dafür sorgen, dass eine soziale Balance gewahrt ist und dass die Wirtschaftsweise ökologisch tragfähig ist. Allerdings existiert auf globaler Ebene kein politischer Akteur, der verbindlich die wirtschaftlichen Prozesse regulieren oder auch nur effektiv verhindern könnte, dass Nachhaltigkeitsgewinne oder -verluste von einer Region in eine andere verlagert werden. In Abwesenheit eines zentralen Akteurs steht deshalb zunächst die Gerechtigkeitsfrage als Vorbedingung einer rechtlichen Ordnung zur Debatte; sie

---

121 Hier berühren sich so unterschiedliche Autoren wie Ernst Jünger, Der Weltstaat, in: Ders., *Sämtliche Werke*, Band 7. Stuttgart 1980, 481–526 und Otfried Höffe, *Demokratie im Zeitalter der Globalisierung*. München 1999. Höffes Buch ist allerdings eine der reichhaltigsten und umfassendsten Explikationen der Möglichkeit einer föderativen Weltrepublik in der modernen Philosophie.
122 Gottfried Benn, *Briefe an F. W. Oelze 1932–1945*, Frankfurt am Main 1979, 150.

stellt nicht nur die Frage nach den Inhalten und dem ethischen Horizont des Handelns in der Weltgesellschaft, sondern auch die nach den Akteuren des Handelns. Gleichzeitig können die Erörterungen über Gerechtigkeit helfen, auch die innerstaatlichen Begründungen des politischen Handelns zu schärfen.

Formen der Gerechtigkeit

Über die Frage, was Gerechtigkeit ist, gibt es seit dem Beginn der Philosophie die unterschiedlichsten Ansichten. Gerechtigkeit begegnet uns als individuelle Tugend, als regulative Idee, als göttliche und kosmische Gerechtigkeit, als Rechtsförmigkeit, als Frage der Macht, als vertragliche Übereinkunft, als Gleichheit, als Chancengerechtigkeit, als Leistungsgerechtigkeit und vieles mehr. Einer der wirkmächtigsten Beiträge zum Thema Gerechtigkeit stammt von dem amerikanischen Philosophen John Rawls. Er hat in einem brillanten Buch Anfang der 1970er Jahre das Nachdenken über Gerechtigkeit neu befeuert.[123] Seither ist Rawls der zentrale Bezugspunkt jeder Debatte über dieses Thema. Rawls greift nicht auf naturrechtliche Überlegungen zurück, noch sieht er in der Gerechtigkeit eine individuelle Tugend. Vielmehr beginnt er beinahe voraussetzungslos bei der Betrachtung des Menschen, wie er ist: ein vernunftbegabtes Wesen, das in der Lage ist, einen Lebensplan aufzustellen und sein Leben danach auszurichten. Darüber hinaus ist der Mensch in der Lage, moralische Urteile zu fällen. Er hat einen Sinn für Gerechtigkeit, der ihn mehr intuitiv leitet, als dass er eine rational begründete Handlungsorientierung ist. Zur Verwirklichung seiner Pläne braucht der Mensch

---

123 John Rawls, *Eine Theorie der Gerechtigkeit*. Frankfurt am Main 1979; original: *A Theory of Justice*, 1971.

unterschiedliche Güter. Rawls unterscheidet natürliche und soziale Güter. Die natürlichen werden dem Menschen von der Natur mitgegeben. Dazu gehören beispielsweise Gesundheit, Intelligenz, Fantasie, Emotion und vieles mehr. Spannender sind aber die sozialen Güter, die nicht von der Natur abhängig sind: Rechte, Freiheiten, Chancen, Einkommen, Vermögen und Selbstachtung – klassische Grundrechte also und ökonomische Möglichkeiten. Aber diese sozialen Güter sind nicht im Übermaß vorhanden, sondern knapp. Deswegen ist es Aufgabe einer Theorie der Gerechtigkeit, einen allgemein akzeptierten Modus der Verteilung zu finden und gleichzeitig die Grundgüter so zu ordnen, dass sie in ein widerspruchsfreies System passen. Dabei gilt es, Folgendes zu berücksichtigen: Der Verteilungsmodus muss nicht gleich sein, sondern kann Unterschiede in der Ausstattung der Menschen mit natürlichen Gütern berücksichtigen. Ungleich ist also nicht gleich ungerecht. Im Gegenteil: Es kann gerecht sein, wenn Menschen nach ihren Fähigkeiten unterschiedlich behandelt werden. Darüber hinaus müssen die Menschen dazu angehalten werden, ihre Lebenspläne an die Begrenztheit der Ressourcen und die Unterschiedlichkeit der natürlichen Güter anzugleichen.

Wie kann man nun solche Prinzipien der Gerechtigkeit finden, die dann für alle gelten? Rawls verwendet einen Kunstgriff, nämlich das Gedankenexperiment der ursprünglichen Position. Er geht von einer Situation aus, in der Menschen zusammenkommen und über Prinzipien der Gerechtigkeit befinden müssen. Aber ihnen stehen wichtige Informationen nicht zur Verfügung. Sie wissen nicht, welche natürlichen Güter sie selbst haben, sie wissen nichts über ihren sozialen Status, über ihren Bildungsabschluss, sie wissen nicht, in welcher Gesellschaft sie leben, sie wissen nicht, wie alt sie sind oder welches Geschlecht sie haben. Alles also, was eine mögliche oder tatsächliche Privilegierung oder Benachteiligung nach sich ziehen könnte, ist ihnen verborgen hinter einem »Schleier des Nichtwissens«. Was sie sehr wohl mitbringen, ist ein allgemeines Wissen über Gesetze und Theorien, über die menschliche Gesellschaft, über politische Fragen und auch darüber, dass Menschen einen vernünftigen Lebensplan haben. Der Trick aber besteht darin, dass der Schleier des Nichtwissens eine Interessenidentität der Akteure erzwingt. Damit kann sich keiner der Akteure von einer egoistischen Strategie bei der Formulierung von Gerechtigkeitsprinzipien leiten lassen, sondern jeder muss eine moralische Strategie verfolgen. Da keiner weiß, wie seine eigene Stellung in der Gesellschaft ist, muss jeder vom ungünstigsten Fall ausgehen. Er könnte nämlich selbst eines der schwachen oder benachteiligten Mitglieder der Gesellschaft sein. Rawls zeigt nun, dass ausgehend von diesem Gedankenexperiment vernünftige Grundsätze der Verteilung sozialer Güter entwickelt werden können, die von allen als fair und gerecht angesehen werden. Denn darum geht es ja: Eine Gesellschaft soll sich auf Grundsätze ihres Zusammenlebens einigen, die dann in eine Verfassung, in Gesetze und institutionelle Arrangements gegossen werden.

Es könnte naheliegen, das Gedankenexperiment der ursprünglichen Position und des Schleiers des Nichtwissens global zu erweitern. Dann wären die Beteiligten in Unwissenheit darüber, in welchem Land sie leben und unter welchen Bedingungen. Die Konzeption der Gerechtigkeit ließe sich entsprechend ausdehnen. Rawls ist diesen Weg ausdrücklich nicht gegangen. Seine Gerechtigkeitskonzeption zielt auf die Frage, wie ein fairer Vertrag zwischen Mitgliedern einer Gesellschaft ausgehandelt werden kann, die sich dann zu einem politischen Gemeinwesen zusammenschließen. Es geht also nicht um eine Form globaler Gerechtigkeit, in der die Menschheit als solches sich zu einem Gemeinwesen zusammenschließt. Rawls beschränkt sich auf die partikulare Sicht der Organisation der

Menschheit in unterschiedlichen Gesellschaften und Staaten. Die Konzeption von Gerechtigkeit ist nur darauf bezogen. Staaten haben eine Funktion als Mittler zwischen der Menschheit als Ganzer und dem Einzelnen. Durch staatlich verfasste Gesellschaften werden Rechte garantiert und Chancen bereitgestellt, kurzum: das Prinzip der Gerechtigkeit mit Leben erfüllt. Gerechtigkeit gibt es also nur als eine Tugend partikularer sozialer Institutionen und nicht, wie in den klassischen Konzeptionen gängig ist, als Tugend Einzelner.

Das ist ein zunächst ernüchternder Befund. Wenn den Staaten eine solch herausragende Rolle zukommt, bleibt auch eine Konzeption globaler Gerechtigkeit ohne den Unterbau der Staaten gewissermaßen in der Luft der guten Vorsätze hängen. Es ist richtig: Wir leben in einer Welt. Aber an wen ist die Forderung nach globaler Gerechtigkeit adressiert? Sie würde einen global handelnden Akteur voraussetzen, der in der Lage wäre, Institutionen als Sitz der Gerechtigkeit hervorzubringen und Forderungen nach Gerechtigkeit verbindlich zu regeln. Dies ist freilich in keiner Weise absehbar. Staaten sind die zentralen Akteure auf der internationalen Bühne. Deshalb ist es sinnvoll, sie auch als Ausgangspunkt von Gerechtigkeitskonzeptionen in der internationalen Politik zu akzeptieren und nicht von globaler, sondern von internationaler Gerechtigkeit zu sprechen. Globale Gerechtigkeit hat als Adressaten die Menschheit bzw. die einzelnen Menschen, internationale Gerechtigkeit die Staaten. Anders formuliert: Es gibt keine globalen Bürger. Menschen sind immer Bürger einer konkreten politischen, das heißt staatlich verfassten Gemeinschaft. Gegenüber dieser werden die Ansprüche auf Gerechtigkeit formuliert. Man kann also soziale Gerechtigkeit in einem Staat nicht einfach global erweitern. Sie läuft ins Leere, weil es dafür keinen Adressaten gibt.

Dass eine solche realistische Sichtweise nicht statisch ist, sondern auch Wandel beinhalten kann, hat Rawls in seiner Studie über das Recht der Völker dargestellt.[124] Darin zeigt er, dass der Urzustand und der Schleier des Nichtwissens, angewendet auf Völker, Grundsätze und Prinzipien für ein geordnetes Miteinander in der Staatenwelt möglich machen. Diese haben aber einen anderen Charakter als die zwischen den Menschen in der Ursprungsposition ausgehandelten. Sie führen, das ist zunächst einmal wichtig, nicht zu einem Weltstaat, sondern bestätigen eher die staatlich geprägte Grundstruktur des internationalen Systems. Wenn Menschen sich zu Gesellschaften zusammenschließen (und sich vorher gegebenenfalls über Prinzipien der Gerechtigkeit verständigt und diese in staatlichen Institutionen und Regelwerken festgelegt haben), dann kann diese staatlich verfasste Organisation Anspruch darauf erheben, dass ihre Freiheit und Unabhängigkeit auch von anderen Staaten geachtet wird. Insofern sind alle Völker zunächst einmal gleich und Herr der von ihnen getroffenen Vereinbarungen. Es gibt kein Recht, sich in die Angelegenheiten anderer Völker einzumischen. Die Völker haben die Menschenrechte zu achten – was sie durchaus tun, wenn sie nach den Prinzipien der Gerechtigkeit organisiert sind –, sie müssen Verträge und Abmachungen untereinander halten und haben dann, wenn sie Kriege zur Selbstverteidigung führen, bestimmte Beschränkungen zu beachten. Dies ist freilich ein Idealbild. Wären alle Völker nach den Prinzipien der Gerechtigkeit verfasst, wäre zweifellos das internationale System friedfertig; Demokratien führen untereinander keinen Krieg.[125]

Freilich sind nicht alle Gesellschaften im Sinne der Gerechtigkeit wohlgeordnet. Es gibt Gesellschaften, die durch ungünstige Umstände belastet sind und solche, die sich außerhalb

---

124 John Rawls, *Das Recht der Völker*. Berlin 2002; original: *The law of peoples*, 1999.

125 Das ist schon in Kants Schrift »Zum ewigen Frieden« angelegt und gilt in der Politikwissenschaft heute als eine gesicherte Erkenntnis.

vernünftiger zwischenstaatlicher Regeln bewegen. Welche Verpflichtungen bestehen gegenüber diesen Gesellschaften? Rawls argumentiert hier zurückhaltend. Er anerkennt ein Interventionsrecht zum Schutz der Menschenrechte gegenüber Schurkenstaaten und begründet dies wesentlich mit drei Argumenten: Erstens sind Völker gegenüber Staaten privilegiert (deswegen auch »Recht der Völker«), und daher kann eine massive Verletzung von Menschenrechten eine Intervention gegen den Staat legitimieren, der sie vornimmt – oder auch dann greifen, wenn es keinerlei staatliche Strukturen mehr gibt. Mit anderen Worten: Ein Staat kann sich nicht auf die Begründungsfigur seiner staatlichen Souveränität zurückziehen und schwere Verletzungen der Menschenrechte als rein innere Angelegenheiten betrachten. Die Menschenrechte durchwirken als universale Rechte die Beziehungen der Völker insgesamt. Der Sitz der Souveränität ist für Rawls auch nicht der Staat, sondern das Volk. Zweitens ist eine Intervention dann geboten, wenn die Verletzung von Menschenrechten Ausmaße annimmt, die zu einer Gefährdung anderer Staaten führen; hier ist die Intervention eine Form des Selbstverteidigungsrechtes. Drittens wird die internationale Staatengemeinschaft sicherer, wenn Schurkenstaaten ihre gegen das eigene Volk gerichteten Menschenrechtsverletzungen abstellen und dazu veranlasst werden, wohlgeordnete Völker zu werden. Insofern gibt es auch schon unterhalb einer militärischen Intervention eine Verpflichtung, auf den Schutz der Menschenrechte zu pochen. Menschenrechte bezeichnen die Grenzen des in einer vernünftigen Völkergemeinschaft Tolerierbaren.

Es bleiben die Gesellschaften, die durch ungünstige Umstände nicht den Anforderungen an eine gerechte Gesellschaft entsprechen können. Rawls spricht von »belasteten Gesellschaften«, die nicht notwendig aggressiv oder expansiv sind, aber durch ein Fehlen von Traditionen, Know-how oder Ressourcen nicht in der Lage sind, entsprechende Gerechtigkeitsstrukturen auszuprägen. Hier gibt es eine Verpflichtung zur Hilfe, aber, wie Rawls hervorhebt, nicht notwendig eine Pflicht zu einer Umverteilung. Ziel muss es sein, diese Völker in den Kreis der wohlgeordneten Völker (in denen die Gerechtigkeitsgrundsätze Anwendung finden) zu führen.

Rawls vertritt eine schwache Konzeption internationaler Gerechtigkeit, die wesentliche Fragen, die für unseren Zusammenhang wichtig sind, nicht beantwortet. Die Menschenrechte sind das dynamische Moment seiner Konzeption, die sich auf der Hoffnung einer globalen Durchsetzung der öffentlichen Vernunft gründet. Dabei ist diese Hoffnung eben nur eine Möglichkeit, wie er selbst einräumt. Wenn diese Möglichkeit verfehlt wird durch Amoralität, Zynismus oder Egozentrik der Menschen, »dann müsste man sich mit Kant fragen, ob es sich für die Menschen lohnt, auf Erden zu leben.«[126] Am Ende ist also auch eine resignierte Haltung möglich, denn ganz ausgeschlossen scheint ja eine solche Entwicklung nicht zu sein. Rawls leistet aber zumindest eines: Aus einer Konzeption der Vernunft heraus – und ohne Rückgriff auf religiöse Begründungsformen – ein weltgesellschaftliches Minimum an Regeln plausibel zu begründen, das verknüpft werden kann mit einem vorsichtigen geschichtsphilosophischen Optimismus.

Ich meine aber, dass dies noch nicht ausreicht, um die Verknüpfung von Gerechtigkeit und Nachhaltigkeit in ihrer vollen Tragweite begründen zu können. Rawls bewegt sich auf der Stufe grundlegender Sicherheit und Menschenrechte für die Völker; er spiegelt damit ein wenig die tatsächliche Struktur des internationalen Systems (UNO). Er argumentiert mit den Interessen der Völker: Es ist in ihrem Interesse, eine sichere Umgebung zu schaffen. Dies tun sie am ehesten dadurch, dass

126 John Rawls, *Das Recht der Völker*, 163.

sie sich mit Staaten umgeben, die eine ähnliche Struktur der Gerechtigkeit kennen. Es handelt sich um einen dynamischen Ansatz der Umgestaltung der internationalen Beziehungen: Ziel ist der Export von demokratischen Strukturen und der Achtung der Menschenrechte als Voraussetzung für ein friedliches internationales Zusammenleben. Rawls beantwortet nicht die Frage, ob Völker gegenüber anderen Völkern eine Verpflichtung haben, die über die unmittelbare Nothilfe hinausgeht. Zwar wird durch den Schleier des Nichtwissens der Mensch in der ursprünglichen Position gezwungen, eine moralische Position einzunehmen; dasselbe Verfahren, angewendet auf die Völker, produziert aber ein sehr viel schwächeres Handlungsgerüst.[127] Verpflichtungen sind weitgehend mit aufgeklärten Interessen identisch.

Rawls klammert überdies die Strukturen der Wirtschaft völlig aus, und diese sind es doch, die über die Frage der Nachhaltigkeit letztendlich entscheiden. Wie aber kann man ökonomisch mehr Gerechtigkeit innerhalb des internationalen Systems begründen, ohne auf Konzeptionen globaler Gerechtigkeit zurückzugreifen? Wie kann ich in einer globalisierten Ökonomie zu verbindlichen Formen der Gerechtigkeit kommen? Diese Kritik ist nicht von der Hand zu weisen. So argumentiert Thomas Pogge, dass es Strukturen von Armut gibt, die nicht innerstaatlich bedingt, also hausgemacht sind, sondern durch die Struktur des internationalen Systems selbst entstehen.[128]

---

127 Dass die Grundannahmen von Rawls Theorie der Gerechtigkeit auch eine starke Theorie der Gerechtigkeit in der internationalen Politik begründen können, hat Charles Beitz in seinem Buch *Political Theory and International Relations* (Princeton, NJ 1979) gezeigt; Beitz kehrt die Prämissen von Rawls um und entwirft eine globale Gerechtigkeitskonzeption, die dann Verpflichtungen für die Staaten ableitet. Er arbeitet damit »top-down«, während Rawls einen »bottom-up«-Ansatz verfolgt, was vermutlich realitätsnäher ist.
128 Thomas Pogge, *Weltarmut und Menschenrechte*. Berlin und New York 2011.

Solche kommen bei Rawls nicht vor, sie sind aber gleichwohl immer wieder Quelle von Spannungen. Wie im innerstaatlichen Bereich ist auch in den internationalen Beziehungen Gerechtigkeit als soziale Nachhaltigkeit unverzichtbar für die Stabilität und die Überlebensfähigkeit der Weltpolitik. Eine Welt, die durch extremen Reichtum und extreme Armut gekennzeichnet ist oder durch ausbeuterische Herrschaftsstrukturen sowohl politischer wie auch ökonomischer Art kann auf Dauer weder friedlich noch nachhaltig sein. Eine Welt, in der Menschen grundlegende Chancen vorenthalten bleiben, hat keine Chancen, sich friedlich zu entwickeln.[129]

Wer aber trägt die Verantwortung dafür, dass es gerecht, dass es nachhaltig zugeht? Rawls hat Gerechtigkeit als eine Tugend sozialer Institutionen angesehen und weniger als eine individuelle moralische Haltung. Eine soziale Institution ist zweifellos der Staat, und in der inneren Organisation ist er, wenn er wohlgeordnet im Sinne von Rawls organisiert ist, auch den Gerechtigkeitsgrundsätzen verpflichtet. Aber kann der Staat auf der internationalen Ebene überhaupt verpflichtet werden, nach Anforderungen der Gerechtigkeit zu handeln?

Der britische Politikwissenschaftler David Miller hat diese Frage in einem bemerkenswerten Buch näher untersucht.[130] Seine Grundthese lautet: Nationale Verantwortung kann in einem begrenzten Umfang das Vehikel für globale Gerechtigkeit werden. Allerdings wäre dies bereits deutlich mehr als die defensive Position von Rawls, der hier lediglich ein aufgeklärtes Eigeninteresse als Triebfeder anerkennt. Miller hingegen redet von Verantwortung und Verpflichtungen, die sich begründen lassen. Er unterscheidet zwei Arten von Verantwortung. Die erste, die Hilfsverantwortung, ist vergleichsweise

---

129 Grundlegend Amartya Sen, *Ökonomie für den Menschen. Wege zu Gerechtigkeit und Solidarität in der Marktwirtschaft.* München 2002.
130 David Miller, *National Responsibility and Global Justice.* Oxford 2007.

unumstritten. Sie betrifft unsere Pflicht, Hilfe zu leisten nach Unglücksfällen und Katastrophen, unabhängig davon, ob die Ursachen von Menschen herbeigeführt oder natürlichen Ursprungs sind. Freilich gibt es hier auch Einschränkungen, denn die Pflicht zur Nothilfe gilt nicht unbeschränkt. Es gilt der alte Grundsatz, dass über seine Möglichkeiten hinaus niemand verpflichtet ist; Miller führt darüber hinaus weitere Kriterien an, die engere oder weitere Hilfsverpflichtungen begründen. Umstrittener, aber politisch interessanter sind die Pflichten, die sich aus der sogenannten Folgeverantwortung ergeben. Diese wird bei Miller nicht individuell gefasst, sondern kollektiv; es geht nicht um individuelles Verhalten, sondern um Gruppen und damit auch um Nationen als politische Akteure. Nationen sind für Miller Gruppen von Menschen, die zusammengehören, weil sie etwas gemeinsam haben: eine öffentliche politische Kultur, ein gemeinsames Verständnis über das Zusammenleben, eine Anerkennung von besonderen gegenseitigen Verpflichtungen, den Willen, sich selbst zu regieren – und weil sie den zukünftigen weiteren Bestand dieser Gemeinsamkeiten als ein wertvolles Gut ansehen. Nationen tragen einen Staat; dieser ist die institutionelle Form der Gerechtigkeit.

Innerhalb der Nationen können Werte wie etwa Reichtum, Infrastruktur, Chancen weitergegeben werden; gleichzeitig gilt aber auch, dass Folgeverantwortung »vererbt« werden kann. Die Schuld des Einzelnen stirbt also nicht mit der Person, wie es individualrechtlich gut begründet werden kann, sondern wirkt weiter fort und begründet Verpflichtungen. Wir erleben dies etwa in der Debatte um die Rückgabe geraubter Kulturgüter oder in der Frage nach Wiedergutmachung, auch wenn der Unrechtstatbestand, der zur Debatte steht, schon einige Jahrzehnte zurückliegt.

Miller unterscheidet insgesamt vier Formen der Folgeverantwortung. Der erste Fall sind Restitutionen. Das betrifft identifizierbare geraubte Güter oder auch gewaltsame Landnahme. Der rechtmäßige Eigentümer ist klar, denn Raub und Gewalt begründen keine Rechtsansprüche; die Rückgabe an den rechtmäßigen Eigentümer kann auch noch lange nach innerstaatlichen Verjährungsfristen eine legitime Forderung sein. Der zweite Fall sind Forderungen aufgrund ungerechtfertigter Bereicherungen, etwa durch Zwangsarbeit, Kolonisierung oder sonstige Formen materieller oder personeller Ausbeutung. Als dritten Fall führt Miller Kompensationen für historisches Fehlverhalten an; als Beispiel hierfür nennt er das Schicksal der koreanischen Frauen, die von der japanischen Armee während des Zweiten Weltkriegs zur Prostitution gezwungen waren. Und schließlich erwähnt Miller die Verpflichtung, die Geschichte richtigzustellen: etwa durch die Anerkennung historischer Schuld oder eine Entschuldigung dafür. Wie schwierig selbst dies noch sein kann, zeigt heute der Umgang der Türkei mit dem Völkermord an den Armeniern im Ersten Weltkrieg.

Die Kategorien sind sicher nicht trennscharf, und auch die historische Abgrenzung ist nicht eindeutig. Es ergebe natürlich, so Miller, heute keinen Sinn mehr, sich für die Kreuzzüge zu entschuldigen, zumal die Zusammensetzung der Nationen heute eine völlig andere sei. Auch mag im Einzelfall unterschiedlich interpretiert werden, ob eine Folgeverantwortung in die Kategorie drei oder vier gehört.[131] Millers Ansatz rückt aber eine Ebene in die Betrachtung, die bei Rawls überhaupt nicht

---

131 Ein Beispiel dafür ist der Umgang mit der Sklavenhaltung. Während der amerikanische Präsident sich hierfür lediglich entschuldigt hat (und im Faktum der Sklaverei eine Folgeverantwortung aus Kategorie vier zu sehen schien), forderte im Jahr 1999 die African World Reparations and Repatriation Truth Commission den »Westen« auf, innerhalb von fünf Jahren 777 Billionen (sic!) US-Dollar an Afrika zu bezahlen. Zum Vergleich: Das weltweite Bruttosozialprodukt betrug zu dieser Zeit etwa 41 Billionen US-Dollar.

präsent ist. Wenn bestimmbare politische Einheiten noch heute davon profitieren, dass vorausgegangene Generationen sich durch Unrecht einen Vorteil verschafft haben, so kann dies auch nach mehreren Generationen eine Folgeverantwortung nach sich ziehen – vor allem dann, wenn die Bedingungen, die zum Vorteil geführt haben, noch nachwirken.

Die Verschiebung von Verantwortung auf die Nationen (und damit die Staaten) im Bereich der internationalen Politik ist für Fragen der internationalen Gerechtigkeit effektiver, als den Einzelnen in den Blick zu nehmen. Es ist zwar richtig, dass der Mensch in soziale Beziehungen auch über Grenzen hinaus eingebunden ist – ein typisches Beispiel dafür wären Produktions- und Konsumtionsketten etwa in der Bekleidungsindustrie. Doch aufgrund dieser Verbundenheit Pflichten des Einzelnen zu postulieren, überfordert diesen nicht nur, sondern entwertet auch den Geltungsanspruch von Gerechtigkeitskonzeptionen.[132] Gerechtigkeit zu üben kann zwar Maßstab individuellen Handelns sein, politisch durchsetzungsmächtig wird jede Gerechtigkeitskonzeption aber erst durch die Autorität staatlichen Handelns. Nur hier kann jene Verbindlichkeit umgesetzt werden, die die Gerechtigkeit von einer bloßen Tugend zum politischen Gestaltungsprinzip erhebt.

Welche Forderungen der Gerechtigkeit aus der Folgeverantwortung heraus, wie sie Miller skizziert hat, erscheinen angemessen? Miller beschränkt sich auf sehr eindeutige Beispiele, in denen durch singuläre historische Ereignisse Pflichten zur Kompensation entstehen. Wie aber steht es mit der Verantwortung für die Strukturen, in denen wir uns bewegen? Zweifellos ist ein übergroßer Teil der gegenwärtigen ökonomischen Strukturen, die die Welt bestimmen, auf die Stamm-

---

132 Ein solches Modell der sozialen Verbundenheit hat Iris Marion Young vorgeschlagen: *Global Challenges. War, Self Determination and Responsibility for Justice*. Cambridge und Malden Mass. 2007.

länder von Kapitalismus und Industrialisierung zurückzuführen: auf Europa und Nordamerika. Damit gehen ungleiche ökonomische Strukturen durch Modernisierungsvorteile einher, aber auch unterschiedliche starke Nutzungen globaler Gemeinschaftsgüter.

Europa hat, wie wir im ersten Kapitel gesehen haben, die Idee des Fortschritts in besonderer Weise propagiert, auch und gerade die des materiellen Fortschritts durch Nutzung von immer mehr Ressourcen. Vor allem im 18. und 19. Jahrhundert sind weite Teile des Globus in das Netz dieses Denkens eingebunden worden: Sei es durch Landnahme und Verdrängung der Urbevölkerung wie in Nordamerika oder Australien, sei es durch Kolonisierung und Einbindung in ungleiche Wirtschaftsstrukturen wie in Asien oder Afrika, oder schlicht durch kriegerische Erpressung wie in China. Der Prozess der Verwestlichung der Welt mag dabei bisweilen von durchaus lauteren Motiven der Zivilisierung fremder Kulturen geleitet worden sein, im Ergebnis erfolgte aber durchweg eine Überstülpung westlicher Lebens- und Wirtschaftsmuster auf Kulturen, denen dies aus ihren Traditionen heraus fremd war. Auf dem Rücken dieser Kulturen ist die Industrialisierung der westlichen Welt erfolgt; die Kolonien (Nordamerika gehörte ursprünglich dazu) waren Räume für die Zulieferung von Rohstoffen. Eigene industrielle Entwicklungschancen wurden ihnen zunächst versagt. Glücklicherweise, möchte man hinzufügen: Denn wenn sich erheblich mehr Staaten gleichzeitig auf den Industrialisierungspfad begeben hätten, wäre die ökologische Tragfähigkeit des Planeten längst erschöpft. So wurde zunächst die Industrialisierung der westlichen Welt möglich durch einen Verzicht zur Industrialisierung in anderen Teilen der Welt.

Ich sehe im Wesentlichen zwei Argumente, die eine besondere Verantwortung der westlichen industrialisierten Staaten gegenüber den weniger entwickelten Staaten begründen. Zum ersten: Dass jene einen übermäßigen Anteil an den globalen Gemeinschaftsgütern beanspruchen; zweitens: Dass sie eine Mitverantwortung für Armutsstrukturen bzw. fehlenden Entwicklungschancen tragen.

Schon ein erster Blick auf den ökologischen Fußabdruck verrät: Dieser ist aufgrund des höheren Produktions- und Konsumtionsniveaus in den industrialisierten Staaten erheblich größer als in Ländern ohne industrielle Basis. Im Jahr 1961 haben die USA und Europa schon die globale verfügbare Biokapazität pro Person überschritten. Heute kommen andere Regionen der Erde dazu. China hat mittlerweile im Gesamtausstoß den größten ökologischen Fußabdruck, was allerdings mit durch die hohe Bevölkerungszahl verursacht ist. Für das Jahr 2010 gilt: In 91 von 152 Staaten der Erde ist der pro Kopf berechnete ökologische Fußabdruck größer als die globale Biokapazitätsschwelle.[133] Besonders dramatisch ist dies deshalb, weil planetarische Belastungsgrenzen bereits erreicht oder überschritten sind. So kommt das *Millenium Ecosystem Assessment* des Umweltprogramms der Vereinten Nationen aus dem Jahr 2005 zu dem Ergebnis: Von 24 Schlüssel-Ökosystemen werden 15 bereits übernutzt. Und eine internationale Forschungsgruppe unter Johan Rockström hat in einer Untersuchung über planetarische Grenzen im Jahr 2009 festgestellt: In einigen kritischen Bereichen sind die Grenzen schon deutlich überschritten.[134] Die Beispiele ließen sich fortsetzen. Wis-

---

133 Zahlen in: World Wildlife Fund, *Living Planet Report 2014. Species and Spaces, Peoples and Places*. Gland 2014 (http://www.wwf.de/fileadmin/fm-wwf/Publikationen-PDF/WWF-LPR2014-EN-LowRes.pdf), 32ff.

134 *Millennium Ecosystem Assessment. Ecosystems and Human Well-being: Synthesis*. Washington, D.C. 2005 (http://www.millenniumassessment.org/documents/document.356.aspx.pdf); Johan Rockström u.a., »A Safe Operating Space for Humanity«, *Nature* 461 (2009), 472–475.

senschaftler schlagen Alarm, weil vor allem die globalen Senken übernutzt werden, also die Kapazität der Erde als Deponie für Abfälle – vor allem CO_2 – deutlich überschritten ist. Dies hat fatale Konsequenzen etwa mit Blick auf die Klimaänderung bis hin zu den existenziellen Bedrohungen für bestimmte Inselstaaten, weil der Meeresspiegel infolge globaler Erwärmung steigt.

Globale Senken sind unzweifelhaft ein Gemeinschaftsgut, und es gibt hier einen direkten und nachweisbaren Zusammenhang zwischen der Übernutzung durch wenige und den Folgen für alle. Was aber sind die Konsequenzen daraus? Reicht es, sich lediglich zur Reduzierung des CO_2-Ausstoßes zu verpflichten oder geht die Verantwortung derjenigen, die das Gemeinschaftsgut globale Senken nutzen, darüber hinaus? Die Enquete-Kommission »Wachstum, Wohlstand, Lebensqualität« des Deutschen Bundestages hat auf die besondere Rolle der Staaten hingewiesen, die eine Pionier- oder Vorreiterrolle zur Abschwächung der Gemeingüter-Problematik einnehmen. Sie könnten dazu beitragen, die Kosten für die Entkopplung von Wachstum und Ressourcenverbrauch weltweit zu reduzieren, und zwar auch durch die Nutzung und Verbreitung effizienter Technologien oder die Bereitstellung von Transfers etwa durch Kompensationszahlungen für die Nichtnutzung von Ressourcen.[135] Insofern hat die Energiewende, bei der es gerade darum geht, aus der fossilen Energieerzeugung auszusteigen, auch eine internationale Dimension: Mit dem Erfolg der Energiewende entscheidet sich nämlich auch die Möglichkeit einer globalen Hinwendung zu erneuerbaren Energien. Der Umbau der deutschen Volkswirtschaft von fossilen zu erneuerbaren Energien hat Vorbildcharakter und kann einen großen Teil dazu beitragen, das Bild effizienter und legi-

---

135 Abschlussbericht der Enquete-Kommission »Wachstum, Wohlstand, Lebensqualität« (2013), 489.

timer Energieträger in der Welt deutlich zu beeinflussen und damit mehr für die Reduktion von CO_2 bewirken als alle internationalen Aushandlungsprozesse.

Schwieriger ist schon das Problem der Seitenzahlungen. Es kann nämlich aus ökologischen Gründen sinnvoll sein, andere Nationen dazu zu bewegen, ihre vorhandenen (fossilen) Rohstoffe nicht zu nutzen oder die Abholzung von Wäldern (die wiederum CO_2 binden) zu unterlassen. So haben die britischen Wissenschaftler Christophe McGlade und Paul Ekins berechnet, dass wir genau dies tun müssten, wenn die Erde sich nicht mehr als 2 Grad Celsius im Durchschnitt erwärmen soll. Die jährliche Emission von CO_2 müsste auf etwa 1100 Gigatonnen pro Jahr begrenzt werden. Dies wiederum würde erfordern, weltweit ein Drittel der Ölreserven, die Hälfte des verfügbaren Gases und 80 % der Kohlevorkommen nicht zu nutzen.[136]

Nun sind Rohstoffe für Nationen ein wirtschaftlicher Faktor und eine Quelle des Einkommens, und es müssten schon erhebliche finanzielle Mittel bereitgestellt werden, um die Nicht-Nutzung durch Transferzahlungen attraktiv zu machen. Der Grüne Klimafonds der Vereinten Nationen, der zu diesem Zweck bis 2020 100 Milliarden US-Dollar einsammeln soll, erscheint angesichts der Größe einer solchen Herausforderung jedenfalls unterfinanziert. Und es erscheint zumindest zweifelhaft, ob sich weitere Mittel mobilisieren lassen; deshalb hat der Vorschlag Charme, die Einnahmen aus einer geplanten Finanztransaktionssteuer vorrangig in solche Klimaprojekte zu investieren. Das wäre angesichts eines möglichen Einnahmevolumens von 57 Milliarden Euro pro Jahr alleine im EU-Raum eine sicherlich effektive Unterstützung der globalen Klimapolitik.[137]

---

136 Christophe McGlade/Paul Ekins, »The geographical distribution of fossil fuels unused when limiting global warming to 2 C«, *Nature* 517 (2015), 187–190.

Hinzu kommt, dass Armut in vielen Staaten der Welt auch eine Folge der ökonomischen Ungleichgewichte zwischen dem Zentrum und den Peripherien der Weltwirtschaft ist. Hier hat in den sechziger und siebziger Jahren die sogenannte Dependenztheorie wertvolle Erkenntnisse beigesteuert.[138] Die zentrale These lautet: Nicht ein Mangel an Modernisierung ist häufig für wirtschaftliche Unterentwicklung verantwortlich, sondern Abhängigkeitsstrukturen zwischen Kolonialmächten und Kolonien, die unter veränderten Umständen auch nach der Entkolonialisierung fortbestanden haben und zum Teil heute noch wirkmächtig sind. Dieser Gedankengang ist auch von der Befreiungstheologie aufgenommen worden. Die fortdauernde Unterentwicklung in einigen Teilen der Welt und das, was der Wiener Politikwissenschaftler Uli Brand als »imperiale Lebensweise« der entwickelten Länder bezeichnet, hängen eng miteinander zusammen.

Kann dies aber eine Folgeverantwortung der westlichen Industrieländer begründen? Im Prinzip ja, aber Form und Reichweite einer solchen Verantwortung scheinen umstritten, zumal die westlichen Staaten ja darauf hinweisen können, dass sie entsprechende Mittel bereitstellen, um Entwicklungsdefizite in den weniger entwickelten Ländern adressieren zu können. Am einfachsten lassen sich Verpflichtungen auch im ökonomischen Bereich mit dem Hinweis auf das wohl verstandene

---

137 Dorothea Schäfer/Marlene Karl, *Finanztransaktionssteuer. Ökonomische und fiskalische Aspekte der Einführung einer Finanztransaktionssteuer in Deutschland.* Berlin 2012 (http://www.diw.de/documents/publikationen/73/diw_01.c.405812.de/diwkompakt_2012-064.pdf), 8f.; die Zahlen beziehen sich auf das Jahr 2010. Die Forderung, solche Einnahmen zur Rettung des Klimas oder der Reduzierung von Armut in der Welt zu nutzen, wird von einem breiten Bündnis zivilgesellschaftlicher und kirchlicher Gruppen unterstützt.

138 Vor allem: Dieter Senghaas (Hrsg.), *Peripherer Kapitalismus. Analysen über Abhängigkeit und Unterentwicklung.* Frankfurt am Main 1974; Andre Gunder Frank, *Kapitalismus und Unterentwicklung in Lateinamerika.* Frankfurt am Main und Köln 1968.

Eigeninteresse mobilisieren: zur Prävention von Migrations-strömen, zur regionalen Stabilisierung, zur Sicherung von Einflusszonen oder Märkten und vielleicht auch zur Verhinderung dramatischer ökologischer Schäden. Im schwierigen Wechselspiel von Werten und Interessen in der Außenpolitik bleiben die Interessen zentral, auch wenn sie manchmal in der Sprache von Werthaltungen formuliert werden.[139] Sicherlich ist in den letzten Dekaden unter dem Eindruck der Globalisierung das Bewusstsein für gemeinsame planetarische Interessen ebenso gewachsen wie die Einsicht in den entwickelten Ländern, eine Mitverantwortung für Fehlentwicklungen zu tragen. Dazu tragen nicht zuletzt zivilgesellschaftliche Bewegungen in Demokratien bei, die stark gesinnungsethisch argumentieren und für ihre Anliegen mitunter auch Mehrheiten organisieren können. Doch ist die Rede von internationaler Gerechtigkeit eben immer noch in die Argumentationsgitter von nationalen Interessen eingewoben. Es gibt Ansätze, die eine Verantwortlichkeit über die nationalen Interessen hinaus begründen können, und es gibt auch Beispiele, in denen diese auch angenommen wurde. Gleichwohl: Ein starkes Verständnis internationaler Gerechtigkeit ist daraus noch nicht entstanden.

Das ist ein zunächst ernüchternder Befund, auch wenn es gute Gründe dafür gibt, mit der Argumentation von Miller über die defensive Haltung von Rawls hinauszugehen. Dies könnte sich aber unter zwei Bedingungen ändern: Wenn erstens die großen Religionen Bedingungen für ein gemeinsames Überleben auf unserem Planeten formulieren und in die öffentliche Debatte einbringen, und zweitens wenn es gelänge, robuste Strukturen globaler »governance« zu schaffen

---

139 Dazu Matthias Zimmer, »Werte oder Interessen? Über eine bisweilen schwierige Gemengelage in der deutschen Außenpolitik«, *Zeitschrift für Außen- und Sicherheitspolitik* (2015 Suppl. 1) 8, 239–257.

und damit die Koordinationspolitik nationaler Regierungen effektiv hin zu internationaler Gerechtigkeit weiterzuentwickeln.

Gerechtigkeit jenseits des Staates

Wir sehen: Eines der Hauptprobleme der gegenwärtigen Welt liegt in ihrer staatlichen Verfasstheit. Das ist gleichzeitig aber auch ihre Stärke, denn innerhalb der im Sinne von Rawls wohlgeordneten Staaten kann Gerechtigkeit bindend durch das Gewaltmonopol des Staates hergestellt werden. Das ist nicht wenig, aber es reicht nicht, um den Problemen langfristig gerecht zu werden, die sich einem rein innerstaatlichen Zugriff entziehen – und dies ist das Wesen von Problemen globaler Gemeinschaftsgüter. Gibt es aber zu den globalen Problemen auch globale Lösungsansätze? Wo können diese gefunden werden? Oder, grundsätzlicher: Wie lässt sich die Lücke von innerstaatlicher Gerechtigkeit zu interkulturell wirksamen Standards schließen, die eine Voraussetzung für die Errichtung effektiver globaler Institutionen wären?

Ein erster Ansatz wäre der Verweis auf die Menschenrechte, die schließlich von den Staaten völkerrechtlich auch anerkannt worden sind. Die 1948 verabschiedete Allgemeine Erklärung der Menschenrechte der Vereinten Nationen bildete den Auftakt. Darauf aufbauend sind 1966 der »Internationale Pakt über Wirtschaftliche, Soziale und Kulturelle Rechte« sowie der »Internationale Pakt über Bürgerliche und Politische Rechte« beschlossen worden, die beide 1976 in Kraft getreten sind. Darüber hinaus gibt es eine Fülle weiterer Konventionen, die Ausfluss der Menschenrechte sind und die etwa Rechte von Behinderten, von Wanderarbeitern, Kindern oder Frauen noch einmal normieren. Es gilt ein Verbot der Folter ebenso wie ein Verbot jeglicher Rassendiskriminierung.[140] Auch auf regionaler Ebene werden die Menschenrechte immer wieder feierlich beschworen und beschlossen: Es gibt eine Europäische Menschenrechtskonvention aus dem Jahr 1950, eine »Afrikanische Charta der Menschenrechte und der Rechte der Völker« aus dem Jahr 1986 und eine »Arabische Charta der Menschenrechte« aus dem Jahr 2008. Darüber hinaus existiert seit 1998 ein Internationaler Strafgerichtshof, der Delikte im Völkerstrafrecht verfolgen kann; er ist Ausdruck interkulturell verbindlicher Rechtsprinzipien und Rechtsüberzeugungen.[141]

All dies könnte zu der Vermutung Anlass geben, es sei um die Menschenrechte gut bestellt. Dem ist zweifellos nicht so, denn die Konventionen und völkerrechtlichen Übereinkünfte verpflichten zwar die Staaten, die sie unterschrieben haben, aber eine Verletzung der selbst eingegangenen Pflichten löst keinerlei Sanktionen aus. Die Staaten sind in diesem Sinne souverän, weil sie keine Autorität über sich anerkennen. In demokratisch verfassten Staaten werden völkerrechtliche Übereinkommen Teil des innerstaatlichen Rechts; damit sind sie anwendbar für die Justiz. Aber die Geschichte des Internationalen Strafgerichtshofes zeigt, dass manchmal auch demokratisch verfasste Staaten die Bremser einer aus menschenrechtlicher Sicht wünschenswerten Entwicklung sein können. So haben die USA und Israel ihre Unterschrift unter das Statut zum Internationalen Gerichtshof wieder zurückgezogen. Mehr noch: Die Vereinigten Staaten haben 2002 ein Gesetz verabschiedet, das den Präsidenten ermächtigt, amerikanische Staatsbürger, die vor dem

---

140 Einen Überblick über die Konventionen und Protokolle und den Stand der Ratifikationen erhält man unter https://treaties.un.org/Pages/Treaties.aspx?id=4&subid=A&lang=en.

141 Otfried Höffe, *Gibt es ein interkulturelles Strafrecht? Ein philosophischer Versuch*. Frankfurt am Main 1999.

Strafgerichtshof angeklagt werden, notfalls auch mit militärischer Gewalt zu befreien.

Der von Rawls angenommene unmittelbare Zusammenhang zwischen demokratischer Struktur und Zivilisierung internationaler Politik ist also weniger strikt, zumal in der Folge des 11. September 2001 in den Vereinigten Staaten eine akute Bedrohungslage wahrgenommen wurde. Die daraus abgeleiteten sicherheitspolitischen Notwendigkeiten haben dann auch nicht vor dem Verbot der Folter Halt gemacht. Gleichwohl wird man, trotz aller Rückschläge, in der Anerkennung der Universalität der Menschenrechte eine der wirkmächtigsten Entwicklungen unserer Zeit erkennen, zumal durch die Globalisierung das Wissen um die Menschenrechte allgemein geworden ist. Dies wird auch deutlich an der Vielzahl von Initiativen und Nichtregierungsorganisationen, die sich den Schutz der Menschenrechte staatenübergreifend auf ihr Programm geschrieben haben. Tatsächlich ist der Gedanke nicht ganz abwegig, dass durch diese Formen des Engagements eine Art Weltbürgertum im Entstehen ist, welches das Versprechen einer Universalität der Menschenrechte ernst nimmt und dadurch das internationale System transformiert. Die Menschenrechte wären dann eine Art Geburtshelfer einer neuen internationalen Ordnung, die nicht mehr durch den (nationalen) Willen und die Souveränität, sondern durch die Rechte bestimmt werden, die den Menschen zukommen.[142] Grundidee einer solchen Konzeption ist die diskursive Kraft, die den Menschenrechten zukommt. Durch die Arena der öffentlich vorgetragenen Argumente geraten Staaten, die Menschenrechte nicht achten, unter Legitimationsdruck. Dies befördert langfristig die Durchsetzung von Menschenrechten und,

---

142 So David Jacobson, *Rights Across Borders: Immigration and the Decline of Citizenship*. Baltimore und London 1997.

damit einhergehend, die Verwurzelung demokratischer Strukturen.[143]

Es bedarf also keiner konstitutionellen Gründung einer föderativen Weltrepublik durch einen zweiten Herrschaftsvertrag. Gerechtigkeit jenseits des Staates ist durchaus präsent und bildet bereits heute eine kraftvolle Folie, vor der sich staatliches Handeln rechtfertigen muss. Darüber hinaus ist die Idee der Gerechtigkeit durch eine Unzahl von transnationalen zivilgesellschaftlichen Akteuren im internationalen System präsent – die christlichen Kirchen gehören ebenfalls dazu. Sie leisten überdies durch ihre großen Hilfswerke praktische Entwicklungsarbeit. Das ist angesichts der Tatsache, dass es weltweit mehr als zwei Milliarden Christen gibt, die sich in unterschiedlichen Interpretationen auf das Neue Testament beziehen, nicht wenig. Die Durchschlagskraft des religiös begründeten Arguments für ein Mehr an Gerechtigkeit könnte aber noch gestärkt werden – durch ein Bündnis der großen Religionen untereinander. Dies ist aber, angesichts der Genese des modernen Staates, nicht unproblematisch.

Staaten integrieren, und sie grenzen ab. Sie ermöglichen Identität, aber häufig sind die stärksten Formen menschlicher Identitätsbildung religiöser Natur. Die großen Weltreligionen liegen vielfach quer zu nationalstaatlichen Identitäten. Man darf nicht vergessen: Das war durchaus auch Absicht in der Formationsphase der modernen Staaten. Der moderne Staat und das Souveränitätsdenken entstanden aus den Verwüstun-

---

143 So etwa Seyla Benhabib, *Kosmopolitismus und Demokratie. Eine Debatte.* Frankfurt am Main 2008. Benhabib hebt das Prinzip der demokratischen Iteration hervor. Prozesse der Iteration vermitteln zwischen kosmopolitischen Normen und dem Selbstverständnis politischer Gemeinschaften und führen dazu, dass universalistische Rechtsansprüche nationalstaatliche Institutionen durchwirken. Das ist insofern eine elegante Lösung, als die Staaten und ihre (auch realpolitische) Bedeutung erhalten bleiben und nicht einfach durch ein kosmopolitisches Regime ersetzt werden.

gen von Bürgerkrieg und religiös begründeten Auseinandersetzungen. Das moderne Staatensystem ist nach dem Westfälischen Frieden von 1648 entstanden mit der Absicht, religiöse Wahrheitsansprüche einzuhegen.[144] Die staatliche Souveränität bestimmte fortan die Gehorsamspflicht, nicht die Religionszugehörigkeit. Dies war durchaus ein zivilisatorischer Fortschritt, weil es dadurch gelang, Krieg und Bürgerkrieg einzuhegen, berechenbar zu machen. Immer dann, wenn Konflikte religiös aufgeladen werden, tragen sie noch heute den Charakter des Unbedingten in sich, des Kampfes bis zum Sieg oder zur Vernichtung, eines Kampfes, der den Gegner nur als Feind kennt. Der moderne Staat hat die religiösen Energien gezähmt und ihnen einen Platz zugewiesen: Häufig (in den westlichen Ländern) durch eine Trennung von Kirche und Staat. Religiöse Angelegenheiten sind Privatsache, der Staat achtet und schützt alle Formen der Religionsausübung, die die demokratischen Grundregeln anerkennen. In anderen Kulturkreisen (etwa der muslimischen Welt) sind die Beziehungen zwischen Politik und Religion enger.

Die grundsätzliche Vorsicht gegenüber den Religionen hinsichtlich ihrer zerstörerischen Kraft scheint heute nach wie vor angebracht. Falsch verstandene Glaubensüberzeugungen dienen auch heute noch als Antrieb zu Mord, Zerstörung und Vernichtung. Gleichzeitig liegt in den religiösen Energien aber auch das Potenzial, gemeinsame Lösungen für die Zukunft der Menschheit zu forcieren. Eine lediglich säkular-zivilgesellschaftliche Bewegung etwa zum Schutz der Menschenrechte oder der Nachhaltigkeit scheint hierfür nicht robust genug; der Befund, dass moderne Demokratien von Voraussetzungen leben, die sie selbst nicht hervorbringen kön-

---

144 Dazu Matthias Zimmer, *Moderne, Staat und Internationale Politik*. Wiesbaden 2008.

nen, gilt eben auch für transnationale zivilgesellschaftliche Bewegungen. Deswegen ist es sinnvoll, religiöse Energien der gemeinsamen Grundüberzeugungen und Anliegen zu mobilisieren. Hans Küng hat diesen Gedanken in seinem Buch *Projekt Weltethos* entwickelt.[145] Seine Kernbotschaft lautet: Kein Überleben ohne Weltethos, kein Weltfriede ohne Religionsfriede, kein Religionsfriede ohne Religionsdialog.

Küng leugnet nicht die Unterschiede der Religionen; sie zu verteidigen, ist legitim. Er legt aber sein Augenmerk auf das, was allen Religionen gemeinsam ist. Es sind dies: das Wohl des Menschen, an dem sich das Ethos aller Religionen orientiert; Maximen elementarer Menschlichkeit, die in allen Weltreligionen gelten; der vernünftige Weg der Mitte und das Gebot, Maß zu halten; das Wissen um das Gute und damit den Ursprung sittlicher Motivationen; die Sinngebung des Lebens. Küng argumentiert, diese Gemeinsamkeiten könnten bei vier grundlegenden Problemen der heutigen Zeit helfen: der Wahrung der Menschenrechte, der Emanzipation der Frau, der Verwirklichung sozialer Gerechtigkeit und dem Ausschluss des Krieges als legitimes Mittel der Politik. Sie könnten mithin dazu beitragen, Frieden als Werk der Gerechtigkeit zu unterstützen: Frieden mit den Mitmenschen, mit der Natur und mit den nachfolgenden Generationen. So verstanden wäre das Projekt Weltethos eine kraftvolle und effektive Ergänzung der transnationalen Zivilgesellschaft auf der diskursiven Ebene: kraftvoll, weil es die Dimension der Letztbegründung mit sich trägt; effektiv, weil sich ein solches Projekt über die Religionsgemeinschaften selbst auch ohne größere organisatorische Probleme umsetzen ließe. Gegen die geballte Stellungnahme aller Religionsgemeinschaften würden sich abweichende politische Strategien und Verhaltensweisen schwertun. Dabei ist

---

145 Hans Küng, *Projekt Weltethos*. München 1990.

nicht daran gedacht, Politik durch Religion zu ersetzen. Papst Benedikt XVI. hat mit Bezug auf die Soziallehre diesen Auftrag der Kirche als moralische Leitinstanz einmal wie folgt umschrieben: Die Kirche wisse, dass es

> »nicht ihr Auftrag ist, selbst diese Lehre politisch durchzusetzen: Im Übrigen will sie der Gewissensbildung in der Politik dienen und helfen, dass die Hellsichtigkeit für die wahren Ansprüche der Gerechtigkeit wächst und zugleich auch die Bereitschaft, von ihnen her zu handeln, selbst wenn das verbreiteten Interessenlagen widerspricht.«[146]

Dies könnte auch eine gemeinsame Plattform der großen Weltreligionen erreichen – und zwar mit höherer Reichweite. Wenn sich Politik stärker als bislang eben auch an moralischen Leitprinzipien orientieren müsste und die Religionsgemeinschaften Sachwalter dieser Leitprinzipien sind, verändert sich die Legitimationsgrundlage von Politik. Darin liegt auch die große Chance für das Projekt Weltethos.[147]

Vielleicht tragen die zivilgesellschaftlichen und religiösen Anstrengungen ja dazu bei, jenen »Welt-Gerechtigkeitssinn« zu initiieren oder zu stärken, der nach Otfried Höffe die Voraussetzung für föderative Strukturen jenseits des Nationalstaates ist.[148] Ansätze hierzu sind in vielen Bereichen erkennbar: bei den Bemühungen um eine gerechte internationale Wirtschaftsordnung, um eine humane Entwicklung der unter-

---

146 Ansprache an die Teilnehmer einer Tagung des Weltverbandes der christlich-demokratischen und zentristischen Parteien am 21. September 2007 (http://w2.vatican.va/content/benedict-xvi/de/ speeches/2007/september/documents/hf_ben-xvi_spe_20070921_ idc.html).
147 Vgl. Martin Bauschke, »Das Weltparlament der Religionen und das Projekt Weltethos als Beispiele für die Macht der Moral in der Politik«, in: Ines-Jacqueline Werkner/Oliver Hidalgo (Hrsg.), Religionen – Global Player in der internationalen Politik? Wiesbaden 2014, 87–108.
148 Otfried Höffe, Demokratie im Zeitalter der Globalisierung, 343ff.

entwickelten Länder, bei den Initiativen zum Schutz der Menschenrechte, bei Projekten zum Schutz der Umwelt oder in den Debatten über eine Globalisierung mit menschlichem Antlitz. Viele hoffen, der Tag möge nicht mehr fern sein, an dem tatsächlich schrittweise zum Wohl der Menschheit als Ganzes souveräne Rechte an internationale Organisationen abgegeben werden und sich parallel dazu auch Mechanismen demokratischer Verantwortlichkeit etablieren. Als Zielperspektive ist dies der katholischen Soziallehre nicht fremd. Sie plädiert für ein föderatives Weltsystem aus der Einsicht heraus, dass die gegenwärtigen Probleme für die staatlich verfasste Welt nicht mehr lösbar sind. Es gilt aber auch die Warnung von Henning Hahn, dass die Spannung von nationaler Autonomie und transnationaler Weltordnung nicht automatisch auf eine neue Stufe globaler Gerechtigkeit führt: »Es gibt keine weltbürgerliche Absicht der Geschichte, die über weltpolitische Krisen auf eine globale Rechtsordnung hinläuft.«[149]

Nachhaltigkeit und internationale Gerechtigkeit

Wir haben unsere Erörterungen mit der Frage begonnen, was Gerechtigkeit ist und wie sie begründet werden kann, und sind anschließend der Frage nachgegangen, welche Reichweite Forderungen der Gerechtigkeit im internationalen System haben. Unstrittig war, dass es demokratischen und wohlgeordneten Staaten aus Eigeninteresse ein Anliegen sein muss, für ein internationales Umfeld zu sorgen, in dem Fragen der Gerechtigkeit einen hohen Stellenwert haben. Eine weitergehende Frage betraf die Verpflichtungen von Staaten, sich nicht

---

149 Henning Hahn, *Globale Gerechtigkeit. Eine philosophische Einführung.* Frankfurt am Main 2009, 198.

aufgrund ihres Interesses, sondern aufgrund einer Folgeverantwortung Gerechtigkeitsfragen anzunehmen. Schließlich haben wir einen Blick auf transnationale zivilgesellschaftliche Akteure und die Rolle der Religionen geworfen, die mit ihrem Engagement in den öffentlichen Diskursen Forderungen nach Gerechtigkeit verstärken und vertiefen. Ob und inwieweit dies zu neuen institutionellen Strukturen jenseits des Nationalstaats führt, muss offenbleiben – es bleibt aber angesichts der Problemlagen wünschenswert.

Die gegenwärtige Weltlage zeichnet sich durch einige für unseren Zusammenhang dramatische Strukturen aus:

– Es gibt nach wie vor eine krasse Spaltung von Arm und Reich auf der Welt. Die Vermögen bleiben extrem ungleich verteilt; der sogenannte GINI-Koeffizient, der das Maß an Ungleichheit abbildet, ist global erheblich höher als in den Staaten des Westens. Es gibt Anzeichen dafür, dass sich durch die Globalisierung das Maß an Ungleichheit verringert hat.[150] Aber gleichzeitig hat sich – ebenfalls durch die Globalisierung – das Wissen um die Ungleichheit erhöht und stellt einen wichtigen Faktor bei Migrationsbewegungen dar.

– Der Anteil an Menschen, die in absoluter Armut leben, ist nach wie vor hoch. Zwar hat er sich – gemessen an der 1-Dollar-Grenze absoluter Armut – in den letzten zwanzig Jahren deutlich reduziert, doch zwei Einwände relativieren diese Abnahme: Zum einen wird die Abnahme dann weniger eindrucksvoll, wenn man geänderte Kaufkraftparitäten zugrunde legt. Und zweitens ist ein Großteil des Rückgangs absoluter Armut auf das Wachstum in China zurückzuführen.

150 Zahlen bei Branko Milanovic, *Global Income Inequality by the Numbers: In History and Now. An Overview*. The World Bank, Policy Research Working Paper 6259, Washington, D.C. 2012 (http://elibrary.worldbank. org/doi/pdf/10.1596/1813-9450-6259).

- Die Weltwirtschaft ist nach wie vor durch eine hohe asymmetrische Struktur gekennzeichnet, die weit entfernt ist von fairen Handels- und Austauschbedingungen. Der Welthandel ist weitgehend durch die industrialisierten Länder bestimmt. Darüber hinaus tragen Handelshemmnisse und Subventionen dazu bei, dass Entwicklungsökonomien nicht als gleichberechtigte Partner in den Markt eintreten können. Thomas Pogge schätzt, dass alleine durch einen Wegfall der Handelsbeschränkungen im Welthandelssystem die Einnahmen armer Länder um jährlich 100 Milliarden US-Dollar steigen könnten – dies entspricht der Summe der gegenwärtigen Entwicklungshilfe.[151]
- Ökologische Schäden werden häufig dort am stärksten wirksam, wo es die ineffizientesten Umweltschutzgesetze gibt – sei es durch illegalen Export von Müll oder durch die Verlagerung von Produktionsstätten in Länder, in denen Emissionen weniger strikt kontrolliert werden oder billiger sind (»carbon leakage«).
- Die Migrationsströme aufgrund von ökologischen Schäden nehmen zu – Migration aufgrund ökologischer Schäden (oder Folgeschäden) könnte die große Katastrophe des 21. Jahrhunderts werden.[152]
- Ein Großteil der Migranten aus den unterentwickelten Regionen findet laut UNHCR Zuflucht wiederum in unterentwickelten Nationen, was die Problemlagen dort verschärft.[153]

---

151 Thomas Pogge, *Weltarmut und Menschenrechte*, 27.
152 Norman Myers, »Environmental Refugees: A Growing Phenomenon of the 21 Century«, *Phil. Trans. R. Soc. Lond.* B (2002) 357, 609–613 (http://www.ncbi.nlm.nih.gov/pmc/articles/PMC1692964/pdf/12028796.pdf).
153 http://www.unhcr.org/5399a14f9.html.

Schon diese wenigen Beispiele zeigen: Die Summe der Nachhaltigkeitspolitik der einzelnen Staaten macht noch lange keine globale Nachhaltigkeit. Wenn Europa und Deutschland nicht die Insel der Seligen in einem Meer der ökologischen Verwüstung sein wollen, braucht es internationale Initiativen und den Willen, die Tragfähigkeit menschlichen Lebens auf dem gemeinsamen Planeten mitzugestalten. Denn eines ist sicher: Bei steigendem Meeresspiegel geraten irgendwann auch höher gelegene Inseln unter Wasser. Wir können uns nicht von globalen Entwicklungen abkoppeln. Wir sind ein Teil davon.

Was kann Deutschland tun? Deutschland kann nicht im Alleingang die Welt retten. Aber deutsche Politik kann einen Beitrag zu mehr Gerechtigkeit leisten. Dabei sollte Deutschland seine globalen Ziele im Rahmen Europas definieren und umsetzen. Europa wird als Akteur auf der internationalen Bühne anders wahrgenommen als Deutschland und bringt mehr Durchsetzungsvermögen mit. Ziel muss es sein, die Verbindlichkeit von internationalen Abkommen zu stärken und die Aufmerksamkeit für die Themen der Nachhaltigkeit im internationalen Diskurs zu erhöhen. Ein gemeinsames europäisches Eintreten für Umweltgrenzen oder den Abbau von Handelshemmnissen im Rahmen internationaler Verhandlungen erhöht den Einfluss der einzelnen europäischen Länder. Darüber hinaus sollte Europa für eine institutionelle Verdichtung der internationalen Beziehungen eintreten. Dazu gehört die Idee der »Vereinten Nationen 2.0« mit der Einrichtung eines globalen Rates für nachhaltige Entwicklung, wie ihn der Wissenschaftliche Beirat der Bundesregierung für Globale Umweltveränderungen im Jahr 2011 vorgeschlagen hat.[154]

Zweitens sollte Deutschland zusammen mit Europa eine stärkere Rolle in der internationalen Politik einnehmen und

154 WBGU, Welt im Wandel, 20.

diese mit einem dezidierten entwicklungspolitischen Auftrag verbinden. Paul Collier hat einmal sehr verkürzt den Zusammenhang von Natur, Technologie und Regierung auf den Punkt gebracht.[155] Die Collier'schen Formeln besagen:

> Natur + Technologie + Regeln = WOHLSTAND
> Natur + Technologie – Regeln = PLÜNDERUNG
> Natur + Regulierung – Technologie = HUNGER

Wohlstand entsteht also durch das Zusammenwirken von Technologie und einem geordneten Verfahren und guter Regierung in der Nutzung natürlicher Ressourcen. Unterentwicklung ist mithin die Abwesenheit von Technologie oder verlässlicher Regeln (oder von beidem). Daraus ergibt sich, dass es nicht ausreicht, lediglich Technologie zur Verfügung zu stellen in der Hoffnung, die ökologische Kuznets-Kurve gewissermaßen durchtunneln zu können.[156] Effektive Hilfe zur Entwicklung kann auch bedeuten, staatliche Strukturen aufbauen zu helfen, die verhindern, dass die natürlichen Ressourcen durch Warlords oder organisierte Banden ausgebeutet werden. Deswegen scheint es sinnvoll, dass Deutschland mit Europa zusammen nicht nur den Technologietransfer koordiniert, sondern auch europäische Strategien entwickelt, wo und unter welchen Bedingungen und mit welchen Mitteln zerfallende Staaten stabilisiert und Regelwerke zur gerechten Nutzung natürlicher Ressourcen implementiert werden.

---

155 Paul Collier, *Der hungrige Planet. Wie können wir Wohlstand mehren, ohne die Erde auszuplündern*. München 2011, 20.

156 Die in der Kuznets-Kurve abgebildete Beziehung besagt, dass Umweltverschmutzung und ökologische Schäden mit steigendem Nationaleinkommen bei wenig entwickelten Staaten im Prozess der Industrialisierung zunächst steigen, dann aber im Zeitverlauf ab einem gewissen Wohlstandsniveau wieder sinken. Eine Durchtunnelung könnte helfen, Fehler in der wirtschaftlichen Modernisierung zu vermeiden, die die Pionierstaaten durchlaufen haben.

Schließlich aber muss die deutsche und europäische Bevölkerung dafür sensibilisiert werden, dass die Aufrechterhaltung des Wohlstands mittelfristig bedeutet, Wohlstand auch zu exportieren. Das wird nach Lage der Dinge der schwerste Vermittlungsschritt, denn schon die Möglichkeit der Stabilisierung des europäischen Wirtschaftsraumes durch Transferzahlungen stößt auf erbitterten Widerstand. Globale Transferzahlungen der saturierten Länder sind aber nicht nur eine Frage der internationalen Gerechtigkeit. Sie sind vor allem ein Erfordernis des Überlebens in unserem gemeinsamen planetarischen Wirtschaftsraum.

Dies ist zweifellos ambitioniert. Aber Demokratie lebt davon, dass sich Gründe finden lassen, um ein Tun oder Unterlassen oder auch bestehende Strukturen zu rechtfertigen. Eine solche Rechtfertigung schulden wir uns selbst, aber auch denjenigen, die durch ungerechte Strukturen oder unser Tun und Unterlassen betroffen sind. Inwieweit das Argument der normativen Kraft des Faktischen in einer öffentlichen Debatte bestehen kann, mag dahingestellt bleiben. Zumindest in den demokratisch verfassten Staaten kann das Problem ungerechter internationaler Strukturen nicht ernsthaft mit einem einseitigen Vorteil gerechtfertigt werden. Interesse mag ein Wesensmerkmal des Menschen sein, wird aber durch Menschenrechte eingehegt. Insofern ist die mangelnde Rechtfertigungsfähigkeit der bestehenden internationalen Ordnung vor dem Hintergrund der menschenrechtlichen Diskurse ein zusätzliches Element des Wandels hin zu einer starken Konzeption von Gerechtigkeit – zumindest dort, wo Menschenrechte auch materiell ernst genommen werden.[157]

---

157 Das Argument entnehme ich Rainer Forst, *Das Recht auf Rechtfertigung. Elemente einer konstruktivistischen Theorie der Gerechtigkeit*. Frankfurt am Main 2007.

7. Star Trek und das gute Leben

Seit vielen Jahren bin ich ein großer Fan der US-Serie »Star Trek – The Next Generation«. Sie entwirft eine Gesellschaft im 24. Jahrhundert, die sich von der unseren grundlegend unterscheidet. Der Drang nach Erkenntnis hat die Gier nach Reichtum abgelöst. Selbstverwirklichung spielt eine wichtige Rolle; Geld ist abgeschafft, und Arbeit ist eine Option, aber kein Zwang. Hunger und Knappheit sind überwunden, Menschen können ein reiches, erfülltes, ein gutes Leben führen. Es existiert noch Eigentum, aber dies hat kaum noch Bedeutung. Anerkennung erfolgt nicht über materielle Güter, sondern über den Beitrag, den Menschen zum Gemeinwohl leisten.

Die Energiefrage ist gelöst und ebenso die Entkopplung von Wachstum und Ressourcenverbrauch; die Umwandlung von Energie in Materie macht es möglich. Die Menschen sind kultursensitiv, sie achten und wertschätzen fremde Kulturen und ihr Recht auf Eigenentwicklung. Der Planet Erde ist geeint, die staatliche Zersplitterung existiert nur noch als Reminiszenz kultureller Herkunft. Die Probleme, die unsere heutige Welt belasten, sind offenbar alle gelöst. Unmöglich? Vermutlich nicht, denn die Zukunft ist offen. Und vor dreihundert Jahren hat kaum einer die Fantasie gehabt, sich auch nur ansatzweise auszumalen, welche Möglichkeiten das 21. Jahrhundert hat: Luft- und Raumfahrt, Kommunikation, Mobilität, Medizin, die Erkenntnisse über den Aufbau der Welt und des Lebens, die Produktvielfalt, Demokratie als funktionierendes Herrschaftssystem. Dies im Blick, darf man die Hoffnung nicht aufgeben, dass trotz aller Widrigkeiten unseren Nachkommen eine Welt beschieden sein kann, vor der wir, wenn wir um sie wüssten, erstaunen würden. Das ist eine der großen Antriebskräfte der menschlichen Entwicklung: Nicht nur das Überleben der Gattung Mensch als solches zu garantieren, sondern dies unter besseren Bedingungen als bislang zu tun. Was aber, wenn wir dafür weiterhin Innovation, Entwicklung und Fortschritt brauchen? Wäre es da nicht sinnvoll, zumindest einmal darüber nachzudenken, welcher Art die Innovation, die Entwicklung und der Fortschritt sein müssten, damit aus dem Traum eines besseren Lebens nicht der Albtraum einer verschenkten Zukunft wird? Wäre es nicht entscheidend, dass wir uns überlegen, was wir denn brauchen, um mutig dorthin gehen zu können, wohin noch keiner vorher gegangen ist – um den berühmten, von Patrick Stewart gesprochenen Einleitungssatz aus der Serie zu zitieren?[158] Und, provozierend gefragt: Ist das nicht genau auch Aufgabe der Politik, nicht nur die gegenwärtigen Interessen zu befriedigen, sondern auch die zukünftigen Möglichkeiten zu bewahren?

Es bedarf also einiger Leitplanken, einiger Grundideen, wie es weitergehen kann und wie Nachhaltigkeit als Voraussetzung für weitere Entwicklung gewährleistet werden kann. Einiges davon ist bereits im Verlauf des Buches angesprochen worden: die Bedeutung der Suffizienz, die Frage des guten Lebens, die Rolle der Religion, die Botschaft der Soziallehre, die Frage nach Gerechtigkeit, die Notwendigkeit, Probleme internationaler Gerechtigkeit zu lösen. Abschließend sollen vor allem zwei Fragen beantwortet werden, die aus meiner Sicht den Schlüssel zur Nachhaltigkeit bilden: erstens die Frage, ob wir in der Moderne ein angemessenes Welt- und Menschenbild

---

158 In der ursprünglichen Serie hieß es noch: »Space: the final frontier. These are the voyages of the starship Enterprise. Its five-year mission: to explore strange new worlds, to seek out new life and new civilizations, to boldly go where no man has gone before.« In der Folgeserie wurde »no man« durch »no one« ersetzt, da es nicht nur um Menschen, sondern auch um andere Spezies geht, die an Bord des Raumschiffes ihre Erkundungsreise antreten.

haben, und zweitens die Frage, welche Rolle Politik und Markt bei der notwendigen, zukunftsweisenden Transformation spielen können (und sollen).

Aufhebung der halben Moderne

Wir haben zu Anfang, im ersten Kapitel, die Ursprünge der modernen Fortschrittsidee untersucht und dabei festgestellt, dass sie mit einer bestimmten Weltsicht zusammenhängt: der rationalen Welterschließung oder, wie es Max Weber einmal auf den Begriff gebracht hat, der »Entzauberung der Welt«. Nun gibt es sicherlich kein Zurück in eine Welt, die durch Mythen geprägt ist, durch Aberglauben oder Märchen. Aber es ist richtig, und das hat unser Nachdenken über Nachhaltigkeit gezeigt, dass rein zweckrationales Handeln wichtige Dimensionen des menschlichen Daseins verfehlt. Immanuel Kant hat dies mit der Unterscheidung von Verstand und Vernunft auf den Begriff gebracht. Während der Verstand eine gewisse Ordnung in der sichtbaren Welt der Phänomene herstellt, gestattet es die Vernunft, diese auf Ideen jenseits der empirischen Welt hinzuordnen. Während der Verstand uns also Aufklärung darüber gibt, wie etwas beschaffen ist, und Anweisung, wie wir handeln können, sagt die Vernunft etwas über Gründe aus, über das Warum, also über die Frage, wie wir handeln sollen. Der Vorwurf an die Moderne ist: Sie bedient nur den Verstand, aber nicht die Vernunft.

Der amerikanische Philosoph Stephen Toulmin hat sich in einer ausführlichen philosophiehistorischen Analyse mit den Ursprüngen der Moderne beschäftigt.[159] Vielen Denkern der

---

159 Stephen Toulmin, *Cosmopolis. The Hidden Agenda of Modernity.* Chicago 1990.

217

Moderne ging es darum, in Zeiten der Unsicherheit wieder sicheren Grund unter die Füße zu bekommen. Descartes beseitigte die Unsicherheit der Erkenntnis durch den methodischen Zweifel, Bacon durch die planmäßige Naturerkenntnis, Hobbes durch den allmächtigen Leviathan. Das Prinzip ist immer ähnlich: Jegliche Unsicherheit, Ambiguität, Vielfalt wird aufgelöst zugunsten der Sicherheit, der Eindeutigkeit und der Homogenität. Schließlich kannte die Mathematik als Leitwissenschaft der Moderne auch keine Zweifel. Die Rationalisierung der Lebensführung folgte diesem Vorbild, präzise, genau und nicht korrumpierbar durch die menschlichen Schwächen. Dieses Leitbild gipfelte in der Idee der Kosmopolis: der Harmonie von himmlischer (natürlicher) und irdischer (menschlicher) Ordnung.

Toulmin macht darauf aufmerksam, dass es eine zweite Wurzel der Moderne gegeben hat, die durch diese Entwicklung an den Rand gedrängt worden ist: nämlich die Tradition aus Renaissance und Humanismus, die von den vielfältigen Erscheinungsformen des *Humanum* ausgeht und nicht versucht, sie in das Prokrustes-Bett der Rationalität zu zwingen. Toulmin nennt als Stammväter dieser Tradition Erasmus von Rotterdam und Michel de Montaigne, aber auch Niccolò Machiavelli und William Shakespeare. Es ist eine Moderne, der der Rationalismus nicht fremd ist, aber auch die Grenzen der Rationalität nicht. Es seien vier Verschiebungen gewesen, die den Übergang vom humanistischen zum rationalistisch-wissenschaftlichen Bild der Moderne bestimmt haben: der Übergang von der Rhetorik zur Logik, vom Speziellen zum Allgemeinen, vom Lokalen zum Universalen und vom Zeitgebundenen zum Überzeitlichen. Die Moderne konnte nun behaupten: Der Fortschritt erstreckt sich über alle Kulturen, über alle Zeiten; er ist allgemein, weil er logisch und allgemeingültig formuliert ist, unabhängig von Zeit und Raum. Die

Gesetze der Wissenschaft gelten für alle. Für die kultursensiblen Erfahrungen oder die psychologischen Einsichten, wie sie beispielsweise bei Shakespeare geschildert werden, hatte die Moderne fortan nur noch ein Nischendasein zu bieten.

Die Planierung kultureller Verschiedenheit, der Verlust des Geheimnisvollen und das Verschwinden der Poesie waren eine Zumutung, gegen die sich schon die deutsche Romantik gewehrt hatte. Das konnte aber als irrational, als vormodern, als antiquiert und rückständig von den Verteidigern des Fortschritts abgetan werden. Erst die Erschütterung des Fortschrittsglaubens im 20. Jahrhundert hat ein Umdenken befördert. Auf politischer Ebene haben der Erste Weltkrieg und der Holocaust allen Träumen über den Zusammenhang von materiellem Fortschritt und moralischer Reifung des Menschengeschlechts ein jähes Ende bereitet; das Böse ist keine Folge von Hunger, Armut und Elend, es nistet auch im Wohlergehen. In der Mathematik werden Gewissheiten durch das Werk von Kurt Gödel infrage gestellt, in der Physik durch die Arbeiten von Werner Heisenberg. Der Physiker Hans-Peter Dürr, ein Schüler und langjähriger Mitarbeiter Heisenbergs, hat das Revolutionäre der neuen Welterkenntnis ausführlich beschrieben. Wir müssen, so seine These, Abschied nehmen von der Idee, das Leben und die Wirklichkeit bestünden in letzter Konsequenz aus Materie. Dies sei nicht der Fall. Nicht unteilbare Atome sind die Bausteine der Welt, sondern Form, Gestalt, Symmetrie und Beziehung: »Am Ende allen Zerteilens der Materie bleibt etwas, das mehr dem Geistigen ähnelt – ganzheitlich, offen, lebendig: Potenzialität, die Kann-Möglichkeit einer Realisierung. Materie ist die Schlacke dieses Geistigen – zerlegbar, abgrenzbar, determiniert: Realität.«[160]

---

160 Hans-Peter Dürr, *Warum es ums Ganze geht. Neues Denken für eine Welt im Umbruch*. Frankfurt am Main 2011, 86.

Trifft dies zu, dann ergeben sich daraus zwei Erkenntnisse. Die erste: Die Idee von Descartes, man könne trennen zwischen dem Geistigen und den Dingen, ist grundlegend falsch. Damit ist auch das Programm der modernen Naturwissenschaft falsch, die Welt aufzuteilen in erkennendes Subjekt und das zu erkennende Objekt. Das moderne Weltbild der Naturwissenschaften erledigt seine eigenen Prämissen, oder anders: Hebt sie auf eine andere Stufe der Erkenntnis. Die zweite Erkenntnis lautet: Die grundsätzliche Begrenztheit der Erkenntnis durch die Ganzheitlichkeit der Realität öffnet Räume, die nur durch den Glauben zugänglich sind.[161] Damit erledigt sich auch die alte Debatte um die Vereinbarkeit von Wissenschaft und Glauben. Beide haben ihren Platz in der neuen ganzheitlichen Orientierung von Erkenntnis.[162]

Die Anknüpfungspunkte an die humanistische Wurzel der Moderne sind deutlich erkennbar. Die materialistische, die positivistische Interpretation der Welt war immer nur eine mögliche, die die Welt in ihrer Ganzheit nicht erfasst. Hier wird eine neue Interpretation von Fortschritt möglich, die sich von der positivistisch halbierten Rationalität der Moderne verabschiedet und einen ganzheitlichen Entwurf des Fortschritts wagt. Die Anknüpfungspunkte an die Theorien von Albert Schweitzer, Vittorio Hösle und Leonardo Boff sind hierbei deutlich. Ob ich die Ehrfurcht vor dem Leben, den objektiven Idealismus oder die Ganzheitlichkeit der Welt hervorhebe, der gemeinsame Nenner ist immer die Ablehnung einer Weltsicht, in der das Materielle dem Geistigen vorangestellt ist.[163] Aus

---

161 Hans-Peter Dürr, *Warum es ums Ganze geht*, 107.
162 Hierzu auch Hans Küng, *Der Anfang aller Dinge. Naturwissenschaft und Religion*. München 2005.
163 Es wäre reizvoll gewesen, in diesem Zusammenhang auch auf Pierre Teilhard de Chardin und seine Auffassung von der Noogenese einzugehen; ich habe den Eindruck, dass hier noch unentdeckte argumentative Möglichkeiten auch für das Thema der Nachhaltigkeit stecken.

dieser Verkürzung erklärt sich auch, dass es der Moderne eher um Lebensstandard als um Lebensqualität geht. Der Lebensstandard ist materiell definiert und kann gemessen werden. Lebensqualität hingegen erschließt sich erst im Geistigen. Oder, überspitzt formuliert: Lebensstandard ist der rationale Teil der Moderne, Lebensqualität der humanistische.

Ich plädiere also für einen ganzheitlichen Begriff der Moderne, der beide Wurzeln ernst nimmt. Dann können wir auch Hoffnung für die Zukunft hegen und eine Idee des Fortschritts formulieren, die sich von der bisherigen deutlich unterscheidet. Daher gilt es auch, erneut über die Stellung des Menschen in der Welt nachzudenken und über sein Verhältnis zu Wissenschaft und Natur. Dies geht über die Naturwissenschaften weit hinaus. Um nur einige wenige Handlungsbereiche zu nennen:

- In den Sozialwissenschaften brauchte es eine Verabschiedung des rein positivistischen Denkens.[164] Die Gesellschaft ist mehr als der Experimentierraum für Sozialingenieure, sie ist Sinnhorizont und damit aufgeladen mit Werten, die sich der sozialwissenschaftlichen Beurteilung entziehen. Dasselbe gilt auch und vor allem für die Ökonomie. Gerade die Wirtschaftswissenschaften haben mit ihrer Verkürzung des Menschen auf einen Konsumenten und Marktteilnehmer und dem falschen Bild des *homo oeconomicus* einen nicht zu unterschätzenden Flurschaden angerichtet. Der *homo oeconomicus*, so die amerikanische Wirtschaftsjuristin Lynn Stout, ist ein Soziopath. Er beruht noch auf dem Maschinendenken der frühen Neuzeit und nimmt die Komplexität menschlicher Verhaltensweisen ebenso wenig ernst wie Freiheit, Würde und Personalität des Menschen. Sowohl als

---

164 So schon Immanuel Wallerstein, *Die Sozialwissenschaft »kaputtdenken«. Die Grenzen der Paradigmen des 19. Jahrhunderts.* Weinheim 1995.

Leitbild wie als Analysekategorie ökonomischen Denkens ist er nicht nur unbrauchbar, sondern potenziell destabilisierend für politische Ordnungen.[165]

– Notwendig ist eine neue Demut im Umgang mit der Natur, die anerkennt, dass der Mensch zwar die Natur bearbeitet, als Teil der Natur damit aber auch letztlich in seine eigene Naturhaftigkeit eingreift.[166] Es ist nicht sinnvoll, ja geradezu schädlich, auf die Naturwissenschaften und die ihnen innewohnenden innovativen Potenzen zu verzichten. An der Wiege der modernen Naturwissenschaften stand das Wissen-Wollen, gerade auch im Angesicht der Endzeit.[167] An der Wiege eines neuen, veränderten wissenschaftlichen Denkens muss das Wissen-Wollen im Angesicht einer möglichen, von Menschen gemachten Endzeit stehen. Dies erfordert eine Abkehr von prägenden Elementen des klassischen naturwissenschaftlichen Denkens: von der Aufspaltung von Subjekt und Objekt, denn die Umwelt ist eine Mitwelt; der Mensch steht nicht außen vor, sondern ist ein konstitutiver Teil der Natur. Zweitens muss der Zusammenhang von patriarchalen und naturwissenschaftlichen Grundstrukturen des Denkens[168] aufgebrochen werden; erst dann ist eine umfassende und ganzheitliche Entwicklung

---

165 Das ist das Thema des Buches von Frank Schirrmacher, *Ego. Das Spiel des Lebens.* München 2013. Dort findet sich auch das Zitat von Lynn Stout (S. 29). Diese aus bürgerlicher Sicht vorgetragene Kritik ist nicht neu, sondern findet sich schon bei konservativen Soziologen wie Hans Freyer. Die Ökonomisierung des Lebens ist nämlich nichts anderes als eine Instrumentalisierung aller Lebensbereiche. Damit wird auch der Mitmensch zu einem Mittel – etwas, das die Soziallehre immer mit Verweis auf die Personalität des Menschen bekämpft hat.

166 Vgl. auch die Enzyklika *Sollicitudo rei socialis*, Nr. 34.

167 Hierzu Johannes Fried, *Aufstieg aus dem Untergang. Apokalyptisches Denken und die Entstehung der modernen Naturwissenschaft.* München 2001.

168 Hierzu Carolyn Merchant, *The Death of Nature*; bei Hans Küng etwa ist genau aus diesem Grund die Emanzipation der Frauen ein zentraler Baustein des Weltethos. Es wäre lohnend, dem Zusammenhang von naturwissenschaftlicher Welterkenntnis nach Bacon, Wirtschaftsordnung und

möglich. Naturwissenschaft braucht deshalb eine Besinnung auf ihre Grundlagen durch eine erneuerte Naturphilosophie. Diese muss selbstverständlicher Bestandteil der Lehrpläne naturwissenschaftlicher Ausbildung werden.

– Die Potenzen des Fortschritts müssen an eine normative Leitidee jenseits der rein materiellen Bedürfnisbefriedigung gebunden werden. Das ist die Bedeutung von qualitativem Fortschritt. Damit rücken die nicht-marktrelevanten Tätigkeiten des Menschen in den Mittelpunkt, die zu einem erfüllten Leben dazugehören: Familie, Ehrenamt, Kultur, Muße, kreatives Schaffen, Spiritualität, Naturerleben, und vieles mehr – also Tätigkeiten jenseits der Arbeitswelt. Freilich muss die Arbeitswelt selbst, angesichts der kulturellen Dissonanzen von Produktionssphäre und Freizeit, ihren Beitrag leisten: durch höhere Zeitautonomie, Änderungen der Arbeitsorganisation, Abgrenzung von Arbeit und Freizeit (Work-Life-Balance), auch durch Schaffung von Bedingungen, die die Arbeit selbst als sinnstiftend erfahrbar machen, etwa durch Modelle der Teilhabe.

– Wir müssen Abschied nehmen von einem Modell der Modernisierung, das den Vorrang kultureller Horizonte gegenüber den Prozessen der Vereinheitlichung, Standardisierung und Rationalisierung leugnet. Über viele Jahre hinweg hieß Modernisierung: Einebnung der kulturellen Traditionen und Unterschiede und Entwicklung nach einem westlichen Modell. Ein solches Modernisierungsverständnis zerstört gewachsene Identitäten und macht die Menschen in der Globalisierung heimatlos. Alles wird, wie es Theodor W. Adorno einmal formuliert hat, mit Ähnlichkeit geschlagen. Dabei ist die Unterschiedlichkeit, die Diffe-

---

der Rolle der Frau weiter nachzugehen wie auch den damit verbundenen Strukturen, die einer ganzheitlichen Entwicklung des Menschen entgegenstehen.

renz, die Vielfalt, ein Treiber für Kreativität und Innovation. Viele Unternehmen haben dies bereits erkannt und setzen bewusst auf »Diversity« als Kennzeichen einer ausgeglichen und leistungsfähigen Betriebskultur.

Ein solcher ganzheitlicher Begriff des Fortschritts kann allerdings nicht verordnet werden, sondern kann sich nur als das Resultat einer auf den ganzheitlichen Menschen gerichteten Erziehung verstehen.[169] Hier kommt vor allem den im Englischen sogenannten »Humanities« eine Bedeutung zu. Nicht umsonst tragen sie einen Bezug zur ersten Wurzel der Moderne, dem Humanismus, im Namen. Dazu gehören aber auch die Philosophie und die Religion, die das *Humanum* aus Perspektiven heraus behandeln, die über die Untersuchung der »Realität« hinausgehen. Die augenblickliche Geringschätzung der Geisteswissenschaften zugunsten der sogenannten MINT-Fächer (Mathematik, Informatik, Naturwissenschaften und Technik) ist dem alten Denken der Beherrschbarkeit der Welt durch Wissen verpflichtet – und natürlich auch der Förderung der Wettbewerbsfähigkeit der deutschen Industrie. Sich aber lediglich darauf zu verlassen hieße – mit dem bösen Wort von Max Weber –, Fachmenschen ohne Geist und Genussmenschen ohne Herz heranzuzüchten – ein Nichts, das sich einbilde, eine nie zuvor erreichte Stufe des Menschentums erstiegen zu haben.[170] Mindestens ebenso wichtig sind die Fächer, die ein Orientierungswissen vermitteln und Antwort geben auf die Frage nach dem »Warum« des menschlichen Lebens und Handelns, auf die Seinsfragen also, die nicht durch

---

169 Hierzu Martha Nussbaum, *Not For Profit. Why Democracy Needs the Humanities.* Princeton und Oxford 2010.
170 Max Weber, »Asketischer Protestantismus und kapitalistischer Geist«, in: Ders., *Soziologie, universalgeschichtliche Analysen, Politik.* Hrsg. von Johannes Winckelmann. Stuttgart 1973, 357–381, 380.

Kenntnisse der Weltbewältigung oder der materiellen Saturiertheit beantwortet werden können.

Erst eine solche Neubestimmung der Moderne aus ihren Wurzeln heraus würde sicherstellen, dass die im bürgerlichen Fortschrittsmodell angelegte Verknüpfung von Wohlstand durch Wachstum, von technischer Entwicklung und politischer Freiheit in einer demokratischen Ordnung auch unter veränderten Bedingungen erhalten bleiben kann. Zumindest dieses Versprechen der bürgerlichen Fortschrittsideologie lohnt es, bewahrt zu werden – zumindest dann, wenn wir uns nicht nur vornehmen, mutig dorthin zu gehen, wo noch kein Mensch vorher gewesen ist, sondern dies auch tun wollen, ohne uns oder unserer Mitwelt zu schaden.

Nun sind die hier angesprochenen Änderungen im Bildungssystem und der Bildungsidee sicherlich nicht kurzfristig zu erreichen. Sie setzen einen Paradigmenwechsel voraus, der sich aus dem Bildungssystem, aus der Wissenschaft selbst entwickeln muss. Was aber kann Politik, was kann der Markt tun, um eine fortschrittliche Entwicklung im oben skizzierten Sinn zu ermöglichen und damit auch der Nachhaltigkeit zum Durchbruch zu verhelfen?

Markt und Politik

Märkte sind eine nützliche Angelegenheit. Sind sie vernünftig konstruiert und erlauben jedermann Zugang, sind sie ein schnelles, effektives und faires Verteilungssystem für knappe Güter. Märkte reagieren auf Knappheitssignale; damit werden knappe Güter teurer. Eine erste und allgemeine Regel der Nachhaltigkeit müsste deshalb lauten: Nachhaltigkeit kann durch die Marktkräfte dann wirksam unterstützt werden, wenn knappe Güter in realen Preisen dargestellt werden. Reale

Preise bedeutet: Externe Kosten, die bislang von der Allgemeinheit getragen werden, müssen sich im Preis eines Produktes abbilden. Nehmen wir ein einfaches Beispiel. Eine Firma produziert ein Produkt mithilfe eines industriellen Verfahrens. Die im Produktionsprozess entstehenden Abfälle (Abwasser und Luftemissionen) werden in die Umwelt entlassen. Sie sind keine Kosten im Produktionsprozess und haben keinen Einfluss auf den Endpreis des Produktes. Allerdings fallen Abwasser und Emissionen an und verursachen Beseitigungs- oder Anpassungskosten, die aber von Dritten, die mit der Produktion nichts zu tun haben – in der Regel dem Steuerzahler – beglichen werden müssen. Wenn diese Kosten mit in das Produkt einberechnet würden, entstünden reale Preise, die einen Profit auf Kosten der Allgemeinheit nicht erlaubten. Es gibt eine Fülle anderer Beispiele für solches Trittbrettfahrerverhalten: etwa wenn Arbeitskräfte staatliche Lohnkostenzuschüsse erhalten oder aufstockende Leistungen, wenn Umweltmaßnahmen nicht dem Verursacherprinzip unterliegen oder wenn staatliche Subventionen fließen. Darüber hinaus gibt es Produkte, die die Gesundheit der Verbraucher gefährden und dadurch Kosten verursachen. Unzweifelhaft ist dies etwa bei Zigaretten der Fall, wo der Staat durch teilweise hohe Besteuerung einen indirekten Ausgleich für die Schäden erhält, die den Sozial- und Gesundheitskassen durch Konsum von Tabak entstehen. Doch wie sieht es mit ungesunden Lebensmitteln wie Chips oder Coca-Cola aus, um nur zwei Beispiele zu nennen? Hier könnte und müsste der Staat ebenfalls höhere Steuern erheben, damit die Preise der Produkte zumindest indirekt auch deren schädlichen Wirkungen spiegeln.

Ökonomen nennen dies die Einpreisung externer Kosten. Unser tägliches Leben ist angefüllt mit Beispielen, in denen diese externen Kosten nicht eingepreist werden und in der Folge der Markt seine Aufgabe nur unvollkommen erfüllen kann.

In vielen Fällen ist es vermutlich kaum möglich, die externen Kosten genau zu beziffern, in anderen Fällen werden erhebliche politische Widerstände zu befürchten sein. Ist es beispielsweise sinnvoll, Fleischerzeugung mit einer Steuer bzw. Gebühr für den Verbrauch natürlicher Ressourcen zu belegen, wie es die Food and Agricultural Organization (FAO) vorschlägt? Oder ungesunde Lebensmittel, die zu viel Fett oder Zucker enthalten, höher zu besteuern, wie es die Deutsche Diabetes Gesellschaft vorgeschlagen hat? Zweifellos wären dies marktgerechte Lösungen für gesellschaftliche bzw. ökologische Probleme, sie werden indes häufig gerade von den überzeugtesten Befürwortern des Marktes abgelehnt. Nehmen wir ein anderes Beispiel: die Atomkraft. Wenn von Anfang an alle Kosten – also auch die Kosten der Endlagerung und der Bewachung der Lagerstätten – in den Preis für Atomstrom eingerechnet worden wären, wie teuer käme uns eine Kilowattstunde? Wie hoch wären die Kosten für den Atomstrom, wenn Atomkonzerne sich gegen Schadensfälle in Höhe der tatsächlich möglichen Schadenshöhe versichern müssten? Ähnliche Fragen können auch mit Blick auf andere Energieträger gestellt werden. Das Umweltbundesamt hat die Kosten, die durch Emissionen unterschiedlicher Energiearten verursacht werden, einmal berechnet und kommt bei den fossilen Energieträgern auf Werte von knapp unter 5 Cent (Erdgas) bis knapp unter 11 Cent (Braunkohle) pro Kilowattstunde; die Werte für erneuerbare Energieträger liegen zwischen 0,18 Cent (Wasserkraft) und 3,84 Cent (Biomasse). Der Einsatz erneuerbarer Energien führt damit zur Vermeidung von Umweltschäden in Milliardenhöhe, für die andernfalls die Allgemeinheit aufkommen müsste.[171]

---

171 Umweltbundesamt, Schätzung der Umweltkosten in den Bereichen Energie und Verkehr. Dessau 2012 (https://www.umweltbundesamt.de/sites/default/files/medien/378/publikationen/hgp_umweltkosten.pdf).

In vielen Bereichen kann also die Einberechnung externer Kosten in die Preisbildung einen ersten wichtigen Schritt in Richtung Nachhaltigkeit darstellen, den Märkte bewirken können. Ein wichtiger Effekt von Märkten ist, dass sich Innovationen schneller verbreiten, wenn die Märkte transparent und offen für neue Wettbewerber sind. Innovationen setzen sich am Markt durch, wenn sie ein knappes Gut ersetzen, Effizienzgewinne versprechen oder Prozesse optimieren. Häufig passiert dies aber nicht unmittelbar, sondern es bedarf einer externen Unterstützung, zumal dann, wenn Innovationen nicht sofort wettbewerbsfähig sind. Dies ist in vielen Bereichen der Fall, so auch im Bereich der erneuerbaren Energien. Märkte »denken« kurzfristig. Deswegen ist es sinnvoll, bestimmte gewollte Innovationen bis zur tatsächlichen Marktreife durch öffentliche Mittel zu unterstützen, zumal dann, wenn die langfristigen Gewinne die kurzfristig notwendigen Investitionen übersteigen. Zweitens entstehen Innovationen häufig in Forschungszusammenhängen, die staatlich gefördert werden. Tatsächlich sind viele der gesellschaftlich relevanten und kapitalintensiven Innovationen ohne einen unternehmerischen Staat nicht denkbar: Die Eisenbahn, das Internet und die Nanotechnologie sind hierfür gute Beispiele. Hinzu kommen häufig wichtige Infrastrukturinvestitionen, die eine Technologie in der Breite durchsetzen: Dies ist in Deutschland derzeit bei der digitalen Agenda und beim öffentlich geförderten Ausbau der flächendeckenden Breitbandversorgung der Fall. Ähnliches gilt für das Projekt »Industrie 4.0«, das die Wettbewerbsfähigkeit des Industriestandorts Deutschland im Rahmen der Hightech-Strategie der Bundesregierung unterstützen soll.[172] Dies führt zu einer zweiten Regel mit Bezug auf Nachhaltigkeit: Da es ohnehin häufig

---

172 Zur Hightech-Strategie der Bundesregierung http://www.hightech-strategie.de/de/Industrie-4-0-59.php.

staatliche Forschungsförderung und sonstige staatliche Unterstützung sind, die die Durchsetzung innovativer Technologien auf dem Markt möglich machen, muss staatliches Handeln im Bereich solcher Produkt- oder Prozessinnovationen konsequent unter dem Primat der Nachhaltigkeit erfolgen. Übrigens auch unter dem Primat der Nachhaltigkeit der Staatsfinanzierung: Es ist schon überlegenswert, dass Forschungsförderung durch die Übernahme von Risiken durch den Staat am Ende auch belohnt wird, etwa durch stille staatliche Unternehmensbeteiligungen oder sogenannte »goldene Aktien« für Patentverwertungen.[173]

Märkte mögen schnell reagieren und sind damit planwirtschaftlichen Prozessen deutlich überlegen, aber nicht alles darf dem Markt unterworfen werden; der Markt muss durch den Staat jene Begrenzungen erfahren, die er selbst nicht in sich trägt. Wir haben keine Einwände, Brot und Eier, Autos und Strom auf dem Markt zu handeln und dem Spiel von Angebot und Nachfrage zu unterwerfen. Hingegen würden wir die Frage, ob es erlaubt sei, menschliche Organe auf dem Markt zu handeln, mit Bestimmtheit verneinen.[174] Ebenso würden wir es als falsch ansehen, wenn sich jemand einen akademischen Titel kauft oder das Recht, ein seltenes Tier abzuschießen. Märkte an sich haben keine Moral, sie sind Instrumente für menschliche Zwecke. Ihre Sinngebung und damit ihre Grenzen müssen durch Regeln erfolgen, die einen Konsens in der Gesellschaft widerspiegeln. Bestimmte Aspekte unseres Lebens entziehen wir mit guten Gründen der Kommerzialisierung. Wir tun dies nicht nur, wenn moralische Gründe dagegensprechen. So versehen wir Polizeiwagen nicht mit Werbeaufdrucken und lassen

173 Mariana Mazzucato, *Das Kapital des Staates. Eine andere Geschichte von Innovation und Wachstum*. München 2014, 237–242.
174 Hierzu Michael J. Sandel, *Was man für Geld nicht kaufen kann. Die moralischen Grenzen des Marktes*. Berlin 2012.

in der Regel unsere Bildungsinhalte nicht von Firmen bezahlen. Überall dort, wo wir mit guten Gründen eine öffentliche Aufgabe definieren, verzichten wir auf eine Vermarktung. Ebenso greifen wir regulierend ein, wenn es am Markt zu Verwerfungen kommt, die erhebliche Schäden nach sich ziehen können. Wir sollten es zumindest tun, wie das Beispiel der Finanzkrise 2008 zeigt. Dort war es durch die Intransparenz von Marktvorgängen in der Finanzwirtschaft zu einer Finanzblase gekommen, die die Architektur des Finanzsystems selbst gefährdet hat. Die nachfolgenden Regulierungen sind Marktbegrenzungen, die der Wiederherstellung der Funktionsfähigkeit des Marktes verpflichtet sind.

Märkte haben also Anwendungsgrenzen, die durch moralische Erwägungen oder solche des Gemeinwohls bestimmt sind, und diese Grenzen müssen in demokratischen Gesellschaften im Rahmen öffentlicher Diskurse bestimmt werden. Dazu bedarf es eines Grundkonsenses, dass Märkte nicht um ihrer selbst willen da sind, sondern eine dienende, eine versorgende Funktion gegenüber dem Menschen einnehmen. Dies führt zu einer dritten Regel mit Bezug auf die Nachhaltigkeit: Märkte werden durch normative Leitvorstellungen geordnet und begrenzt; deshalb ist es legitim, auch das Prinzip der Nachhaltigkeit als ein solches den Markt begrenzendes Prinzip zu interpretieren. Der Markt muss also auf das Prinzip der Nachhaltigkeit hin ertüchtigt werden. Das ist mit der Idee der Sozialen Marktwirtschaft nicht nur vereinbar, sondern entspricht auch ihrem Geist.

Wer daher heute einem Rückzug des Staates das Wort redet und in Privatisierung, Deregulierung und Liberalisierung das Heilmittel sieht, der hat von den drängenden Problemen wenig verstanden. Der sogenannte Neoliberalismus, der genau dies fordert, ist deshalb nicht nur eine intellektuelle Dummheit, sondern ein moralischer Skandal. Er hat mehr mit einem

Sozialdarwinismus eines Herbert Spencer zu tun als mit einer verantwortlichen Politik, die das *Humanum* und die Sorge für künftige Generationen ernst nimmt. Vor allem aber bleibt der Verdacht, dass dieser Neoliberalismus eher mit den unmittelbaren ökonomischen Interessen seiner Vertreter zu tun hat als mit der Sorge um das Gemeinwohl.

In einer globalisierten Welt ist ein handlungsfähiger Staat ein Wert an sich; ohne ihn wären die Menschen den Kräften der Märkte ausgeliefert, und die Märkte selbst hätten keine Grenzen mehr. Es bedarf eines Staates, der die Rolle des Marktes definiert und durch Gebote, Verbote, Anreize, aber auch durch die Bereitstellung von öffentlichen Gütern Sachwalter des Gemeinwohls ist. Deswegen braucht es auch eine Neubestimmung der Rolle des Staats. Der eigentliche Feind des Fortschritts ist heute der Liberalismus, der die enge Verknüpfung von Staat und Markt noch nie verstanden hat. Eine Gesellschaft, die nur auf den Markt setzt, ist weder modernisierungsfähig noch kann sie nachhaltig sein; die Wahrscheinlichkeit ist sogar groß, dass sie in allen drei Bereichen der Nachhaltigkeit versagt. Historisch gesehen hat sich die marktwirtschaftliche Ordnung nicht durch die allmähliche Ausbreitung des Marktes etabliert, sondern durch ein enges und symbiotisches Verhältnis von Staat und Markt.[175] Eine solche Transformation erscheint auch im Übergang zu einer nachhaltigen Wirtschaftsordnung notwendig: Wir brauchen also nicht weniger Staat, sondern einen aktiven, unternehmerischen Staat, der den Wandel unterstützt, absichert und in die gewünschte Richtung lenkt.[176]

---

175 Karl Polanyi, *The Great Transformation. Politische und ökonomische Ursprünge von Gesellschaften und Wirtschaftssystemen.* Frankfurt am Main 1978.
176 So auch das Plädoyer des Wissenschaftlichen Beirates der Bundesregierung für Globale Umweltveränderungen aus dem Jahr 2011 (http://www.wbgu.de/fileadmin/templates/dateien/veroeffentlichungen/hauptgutachten/jg2011/wbgu_jg2011.pdf).
Für die notwendige Transformation bedürfe es eines gestaltenden Staates mit erweiterten Partizipationsmöglichkeiten (S. 10f.).

Staaten sind also nicht bloß Schiedsrichter in der Wirtschaftsordnung, die dafür sorgen, dass alle mit fairen Mitteln agieren. Sie stellen die Ordnung des Marktes her, weil der Markt dies aus sich selbst heraus nicht kann. Sie fördern Grundlagenforschung, weil dies Unternehmen von sich aus kaum tun. Sie finanzieren Bildung als Voraussetzung für qualifizierte Arbeitnehmer, weil es sonst kein anderer tut. Sie sorgen für einen sozialen Ausgleich, der häufig zu den begünstigenden Standortfaktoren zählt. Sie schaffen ein Normenwerk, das den Schutz des Eigentums garantiert, aber auch Regeln und Leitplanken formuliert. All dies ermöglicht überhaupt erst wirtschaftliche Dynamik. Wer weniger Staat will, verabschiedet sich von der Möglichkeitsbedingung von Innovation und Wachstum. Die Alternative ist jedoch nicht Wohlstand ohne Wachstum. Im Liberalismus ist die Alternative der Verteilungskampf der Modernisierungsverlierer.

Politik heißt also, kluge Rahmenbedingungen für die Wirtschaft zu setzen im Wissen darum, welches Ziel man verfolgt. Die Definition des Zieles wiederum ist eine Wertefrage. Dann bedarf es einer vorausschauenden Politik und manchmal auch des Mutes zu unpopulären Entscheidungen. Es mag tröstlich sein, dass manche unpopuläre und kontrovers diskutierte Idee zum Zeitpunkt ihrer Umsetzung zwar umstritten war, aber heute auf breiten Konsens triff. Unternehmen sehen heute Rauchgasentschwefelungsanlagen als einen selbstverständlichen Teil ihrer Nachhaltigkeitsstrategie, und niemand in der Automobilindustrie stellt heute noch den Katalysator infrage. Ein Untergang ganzer Produktionszweige, wie er damals befürchtet wurde, ist nie erfolgt. Im Gegenteil: Die gesetzlichen Auflagen haben zu Innovationen und Wettbewerbsvorteilen geführt.

Neben der Aufgabe, den Markt zu regulieren, muss die Politik Einfluss auf Lebensstile nehmen. Das ist weder unanständig noch ist es neu. Der Staat begrenzt schon immer die Vielzahl möglicher Lebensstile. Er verbietet einige Rauschmittel und Drogen wie Marihuana oder Kokain, erlaubt aber andere wie Alkohol oder Nikotin. Er beschränkt die Zahl legitimer Ehefrauen auf eine und verbietet die Ehe zwischen nahen Verwandten. Er schränkt die Freiheit der Meinungsäußerung ein und verbietet Symbole, die historisch belastet sind. Er verbietet Präimplantationsdiagnostik und gewerbliche Sterbehilfe und erklärt Abtreibung als unvereinbar mit der Rechtsordnung. Er bevorzugt bestimmte Religionsgemeinschaften gegenüber anderen und fördert bestimmte Formen der Mobilität stärker als andere. Er verbietet bis auf wenige Ausnahmen die Öffnung von Geschäften an Sonntagen ebenso wie Tanzveranstaltungen am Karfreitag. All diese Beispiele könnten in anderen Demokratien auch anders ausgestaltet sein und sind es zum Teil auch. Es handelt sich hierbei um Wertentscheidungen einer Gesellschaft, die durch Politik in Gesetze und in staatliches Handeln umgegossen worden sind.

Nehmen wir das Beispiel des Rauchens. Über viele Jahrzehnte war Rauchen eine alltägliche Selbstverständlichkeit. Dann wurde es Stück für Stück eingeschränkt: durch zunehmend punitive Besteuerung von Zigaretten, durch das Verbot von Werbung im Fernsehen, im Radio und in Printmedien, durch Verbote, in Restaurants und in öffentlichen Gebäuden zu rauchen, und neuerdings (durch die Rechtsprechung) auch durch eine Einschränkung des Rauchens in Mietwohnungen. Wir empfinden dies heute als weitgehend normal und gesellschaftlich akzeptabel, aber es bleibt am Ende eine Verhaltenssteuerung, eine Beeinflussung von Lebensstilen.[177]

---

177 Man könnte hier noch die Idee eines fleischfreien Tages einführen wie er im Vorfeld der Bundestagswahl 2013 kontrovers diskutiert worden ist. Allerdings war ja nie die Rede davon, dies verbindlich für alle einzuführen, sondern trug mehr den Charakter einer Empfehlung. Das ist schon

Nehmen wir ein zweites Beispiel. In der Bundesrepublik wurde 1976 die Gurtpflicht auf den Vordersitzen von PKW eingeführt und ab 1984 auch mit Sanktionen versehen. Dies hatte erhebliche Debatten zur Folge. Eine Gurtpflicht gefährde die Menschen, wurde argumentiert, und es schränke ihre Freiheit ein. Heute sind diese Debatten völlig verstummt, die Anschnallpflicht ist allgemein akzeptiert. Mehr noch: Moderne PKW weisen durch akustische Signale darauf hin, wenn ein Fahrer oder Beifahrer nicht angeschnallt ist; andere reichen dem Fahrer den Gurt an um das Anschnallen gewissermaßen zu ermutigen.

Ein drittes Beispiel: die Mülltrennung. Sie ist mittlerweile schon fast mit dem deutschen Nationalcharakter verwachsen – zumindest, wenn man dem Blick des Auslands auf Deutschland glauben darf. Seit der Einführung des Dualen Systems 1990 ist die Mülltrennung in Deutschland fest verankert – ein »Triumph des zivilen Gehorsams«, wie die Tageszeitung *Die Welt* zum 20. Jahrestag des Dualen Systems ätzte.[178]

Es gibt also durchaus Beispiele der Verhaltenssteuerung durch Politik. Weitere Beispiele liefert das Steuersystem selbst. Die 1999 eingebrachte ökologische Steuerreform (Ökosteuer) hatte die Absicht einer ökologischen Lenkungswirkung, und auch andere Steuern und ihre Ausgestaltung haben durchaus (neben wirtschaftlichen Interessen oder einem Nachteilsausgleich) das Element einer Verhaltenssteuerung: etwa der ermäßigte Mehrwertsteuersatz oder die Absetzbarkeit von Fortbildungskosten von der Steuer. Dagegen haben andere Steuertatbestände eine nachteilige ökologische Wirkung: das

---

deutlich weniger als die über Jahrhunderte praktizierte christliche Tradition, an einem Freitag kein Fleisch zu essen. Es wäre gerade für die Union schwer geworden, gegen eine solche Empfehlung im Anschluss an eine alte christliche Tradition zu argumentieren.

178 Steffen Fründt, »Warum die Deutschen wie verrückt Müll trennen«, *Die Welt* 23. November 2010.

Dienstwagenprivileg, die Pendlerpauschale und die Steuer-
befreiung von Flugbenzin sind hierfür Beispiele. Es wäre an
der Zeit, alle Steuertatbestände mit nachteiliger ökologischer
Wirkung auf den Prüfstand zu stellen und das Steuersystem
auch dazu zu nutzen, nachhaltige Lebensstile gegenüber nicht
nachhaltigen zu bevorzugen. Grundsätzlich gilt in einer freien
Gesellschaft: Es gibt ein Recht auf Unvernunft und auf einen
verschwenderischen Lebensstil. Es gibt aber keinen Rechts-
anspruch auf Gleichbehandlung mit einem nachhaltigen Lebensstil. Hier liegen hinsichtlich der Förderung nachhaltiger
Lebensstile noch viele ungenutzte Potenziale.[179]

Politik kann aber am meisten dort bewirken, wo die Lebensumstände der Menschen unmittelbar betroffen sind: in
der Kommunalpolitik. Hier liegt ebenfalls ein reichhaltiger
Instrumentenkasten bereit, um Nachhaltigkeit als Prinzip
auch politisch mit Leben zu erfüllen: die planungsrechtlich
mögliche Verdichtung von Bauen, die Vermeidung der Ver-
siegelung von Flächen, die Ausweisung von Umweltschutz-
zonen, Gebührenerhebung für die Nutzung von PKW in
innerstädtischen Bereichen (City-Maut), die Förderung nachhaltiger Verkehrsströme, baurechtliche Auflagen hinsichtlich
der Energieeffizienz, die Förderung alternativer Energieerzeugung, die Verschmelzung von Wohnen, Energie und Mobilität – die Reihe ließe sich fortsetzen. Nicht umsonst sind es
gerade die kommunalen Politikfelder, in denen das Nachdenken über Strategien der Nachhaltigkeit am weitesten gediehen
ist.[180]

---

179 Vor allem auch in Richtung des sogenannten »nudging«, also der sanften
Ermutigung zu Verhaltensänderungen unterhalb von ökonomischen
Anreizen und Geboten; vgl. Richard H. Thaler/Cass Sunstein, *Nudge.
Wie man kluge Entscheidungen anstößt*. Berlin 2009.

180 Beispielsweise: Morgenstadt-Initiative der Fraunhofer-Gesellschaft (http:
//www.morgenstadt.de/de/morgenstadt-initiative.html); Albert Speer und
Partner, *Ein Manifest für nachhaltige Stadtplanung*. München 2009.

To boldly go – aber innerhalb der Schöpfung

Eines der Prestigeprojekte der deutschen Politik, vor allem aber der Union in den letzten Jahren, war die Durchsetzung der Schuldenbremse. Öffentliche Haushalte sollten nicht mehr Geld ausgeben als sie einnehmen, es sei denn, es liegen schwerwiegende Gründe vor; schließlich könne man der nachfolgenden Generation nicht zumuten, für die eigenen Schulden aufzukommen. Nun mag man über die Schuldenbremse denken, was man will: Es handelt sich um ein gesellschaftliches Großprojekt im Begründungsmantel der Nachhaltigkeit. Es zeigte, dass sich für Argumente der Generationengerechtigkeit eine breite Mehrheit in der Gesellschaft organisieren lässt. Das lässt hoffen.

Der britische Ökonom John Maynard Keynes hat 1930 einen wunderschönen Aufsatz zu Papier gebracht, in dem er über die ökonomischen Möglichkeiten seiner Enkel spekuliert.[181] Keynes nahm an, dass der Lebensstandard in fortgeschrittenen Ländern im Jahr 2030 etwa vier- bis achtmal so hoch sein werde wie 1930. Er schloss daraus, dass das ökonomische Problem der Menschen damit gelöst sei – nämlich die Überwindung der Knappheit. Die Menschheit könnte sich dann einem neuen Problem gegenübersehen: Wie man seine freie Zeit verbringe und »how to live wisely and agreeably and well.« Arbeiten werde der Mensch nämlich nur noch drei Stunden am Tag – mehr sei nicht notwendig. Mit dem Wegfall des ökonomischen Problems ändere sich auch die moralische Landkarte der Gesellschaft. Die Liebe zum Geld sei dann eher ein Fall für Psychiater, und alle sozialen und ökonomischen Praktiken, die die Akkumulation von Einkommen und Vermö-

---

181 John Maynard Keynes, »Economic Possibilities for our Grandchildren«, in: Ders., *Essays in Persuasion* (= The Collected Writings of John Maynard Keynes, vol. IX). New York und London 1972, 321–332.

gen förderten und Belohnungs- und Anreizsysteme zu diesem Zweck schafften, seien überflüssig. Und Keynes fährt fort:

>*Wir werden die Möglichkeit haben, uns auf die grundlegende Gewissheit der Religion und der klassischen Tugendlehre zu besinnen: Dass nämlich Habgier ein Laster ist, Wucher ein Vergehen und Geldliebe verachtenswert; und dass diejenigen, die sich am wenigsten um das Morgen sorgen, sicher auf dem Pfad der Tugend und der Weisheit wandeln. Wir werden die Zwecke wertschätzen und nicht die Mittel und das Gute dem Nützlichen vorziehen. Wir werden diejenigen hoch schätzen, die den Tag und die Stunde tugendhaft und gut nutzen, jene wunderbaren Menschen, die wie die Lilien auf dem Feld sich weder plagen noch mühen, sondern die Dinge um ihrer selbst willen genießen können.*<*[182]*

Lässt sich für eine solche Vorstellung der Zukunft nicht politischer Wille mobilisieren? Ich bin davon überzeugt: Die Ressource Generationengerechtigkeit lässt sich leichter mobilisieren, wenn die dahinter liegende Botschaft lautet: Es lohnt sich, wenn wir uns heute für Nachhaltigkeit einsetzen. Wenn die Botschaft hingegen ist: Wir können nur noch das Schlimmste verhindern, unseren Kindern und Enkeln wird es ohnehin schlechter ergehen als uns – dann lässt sich eine emotionale Unterstützung für das Thema Nachhaltigkeit nicht mobilisieren. Der Mensch lebt von der Hoffnung und der Zuversicht. Angst und Verzagtheit waren schon immer ein schlechter Rat-

---

182 »I see us free, therefore, to return to some of the most sure and certain principles of religion and traditional virtue – that avarice is a vice, that the exaction of usury is misdemeanor, and the love of money is detestable, that those who walk most truly in the paths of virtue and sane wisdom who take least thought for morrow. We shall once more value ends above means and prefer the good to the useful. We shall honour those who can teach us to pluck the hour and the day virtuously and well, the delightful people who are capable of taking direct enjoyment in things, the lilies of the field who toil not, neither do they spin«; meine Übersetzung.

geber. Es braucht den Mut, die Zukunft anzunehmen und zu gestalten. Und es braucht normative Leitplanken, die sich auch aus einem Menschenbild ergeben, wie es die christliche Soziallehre anzubieten hat. Es braucht den Mut, das Thema »gutes Leben« offensiv anzugehen: nicht als Thema des Lebensstandards, sondern als Thema der Lebensqualität und der Lebensorientierung. Es braucht den Mut, Grenzen zu thematisieren: Freiheit ist nicht grenzenlos, sondern gewinnt ihre Bedeutung und ihren Wert erst durch die Bindung und Begrenzung. Es braucht den Mut, richtig zu regulieren und die Weichen richtig zu stellen, also den Mut zur Politik und zu einem aktiven Staat. Erst wenn wir die Weichen richtig gestellt haben, können wir Entwarnung geben: Wirtschaftliches Wachstum innerhalb der planetarischen Grenzen ist auf lange Frist möglich und damit auch ein Leben und Wirtschaften in der Schöpfung. Vielleicht ändert sich aber auch unser Verständnis von wirtschaftlichem Wachstum, weil wir andere Ziele für uns entdeckt haben: Kunst, Wissenschaft, Kontemplation, Familie, Freundschaft – was immer unserem Leben Sinn zu geben vermag. Und vielleicht wird es dazu kommen, dass sich Formen der Anerkennung nicht mehr um materiellen Wohlstand formieren, sondern um die Fähigkeit, ein sinnvolles Leben zu führen. Wir würden dann Weisheit mehr schätzen als Wissen, Verantwortung mehr als Vermögen, Achtsamkeit mehr als Aufstiegsmentalität. Unser Reichtum läge in der Fülle unserer Entfaltungsmöglichkeiten, nicht unserer Anlagemöglichkeiten. Und wir wären tatsächlich mutig dorthin gegangen, wohin noch kein Mensch gegangen ist.

Um diese große Transformation ins Werk zu setzen, kann die Tradition der Soziallehre der Politik wichtige Impulse geben. Mehr noch: Gerade die Partei, die in der Tradition des »C« steht, ist aus meiner Sicht dazu aufgerufen, hier eine Vorreiterrolle zu spielen und das Thema offensiv zu besetzen.

Eine solche normative Grundorientierung ist hilfreich, zumal sie über das Trennende religiöser Bekenntnisse hinweg das Gemeinsame eines menschengerechten Lebens formulieren könnte. Sie böte zudem in der Politik einmal wieder eine große Geschichte, ein Narrativ, eine Vision. Sie böte ein »Warum«, und nicht immer nur ein kleinteiliges »Wie«. Auch das darf Politik in einer Demokratie: Einmal einen Blick über den Tellerrand und die nächsten Jahre hinauswerfen, einmal sagen, was uns als politisch Handelnde bewegt, welche Hoffnungen wir haben, welche Träume, kurz: Warum wir eigentlich Politik machen. Vielleicht reißen wir die Menschen mit unserer Vision mit, vielleicht bewirken wir mehr als die bloße Hinnahme von Politik und bewegen die Menschen, sich zu engagieren oder ihr Leben zu ändern. Peter Singer hat einmal geschrieben: »Würden sich zehn Prozent der Bevölkerung eine bewusst ethische Lebenseinstellung zu eigen machen und dementsprechend handeln, dann wäre die Veränderung bedeutender als irgendein Regierungswechsel. Die Kluft zwischen einer ethischen und einer egoistischen Einstellung ist viel grundsätzlicher als die zwischen rechter und linker Politik.«[183] Wäre es nicht gut, sich gemeinsam auf diese Reise zu begeben: dorthin, wo noch kein Mensch gewesen ist, wo unsere Kinder und Enkel aber, so unsere Hoffnung, in Frieden mit und in der Schöpfung zuhause sein werden?

---

183 Peter Singer, *Wie sollen wir leben? Ethik in einer egoistischen Zeit.* Frankfurt am Main 1999, 264.

Danksagung

Dass die Technik die Nutzung der Wissenschaft durch die Ungebildeten ist – dieses böse Verdikt von Nicolás Gómez Dávila hat mich schon länger als Vermutung beschäftigt. In der Enquete-Kommission »Wachstum, Wohlstand, Lebensqualität« des Deutschen Bundestages in der 17. Wahlperiode hatte ich dann Gelegenheit, mich sehr intensiv mit den damit verbunden Fragen zu beschäftigen. Sie reichen an den Kern unseres Verständnisses von Moderne: Was ist Fortschritt, was Wachstum, was ist gutes Leben? Die Mitglieder der Enquete-Kommission haben dies über Parteigrenzen hinweg sachkundig und leidenschaftlich diskutiert. Ihnen gilt zunächst mein Dank dafür, mir viele neue Perspektiven und Fragestellungen eröffnet zu haben. Mehr aber danke ich für kollegiale Diskussion, für den geschützten Raum, Argumente erproben zu können, für Widerspruch mehr als für Zustimmung. Es war eine prägende Erfahrung, aus der auch Freundschaften entstanden sind. Wenn Bücher, wie es Peter Sloterdijk einmal geschrieben hat, umfangreiche Briefe an gute Freunde sind, dann freue ich mich auf eine Fortsetzung der Korrespondenz.

Volker Kauder hat dann die Anregung gegeben, dieses Buch zu schreiben. Er hat gespürt, dass mich das Thema bewegte und mich ermutigt, es in einen größeren Zusammenhang zu stellen: Den Zusammenhang nämlich zu dem christlichem Menschenbild, das unser politisches Tun in der CDU leitet. Sein Angebot, zu dem Buch ein Vorwort beizusteuern, hat mich sehr gefreut. Ich nehme ihn nicht in die intellektuelle Mithaftung für die hier vorgetragenen Thesen. Gleichwohl haben die Thesen von seinem offensiven Einsatz für das »C« in der Politik profitiert.

Während des Nachdenkens über das Thema hatte ich mehrfach Gelegenheit, die Verfertigung der Gedanken beim Reden zu erproben. Hier gilt es Dank zu sagen an die Studierenden, die in meinen politikwissenschaftlichen Seminaren an der Universität zu Köln zur Schärfung der Argumentation beigetragen haben. Sie waren eine Bestätigung dafür, dass Forschung und Lehre immer noch eng zusammen gehören. Der Herder-Verlag hat das Buchprojekt engagiert und mit Umsicht begleitet. Ich danke Thomas Nahrmann, der ein zuverlässiger Ansprechpartner und guter Ratgeber war. Schließlich danke ich meinen Mitarbeitern in Berlin, die mir während der Arbeit in der Enquete-Kommission bei der Beschaffung von Material behilflich waren, Texte und Ideen mit mir diskutiert und die seltsame Obsession ihres Chefs mit diesem Thema nicht nur ertragen, sondern gefördert haben.

John Maynard Keynes hat einmal in einem Aufsatz über die ökonomischen Möglichkeiten seiner Enkel spekuliert. Es ist ein positiv-optimistischer Aufsatz. Diese Grundeinstellung teile ich. Deswegen widme ich das Buch meinen Enkelkindern. Sie sind bislang nur eine Hoffnung. Aber sie haben die Hoffnung verdient, in einer besseren, einer nachhaltigen Welt zu leben.

Berlin, im September 2015   Matthias Zimmer

Bibliografie

Adorno, Theodor W. und Max Horkheimer: Dialektik der Aufklärung. Frankfurt am Main 1969.

Augustinus: In epistulam Ioannis ad Parthos, tractatus decem (Patrologia Latina 35, 1977–2062).

Bacon, Francis: Neues Organon. Hamburg 1990.

Baillie, John: The Belief in Progress. New York 1951.

Baudrillard, Jean: Transparenz des Bösen. Ein Essay über extreme Phänomene. Berlin 1992.

Bauschke, Martin: »Das Weltparlament der Religionen und das Projekt Weltethos als Beispiele für die Macht der Moral in der Politik«, in: Ines-Jacqueline Werkner und Oliver Hidalgo (Hrsg.), Religionen – Global Player in der internationalen Politik? Wiesbaden 2014, 87–108.

Beck, Ulrich: Risikogesellschaft. Frankfurt am Main 1986.

Becker, Carl L.: The Heavenly City of the Eighteenth-Century Philosophers. New Haven und London 1932.

Beitz, Charles: Political Theory and International Relations. Princeton, NJ 1979.

Benedikt XVI.: Licht der Welt. Der Papst, die Kirche und die Zeichen der Zeit. Ein Gespräch mit Peter Seewald. Freiburg im Breisgau 2010.

Benhabib, Seyla: Kosmopolitismus und Demokratie. Eine Debatte. Frankfurt am Main 2008.

Benjamin, Walter: »Über den Begriff der Geschichte«, in: Ders., Abhandlungen. Gesammelte Schriften, Band I, 2. Frankfurt am Main 1991, 691–704.

Benn, Gottfried: Briefe an F. W. Oelze 1932–1945. Frankfurt am Main 1979.

Binswanger, Hans-Christoph: Die Wachstumsspirale: Geld, Energie und Imagination in der Dynamik des Marktprozesses. Marburg 2009.

Blüm, Norbert: Ehrliche Arbeit. Ein Angriff auf den Finanzkapitalismus und seine Raffgier. Gütersloh 2011.

Blumenberg, Hans: Geistesgeschichte der Technik. Frankfurt am Main 2009.

Blumenberg, Hans: Lebenszeit und Weltzeit. Frankfurt am Main 1986.

Böckenförde, Ernst-Wolfgang: Staat, Gesellschaft, Freiheit. Frankfurt am Main 1976.

Boff, Leonardo: Die Erde ist uns anvertraut. Eine ökologische Spiritualität. Kevelaer 2010.

Boff, Leonardo: Achtsamkeit. Von der Notwendigkeit, unsere Haltung zu ändern. München 2013.

Boff, Leonardo: Zukunft für Mutter Erde. Warum wir als Krone der Schöpfung abdanken müssen. München 2012.

Brocker, Manfred: Arbeit und Eigentum. Der Paradigmenwechsel in der neuzeitlichen Eigentumstheorie. Darmstadt 1992.

Burke, Edmund: Reflections on the Revolution in France. London 1790.

Caradonna, Jeremy L.: Sustainability. A History. Oxford und New York 2014.

Carson, Rachel: Silent Spring. Boston 1962.

Cohn, Norman: Die Erwartung der Endzeit – Vom Ursprung der Apokalypse. Frankfurt am Main 1997.

Collier, Paul: Der hungrige Planet. Wie können wir Wohlstand mehren, ohne die Erde auszuplündern. München 2011.

Condorcet, Jean Antoine Nicolas de: Entwurf einer historischen Darstellung der Fortschritte des menschlichen Geistes. Frankfurt am Main 1963.

Das Neue Testament und frühchristliche Schriften. Übersetzt und kommentiert von Klaus Berger und Christiane Nord. Frankfurt am Main 2001.

Deutscher Bundestag, Abschlussbericht der Enquete-Kommission des Deutschen Bundestages »Schutz der Menschen und der Umwelt – Ziele und Rahmenbedingungen einer nachhaltig zukunftsverträglichen Entwicklung«, Bundestags-Drucksache 13/11200 vom 26. Juni 1998 (http://dip21.bundestag.de/dip21/btd/13/112/1311200.pdf).

Deutscher Bundestag, Schlussbericht der Enquete-Kommission »Wachstum, Wohlstand, Lebensqualität – Wege zu nachhaltigem Wirtschaften und gesellschaftlichem Fortschritt in der Sozialen Marktwirtschaft«, Drs. 17/13300 vom 3. Mai 2013 (http://webarchiv.bundestag.de/cgi/show.php?fileToLoad=2921&id=1223).

Diamond, Jared: Kollaps. Warum Gesellschaften überleben oder untergehen. Frankfurt am Main 2005.

Diefenbacher, Hans und Roland Zieschank: Woran sich Wohlstand wirklich messen lässt. Alternativen zum Bruttoinlandsprodukt. München 2011.

Dürr, Hans-Peter: Warum es ums Ganze geht. Neues Denken für eine Welt im Umbruch. Frankfurt am Main 2011.

Eco, Umberto: Die Geschichte der legendären Länder und Städte. München 2013.

Elshtain, Jean Bethke: Sovereignty. God, State, and Self. New York 2008.

Erhard, Ludwig: Wohlstand für Alle. Düsseldorf 1997.

Eucken, Walter: Die Grundlagen der Nationalökonomie. Heidelberg 1965.

Faul, Erwin: »Ursprünge, Ausprägungen und Krise der Fortschrittsidee«, Zeitschrift für Politik 1984, 241–290.

Flechtheim, Ossip K.: Von Marx bis Kolakowski. Sozialismus oder Untergang in der Barbarei? Köln und Frankfurt am Main 1978.

Fleurbaey, Marc und Didier Blanchet: Beyond GDP: Measuring Welfare and Assessing Sustainability. Oxford und New York 2013.

Forst, Rainer: Das Recht auf Rechtfertigung. Elemente einer konstruktivistischen Theorie der Gerechtigkeit. Frankfurt am Main 2007.

Frank, Andre Gunder: Kapitalismus und Unterentwicklung in Lateinamerika. Frankfurt am Main und Köln 1968.

Frey, Bruno S.: Happiness: A Revolution in Economics. Cambridge, Mass. 2008.

Freyer, Hans: Theorie des gegenwärtigen Zeitalters. Stuttgart 1955.

Fried, Johannes: Aufstieg aus dem Untergang. Apokalyptisches Denken und die Entstehung der modernen Naturwissenschaft. München 2001.

Fründt, Steffen: »Warum die Deutschen wie verrückt Müll trennen«, Die Welt 23. November 2010.

Fücks, Ralf: Intelligent wachsen. Die grüne Revolution. München 2013.

Geissler, Heiner: Sapere aude! Warum wir eine neue Aufklärung brauchen. Berlin 2012.

Geissler, Heiner: Was würde Jesus heute sagen? Die politische Botschaft des Evangeliums. Reinbek 2003.

Gellner, Ernest: Nations and Nationalism. Ithaca 1983.

Gloy, Karen: Die Geschichte des ganzheitlichen Denkens. Das Verständnis der Natur. München 1996.

Gollwitzer, Helmut: Die kapitalistische Revolution. Tübingen 1998.

Grober, Ulrich: Die Entdeckung der Nachhaltigkeit. Kulturgeschichte eines Begriffs. München 2010.

Gruhl, Herbert: Der Verrat an Ludwig Erhard. Der Spiegel, 20. Juni 1983 (http://www.spiegel.de/spiegel/print/d-14018071.html).

Gruhl, Herbert: Ein Planet wird geplündert. Die Schreckensbilanz unserer Politik. Frankfurt am Main 1975.

Grundwald, Armin und Jürgen Kopfmüller: Nachhaltigkeit. Frankfurt am Main 2006.

Hahn, Henning: Globale Gerechtigkeit. Eine philosophische Einführung. Frankfurt am Main 2009.

Harich, Wolfgang: Kommunismus ohne Wachstum? Babeuf und der Club of Rome. Hamburg 1975.

Heine, Heinrich: Sämtliche Schriften, Band 6/1. München und Wien 1997.

Hirschmann, Albert O.: Leidenschaften und Interessen. Politische Begründungen des Kapitalismus vor seinem Sieg. Frankfurt am Main 1987.

Höffe, Otfried: Demokratie im Zeitalter der Globalisierung. München 1999.

Höffe, Otfried: Gibt es ein interkulturelles Strafrecht? Ein philosophischer Versuch. Frankfurt am Main 1999.

Hösle, Vittorio: Philosophie der ökologischen Krise. München 1994.

Huber, Joseph: »Industrielle Ökologie: Über Konsistenz, Effizienz und Suffizienz in zyklusanalytischer Betrachtung«, in: Rolf Kreibich und Udo E. Simonis (Hrsg.), Global Change – Globaler Wandel. Ursachenkomplexe und Lösungsansätze. Berlin 2000, 107–125.

Inglehart, Ronald: The Silent Revolution: Changing Values and Political Styles among Western Publics. Princeton, N.J. 1977.

Jackson, Tim: Wohlstand ohne Wachstum. Leben und Wirtschaften in einer endlichen Welt. München 2011.

Jacobson, David: Rights Across Borders: Immigration and the Decline of Citizenship. Baltimore und London 1997.

Jänicke, Martin: Megatrend Umweltinnovation: Zur ökologischen Modernisierung von Wirtschaft und Staat. München 2008.

Jonas, Hans: Das Prinzip Verantwortung. Frankfurt am Main 1979.

Jünger, Ernst: Der Weltstaat, in: Ders., Sämtliche Werke, Band 7. Stuttgart 1980, 481–526.

Keynes, John Maynard: »Economic Possibilities for our Grandchildren«, in: Ders., Essays in Persuasion (= The Collected Writings of John Maynard Keynes, vol. IX). New York und London 1972, 321–332.

Köcher, Renate und Bernd Raffelhüschen, Glücksatlas Deutschland 2011. Bonn und München 2011.

Kompendium der Soziallehre der Kirche, hrsg. vom Päpstlichen Rat für Gerechtigkeit und Frieden. Freiburg im Breisgau 2006.

Küng, Hans: Der Anfang aller Dinge. Naturwissenschaft und Religion. München 2005.

Küng, Hans: Projekt Weltethos. München 1990.

Lepenies, Philipp: Die Macht der einen Zahl. Eine politische Geschichte des Bruttosozialprodukts. Frankfurt am Main 2013.

Linz, Manfred: Suffizienz als politische Praxis. Ein Katalog. Wuppertal 2015 (http://epub.wupperinst.org/frontdoor/index/index/docId/5735).

Linz, Manfred: Weder Mangel noch Übermaß. Warum Suffizienz unentbehrlich ist. München 2012.

Loewenstein, Bedrich: Der Fortschrittsglaube. Europäisches Geschichtsdenken zwischen Utopie und Ideologie. Darmstadt 2015.

MacLeish, Archibald: »Riders on the Earth Together, Brothers in Eternal Cold«, New York Times 25. Dezember 1968.

Marx, Karl und Friedrich Engels: Werke, Band 23. Berlin 1970.

Marx, Karl und Friedrich Engels: Werke, Band 38. Berlin 1968.

Mazzucato, Mariana: Das Kapital des Staates. Eine andere Geschichte von Innovation und Wachstum. München 2014.

McGlade, Christophe und Paul Ekins, »The geographical distribution of fossil fuels unused when limiting global warming to 2 C«, Nature 517 (2015), 187–190.

Meadows, Donella H., Dennis L. Meadows, Jørgen Randers und William W. Behrens III.: The Limits to Growth. New York 1972.

Merchant, Carolyn: The Death of Nature. Women, Ecology and the Scientific Revolution. New York 1980.

Merton, Robert: Auf den Schultern von Riesen. Frankfurt am Main 1983.

Miegel, Meinhard: Exit. Wohlstand ohne Wachstum. Berlin 2010.

Miegel, Meinhard: Hybris. Die überforderte Gesellschaft. Berlin 2014.

Milanovic, Branko: Global Income Inequality by the Numbers: In History and Now. An Overview. The World Bank, Policy Research Working Paper 6259, Washington, D.C. 2012 (http://elibrary.worldbank.org/doi/pdf/ 10.1596/1813-9450-6259).

Miller, David: National Responsibility and Global Justice. Oxford 2007.

Müller, Gerhard Ludwig: Armut. Die Herausforderung für den Glauben. München 2014.

Müller, Michael und Johano Strasser, Transformation 3.0. Raus aus der Wachstumsfalle. Berlin 2011.

Myers, Norman: Environmental Refugees: A Growing Phenomenon of the 21 Century, Phil. Trans. R. Soc. Lond. B (2002) 357, 609–613 (http://www.ncbi.nlm.nih.gov/pmc/articles/PMC1692964/pdf/12028796.pdf).

Nell-Breuning, Oswald von: Grundzüge der Börsenmoral. Freiburg im Breisgau 1928.

Nisbet, Robert: History of the Idea of Progress. New York 1980.

Nussbaum, Martha: Not For Profit. Why Democracy Needs the Humanities. Princeton und Oxford 2010.

Ott, Konrad: Umweltethik zur Einführung. Hamburg 2010.

Paech, Niko: Befreiung vom Überfluss. Auf dem Weg in die Postwachstumsökonomie. München 2012.

Paqué, Karl-Heinz: Wachstum! München 2010.

Pogge, Thomas: Weltarmut und Menschenrechte. Berlin und New York 2011.

Polanyi, Karl: The Great Transformation. Politische und ökonomische Ursprünge von Gesellschaften und Wirtschaftssystemen. Frankfurt am Main 1978.

Pötter, Bernhard: Ausweg Ökodiktatur? Wie unsere Demokratie an der Umweltkrise scheitert. München 2010.

Pufé, Iris: Nachhaltigkeit. Stuttgart 2014.

Radkau, Joachim: Die Ära der Ökologie. Eine Weltgeschichte. München 2011.

Randers, Jørgen: 2052. Der neue Bericht an den Club of Rome. Eine globale Prognose für die nächsten 40 Jahre. München 2012.

Ratzinger, Joseph: Einführung in das Christentum. München 1968.

Rawls, John: Das Recht der Völker. Berlin 2002.

Rawls, John: Eine Theorie der Gerechtigkeit. Frankfurt am Main 1979.

Ropohl, Günter: Technologische Aufklärung. Frankfurt am Main 1991.

Rosecrance, Richard: Der neue Handelsstaat. Herausforderungen für Politik und Wirtschaft. Frankfurt am Main 1989.

Rostow, Walt W.: The Stages of Economic Growth. A Non-Communist Manifesto. Cambridge 1960.

Saage, Richard: Politische Utopien der Neuzeit. Darmstadt 1991.

Sachverständigenrat zur Begutachtung der gesamtwirtschaftlichen Entwicklung/Conseil d'Analyse economique, Wirtschaftsleistung, Lebensqualität und Nachhaltigkeit: Ein umfassendes Indikatorensystem. Paderborn 2011.

Sandel, Michael J.: Was man für Geld nicht kaufen kann. Die moralischen Grenzen des Marktes. Berlin 2012.

Schäfer, Dorothea und Marlene Karl, Finanztransaktionssteuer. Ökonomische und fiskalische Aspekte der Einführung einer Finanztransaktionssteuer in Deutschland. Berlin, Deutsches Institut für Wirtschaftsforschung 2012

(http://www.diw.de/documents/publikationen/73/diw_01.c.405812.de/
diwkompakt_2012-064.pdf).

Schäuble, Wolfgang: »Ohne Maß ist die Freiheit der Ruin«, FAZ 28. August 2009.

Schäuble, Wolfgang: »Sind wir zu satt für Gott?«, Christ und Welt 15. Dezember 2012.

Schirrmacher, Frank: Ego. Das Spiel des Lebens. München 2013.

Schneidewind, Uwe und Angelika Zahrnt: Damit gutes Leben einfacher wird. Perspektiven einer Suffizienzpolitik. München 2013.

Schölderle, Thomas: Geschichte der Utopie. Eine Einführung. Wien u.a. 2012.

Schweitzer, Albert: Aus meinem Leben und Denken, Hamburg 1980.

Schweitzer, Albert: Kultur und Ethik. München 1990.

Segbers, Franz und Simon Wiesgickl (Hrsg.), ›Diese Wirtschaft tötet.‹ Kirchen gemeinsam gegen den Kapitalismus. Hamburg 2015.

Sen, Amartya: Ökonomie für den Menschen. Wege zu Gerechtigkeit und Solidarität in der Marktwirtschaft. München 2002.

Senghaas, Dieter (Hrsg.): Peripherer Kapitalismus. Analysen über Abhängigkeit und Unterentwicklung. Frankfurt am Main 1974.

Singer, Peter: Wie sollen wir leben? Ethik in einer egoistischen Zeit. Frankfurt am Main 1999.

Skidelsky, Robert und Edward: Wie viel ist genug? Vom Wachstumswahn zu einer Ökonomie des guten Lebens. München 2013.

Spaemann, Robert und Reinhard Löw, Natürliche Ziele. Geschichte und Wiederentdeckung des teleologischen Denkens. Stuttgart 2005.

Spaemann, Robert: »Menschenwürde und menschliche Natur«, in: Ders., Schritte über uns hinaus. Gesammelte Reden und Aufsätze II. Stuttgart 2011, 93–101.

Speer, Albert und Partner: Ein Manifest für nachhaltige Stadtplanung. München 2009.

Stöcklein, Ansgar: Leitbilder der Technik. Biblische Tradition und technischer Fortschritt. München 1969.

Stollberg-Rilinger, Barbara: Der Staat als Maschine. Zur politischen Metaphorik des absoluten Fürstenstaats. Berlin 1986.

Strasser, Johano: Gesellschaft in Angst. Zwischen Sicherheitswahn und Freiheit. Gütersloh 2013.

Teusch, Ulrich: Die Katastrophengesellschaft. Zürich 2008.

Texte zur Katholischen Soziallehre. Die sozialen Rundschreiben der Päpste und andere kirchliche Dokumente. Hrsg. von der Katholischen Arbeitnehmer-Bewegung Deutschlands. Köln und Kevelaer 2007.

Thaler, Richard H. und Cass Sunstein: Nudge. Wie man kluge Entscheidungen anstößt. Berlin 2009.

Toulmin, Stephen: Cosmopolis. The Hidden Agenda of Modernity. Chicago 1990.

Turgot, Anne Robert: Über die Fortschritte des menschlichen Geistes. Frankfurt am Main 1990.

Vogt, Markus: Prinzip Nachhaltigkeit. Ein Entwurf aus theologisch-ethischer Perspektive. München 2009.

Wallerstein, Immanuel: Die Sozialwissenschaft »kaputtdenken«. Die Grenzen der Paradigmen des 19. Jahrhunderts. Weinheim 1995.

Wallman, James: Stuffocation. Living More with Less. London 2015.

Weber, Max: »Asketischer Protestantismus und kapitalistischer Geist«, in: Ders., Soziologie, universalgeschichtliche Analysen, Politik. Hrsg. von Johannes Winckelmann. Stuttgart 1973, 357–381.

Weizsäcker, Ernst Ulrich von, u.a.: Faktor Vier: Doppelter Wohlstand – halbierter Verbrauch. München 1997.

Weizsäcker, Ernst Ulrich von: Faktor Fünf. Die Formel für nachhaltiges Wachstum. München 2010.

Wilkinson, Richard und Kate Pickett: Gleichheit ist Glück. Warum gerechte Gesellschaften für alle besser sind. Berlin 2010.

Wissenschaftlicher Beirat der Bundesregierung Globale Umweltveränderungen (WBGU): Welt im Wandel. Gesellschaftsvertrag für eine Große Transformation. Berlin 2011.

Young, Iris Marion: Global Challenges. War, Self Determination and Responsibility for Justice. Cambridge und Malden MA 2007.

Zimmer, Matthias: »Arbeit aus Sicht der Soziallehre«, in: Michael Thielen und Matthias Zimmer (Hrsg.), Die Zukunft der Arbeit. Christlich-soziale Perspektiven. Sankt Augustin und Berlin 2013, 23-69.

Zimmer, Matthias: »Werte oder Interessen? Über eine bisweilen schwierige Gemengelage in der deutschen Außenpolitik«, Zeitschrift für Außen- und Sicherheitspolitik (2015 Suppl. 1) 8, 239–257.

Zimmer, Matthias: Moderne, Staat und Internationale Politik. Wiesbaden 2008.

Personenregister

Politische Frauen-Power

Julia Klöckner
Zutrauen!
Ideen statt Ideologien –
Was mir in der Politik
wichtig ist
192 Seiten | Hardcover
ISBN 978-3-451-31114-7

Im Gespräch mit Volker Resing und Martin Rupps gibt
Julia Klöckner, die dynamische Spitzenkandidatin bei
der Landtagswahl in Rheinland-Pfalz 2016 Auskunft
über ihr Verständnis von Politik. Deutlich tritt neben
der zupackenden Persönlichkeit Klöckners die Frau mit
ihrer biografischen Prägung, ihren Werten und ihren politischen Zielen hervor. Ein besonderes Buch über eine
politische Ausnahmeerscheinung: Früher eine Seitenein-
steigerin, heute eine Hoffnungsträgerin – und morgen?

In jeder Buchhandlung

HERDER
Lesen ist Leben

www.herder.de

Zur Debatte: Toleranz und Religionsfreiheit

Karl Lehmann
Toleranz
Geschichte und Gegenwart
in Europa
144 Seiten | Hardcover
ISBN 978-3-451-33511-2

Toleranz ist das Gegenteil von Gleichgültigkeit. Toleranz heißt, jemanden zu respektieren, obwohl man seine Auffassungen nicht teilt. Toleranz, zumal wenn es um Religion geht, musste und muss gegen viele Widerstände errungen werden und ist bis heute nicht überall selbstverständlich. Karl Lehmann zeichnet diesen Weg nach, gerade auch innerhalb der Kirche, und umreißt eine heute tragfähige Auffassung von Toleranz. Ein pointierter Beitrag zu einer notwendigen Debatte im Nachdenken darüber, in welcher Gesellschaft wir leben wollen.

In jeder Buchhandlung

HERDER
Lesen ist Leben

www.herder.de